A

Ihr persönliches Leseexemplar

Über Ihre Meinung zu diesem Leseexemplar
freuen wir uns sehr.

Bitte schreiben Sie uns per E-Mail an
leseexemplar@hoca.de
oder per Fax (040) 441 88-211.
Damit sind Sie mit einer Veröffentlichung einverstanden.
Herzlichen Dank!

Bitte beachten Sie die **Sperrfrist**
für Rezensionen bis zum 17. September 2016.

ATLANTIK
Presse- und Öffentlichkeitsarbeit
Tel. (040) 441 88-287
laura.hage@hoca.de

Franziska Schönenberger
mit Stefanie Ramb

Tausche Dirndl gegen Sari

Wie ich in Indien die Liebe fand
und beinahe von einem Elefanten
adoptiert wurde

Illustriert von
Jayakrishnan Subramanian

Atlantik

Für Appa und
für Oma

Atlantik-Bücher erscheinen im
Hoffmann und Campe Verlag, Hamburg.

1. Auflage 2016

www.hoca.de *www.atlantik-verlag.de*
Satz: Pinkuin Satz und Datentechnik, Berlin
Gesetzt aus der Trump Mediäval
Druck und Bindung: C.H. Beck, Nördlingen
Printed in Germany
ISBN 978-3-455-70016-9

HOFFMANN UND CAMPE

Ein Unternehmen der
GANSKE VERLAGSGRUPPE

Inhalt

Prolog

Bauchiger Gott, du bist meine Mutter und mein Vater

Du bist der Held,
wenn du deine Güte zeigst,
werde ich auch zum Held.
Du zeigst dich in Form der Bäume,
du bist überall.
Bring mich mit meiner Freundin zusammen, Ganesha.
Bauchiger Gott, du bist meine Mutter und mein Vater.

Die wachen, freundlichen Augen erzählen von seinem Sinn für Humor, der Liebe zu Scherzen. Er ist nachsichtig, geduldig und gnädig. Und er lacht gerne. Mit seinen großen Ohren kann er die Gebete aller Gläubigen wahrnehmen und ihnen zuhören. Unter seinem Rüssel wölbt sich ein großer rosafarbener Bauch. Dieser Elefant liebt gutes Essen und nascht gerne. In Indien findet sich fast an jeder Straßenecke ein Schrein, in dem sein Abbild verehrt wird.

Ganesha ist der Gott der Weisheit und des neuen Anfangs. Der Herr der Hindernisse, der alles überwindet und jedem helfen kann. Viele Inder beginnen den Tag mit einem Gebet, einem Mantra für den Elefantengott, und zu Beginn jedes hinduistischen Rituals wird die gemütliche rosafarbene Gottheit mit dem gütigen Lächeln angerufen. Als ich das erste Mal in Indien war, habe auch ich eines dieser Gebete gelernt. Es begleitet mich bis heute. Oft beginne ich, es unbewusst zu summen oder vor einem wichtigen Moment vor mich hinzusprechen: »Om, Gam, Ganapataye Namaha, Om, Gam, Ganapataye Namaha …« – Ehrerbietung dem Herr der Scharen, dem Ewigen und Unendlichen.

Das Gute ist, dass man Ganesha in jeder Situation anrufen kann. Sogar vor meiner Aufnahmeprüfung an der Filmhochschule wiederholte ich unablässig dieses Mantra, um etwas ruhiger zu werden, bis sich schließlich die Türe zum Prüfungszimmer öffnete. Und ich aufgenommen wurde. Seither begegnet das Mantra mir immer wieder.

Bei meinem ersten Besuch im Haus der Eltern meines indischen Freundes Jayakrishnan steckte Appa, sein Vater, ein kleines Gerät, das aussah wie eine Mini-Jukebox früh am Morgen in eine Steckdose. Auf dem weißen Kasten mit dem Aufkleber *Mantrasinger – four in one* waren Zeichnungen unterschiedlicher Gottheiten abgebildet. Appa drückte den Knopf unter dem Bildnis von Ganesha: »Om, Gam, Ganapataye Namaha, Om, Gam, Ganapataye Namaha …«, quäkte es blechern aus den kleinen Lautsprechern.

Ganesha hilft immer dann, wenn etwas schwierig oder neu ist. Oft findet man am Anfang von indischen Notizbüchern ein kleines Bild von Ganesha, der dem Schreiber gewogen sein soll, damit der sein Werk zu Ende bringt.

Ich bitte den dicken Elefanten, dass er mir hilft, dieses Buch zu verfassen. Ich brauche seine Unterstützung, ebenso wie die von Vyasa, dem mythischen Verfasser des Epos der Mahabharata.

Darin wird vom Einsiedler Vyasa erzählt, der auf der Suche nach einem guten Schreiber war, der ihm helfen sollte, das Epos in zwei Nächten aufs Papier zu bringen. Keinem wollte es gelingen, doch dann bat er den Elefantengott, ihm bei dieser unlösbaren Aufgabe zur Seite zu stehen. Dieser stimmte unter der Bedingung zu, dass Vyasa ihm die gesamte Geschichte ohne Pause diktiere, was dieser dann auch tat.

So wie das Mahabharata ein Epos der tausend Geschichten ist, die alle ineinander verschachtelt, verbunden oder auch nicht verbunden sind, ist Indien ein Land der tausend Geschichten, ein Land mit tausend Gesichtern und tausend Wahrheiten.

Dieses Buch kann natürlich ein so facettenreiches Land nicht vollständig und repräsentativ erfassen. Es ist an erster Stelle die Geschichte von Jayakrishnan und mir, unser Blick auf unsere Umgebung und unsere Beziehung.

Jedes Kapitel beginnt mit einem Zitat aus einem tamilischen Song, der jeweils auf die eine oder andere Weise mit unserem Leben und unserer Liebe zu tun hat.

Ich schildere meine Erlebnisse und Erfahrungen – nicht mehr, aber auch nicht weniger. Es ist eine Geschichte über Familie. Unsere Geschichte, so wie wir sie erlebt haben und uns an sie erinnern.

Zu Beginn möchte ich Ganesha um seinen Segen und seine Hilfe bitten. Ich hoffe, dass er auch mir alle Hindernisse aus dem Weg räumen wird.

I

Honigspendende Blume aus Deutschland

Honigspendende Blume aus Deutschland,
goldene Statue eines Tamilen,
Engel der Liebe.

Bald können wir dich adoptieren«, meinte er, wenn ich mal wieder vor der Haustür stand. Und sein Lächeln wurde noch breiter. Bei jedem meiner Besuche stand der Vater meiner Schulfreundin mit diesem Gesichtsausdruck, den ich so mochte, im Türrahmen. Wenn Selinas Papa lachte, lachte sein ganzes Gesicht, nein, sein ganzer Körper. Ich konnte in seinen Augen die schelmische Freude des kleinen Jungen aus dem Punjab sehen. In solchen Momenten stellte ich mir immer vor, wie er barfuß über staubige Feldwege an endlosen Kornfeldern mit dicken Ähren entlangrannte, mit demselben Grinsen, das jetzt, Jahrzehnte später, immer noch so charakteristisch für ihn war.

»Komm rein, sie ist oben! Du weißt ja, wo du hinmusst.«

Während meiner Teenagerjahre waren diese Besuche bei Selina meine Zuflucht und Selinas Vater mein liebenswerter, geduldiger

Türhüter. Wie er hinter mir im Eingang stand und mit aller Zeit der Welt wartete, bis ich meine Schuhe ausgezogen hatte. Und wie er mir nachschaute, bis ich die Treppe zum Zimmer meiner Freundin hinaufgestiegen war. Wenn ich heute an ihn denke, finde ich, dass er viel mit dem gemütlichen indischen Elefantengott gemeinsam hat. Er öffnete zu jeder Tages- und Nachtzeit mit demselben unendlichen Gleichmut die Tür. Sein runder Bauch wölbte sich unter seinem Hemd, und sein wunderbarer Sinn für Humor stand dem Ganeshas in nichts nach.

In der Familie meiner besten Freundin war immer alles so schön harmonisch. Bei mir zu Hause gab es damals ständig Streit. Zumindest kam mir das so vor. Deswegen verbrachte ich die Nachmittage oft und gern bei meiner besten Freundin. Selinas Papa ist Inder, die Mama Deutsche. Um dem Konflikt mit meinen Eltern aus dem Weg zu gehen, blieb ich immer bei ihnen, bis der letzte Bus kam. Viele Nachmittage zwängte ich mich mit ihrer Familie aufs Sofa, und wir guckten stundenlang Bollywood-Filme. Obwohl ich nichts von dem verstand, was in der flimmernd bunten Welt gesagt oder gesungen wurde, war ich vollkommen hingerissen von diesen Phantasiereichen. Die Frauen in den Filmen sahen immer so frisch und gepflegt aus. Und sie wurden von starken, gutaussehenden Männern beschützt, umsorgt und gegen jedes nahende Unglück verteidigt. Am Ende stand stets die ewige, tiefe, unumstößliche Liebe.

Zu Hause prallte ich dann auf das echte Leben: Meine Mutter und ich schafften es nicht einmal, uns friedlich im selben Raum aufzuhalten. Es gab immer einen Anlass, sich zu streiten. Für mich wurde die Traumwelt aus den Filmen zu einem Sehnsuchtsort. Und ich wünschte mir nichts mehr, als irgendwann einmal mit Selina in das Land ihres Vaters zu reisen.

Neidisch hing ich nach den Sommerferien an ihren Lippen. Sie erzählte von mehrere Tage dauernden Hochzeitsfeiern mit mehr als tausend Gästen, goldenen Tempeln und einem Altersheim für Kühe. Stundenlang konnte ich den Geschichten und Anekdoten über die Großfamilie mit unzähligen Cousins und Cousinen zuhören. Aber am meisten faszinierte mich die Liebesgeschichte ihrer Eltern. Wenn ihre Mutter davon sprach, wie sie zum ersten Mal mit Selinas Vater in das kleine Dorf in Nordindien gefahren und dort von der gesamten Familie mit offenen Armen empfangen worden war, berührte mich das tief. Die meisten anderen Deutschen schienen ein anderes Bild von Indien zu haben, was Selina extrem auf die Nerven ging. Viele waren erstaunt zu hören, dass ihre Verwandten überhaupt schon einen Kühlschrank besaßen, und fragten, wo ihre Familie denn ihre Notdurft verrichten würde. Man wüsste doch wohl aus den Medien, dass in Indien auf eine Toilette tausend Einwohner kämen!

»Das ist so typisch!«, sagte Selina immer. »Die meisten Leute kennen Indien nur aus Bollywood-Filmen oder gehen davon aus, dass an jeder Straßenecke Kinder verhungern, oder sind völlig überzeugt, dass man nur dort die innere Erleuchtung finden kann! Das nervt total!«

Leider wurde nichts aus unseren gemeinsamen Reiseplänen, und nach dem Abitur verloren Selina und ich uns aus den Augen. Meine Indienträume steckte ich in eine Gedankenschublade irgendwo ganz hinten, auf der stand: *Das kann ich später immer noch machen.* Erst einmal wollte ich von zu Hause ausziehen, studieren, auf eigenen Beinen stehen. Und dann war da noch meine Reisephobie, die meine Familie seit meiner Kindheit beschäftigte. Wenn es darum ging, nicht zu Hause zu schlafen, bekam ich Panik. Das ging so weit, dass meine Eltern mich bei Freundinnen, bei denen ich übernachten sollte, mitten in der Nacht abholen mussten. Auch als ich älter wurde, konnte ich mir nicht vorstellen, woanders als in meinem eigenen Bett zu schlafen. Gerade auf Reisen ist das eine unpraktische Eigenart. Meine Fremde-Betten-Phobie war ein grundlegendes Hindernis für die Verwirklichung meines Traums, nach Indien zu reisen. Auch zusammen mit Selina hätte ich wohl nicht den Mut aufgebracht.

Aber die Faszination blieb. Immer wieder fiel mir beim Stöbern im Antiquariat neben meiner Fakultät dieser Bildband mit Fotografien aus Indien in die Finger, der jede Woche nach der Vorlesung auf mich zu warten schien. Bilder von ins Morgenlicht getauchten Kuppeln eines Maharaja-Palastes in Rajasthan oder das geschäftige farbenfrohe Gewimmel eines Marktes in Mumbai ließen mich in meiner Phantasie in die Ferne reisen. Immer wieder blieb ich beim Fernsehen bei Berichten oder Filmen über Indien hängen. Ich wollte die Geschichten, die ich nur aus Bildern kannte, nur zu gerne selbst erleben. Aber diese Vorstellung wurde nie konkret und blieb von meiner seltsamen Angst überdeckt. Immer, wenn es mir schlecht ging, legte ich eine DVD ein und tauchte in die romantische Welt der indischen Traumfabrik ein.

Neben dem Studium arbeitete ich als Journalistin und interviewte für einen Artikel Nisha, eine Filmemacherin aus Mumbai. In Deutschland, wohlgemerkt. Wir verstanden uns so gut, dass ich ihr von meinem Traum, irgendwann einmal Indien zu besuchen, erzählte.

»Komm doch einfach vorbei!«, gab sie mir zum Abschied mit.

Diese Begegnung blieb mir noch lange im Gedächtnis, und ihre Einladung kam mir vor wie ein Zeichen – die Aufforderung, den lange so abstrakt gebliebenen Wunsch nun endlich in die Tat umzusetzen. Die Semesterferien kamen immer näher.

»Ich fahre überall mit dir hin, wenn ich bloß nicht wieder nach Italien muss«, kommentierte mein damaliger Freund meinen Vorschlag, nach Indien zu fahren.

Meine Mutter war über meinen plötzlichen Mut doch ziemlich verwundert. Als sie mir versprach, den Rückflug zu bezahlen, wenn ich es dort nicht mehr aushalten sollte, gab es keinen Grund mehr, nicht endlich aufzubrechen.

Kurz vor dem Einsteigen ins Flugzeug aber waren meine großen Vorsätze auf ein kleines Häuflein zusammengeschrumpft, und die alte Angst machte sich breit.

Man kann sich nicht auf Indien vorbereiten. Es ist ein Land des Unerwarteten. Vor allem für jemanden, der Indien zum ersten Mal besucht, kann es herausfordernd sein. Die Konfrontation mit der Armut und mit indischer Bürokratie kann Kraft kosten, und das einfachste Anliegen kann zu einer komplizierten Odyssee werden. Zum Indienerlebnis gehört, dass die Nerven ab und zu blank liegen. – Diese Worte aus dem Reiseführer drehten sich jetzt in meinem Kopf. Völlig panisch stellte ich mir vor, dass dort die Scheiße in den Straßen stünde und dass ich – sobald ich das Flugzeug verlassen hätte – vergewaltigt im Rinnstein liegen würde. Ich war noch nicht bereit und blieb wie angewurzelt direkt vor dem Abfluggate einfach stehen. Als mein damaliger Freund mir schließlich mit sofortiger Trennung drohte, wenn ich mich weigerte mitzukommen, stieg ich schließlich doch ins Flugzeug.

Den achtstündigen Flug verbrachte ich im Schlaftablettennebel, erst das unsanfte Aufsetzen der Maschine machte mich mit einem Schlag wach. Als die Stewardess uns nach der Landung mit einem freundlichen Lächeln die Tür öffnete und »Welcome to Mumbai« sagte, war ich ziemlich angespannt. Durch die geöffnete Flugzeugtür wehte mir das *Incredible India*, wie das Tourismusministerium auf allen Broschüren schreibt, entgegen. Natürlich erwartete mich nicht der Duft von Curry und anderen orientalischen Gewürzen. Stattdessen drängte sich der penetrante Geruch von zu lange getragenen Hemden, nassen Hunden, Mopedabgasen und ranziger Milch in den klimatisierten Flieger. Und dann rülpste mir auch noch der Angestellte vom Bodenpersonal direkt ins Gesicht.

»Das ist ja eine freundliche Begrüßung«, murmelte ich meinem Freund zu, der mit einer »Du wolltest es ja nicht anders«-Miene antwortete.

Der Flughafen war ein einziges Durcheinander. Er war eng, hatte sehr niedrige Decken, an denen an dünnen Kabeln Neonröhren baumelten. Er befand sich zu dieser Zeit noch im Umbau. Heute empfängt den Reisenden eine auf Hochglanz polierte Landschaft aus Edelstahl und Glas; aber bei meiner ersten Ankunft herrschte überall Chaos. Auf Wadenhöhe streiften mich Taschen und Kinder, Ellenbogen stachen mich in die Rippen, und auf Augenhöhe sah ich nichts als schreiende Münder und glänzende Gesichter. An der Passkontrolle schubsten und drängelten alle. So viele Koffer wie an dieser Gepäckausgabe hatte ich noch nie zuvor ans Schienbein bekommen.

»Lass uns gehen!«, schrie ich meinem Freund zu, während ich mich mit Koffer und Rucksack zum Ausgang durchboxte. Vor dem Flughafen kämpften Autos, Motorrikschas und Mopeds um die wenigen Parkplätze in der ersten Reihe, Menschen mit riesigen Gepäckstücken riefen sich unverständliche Dinge zu, und von allen Seiten hupte, dröhnte und schrie es. Ich war von dem Lärm und Gewusel völlig erschlagen, mein Kopf fühlte sich an, als ob er gleich platzen würde, und meine Ohren sausten. Zum allgegenwärtigen Lärm kam eine mir ungewohnte, feuchte Hitze, die ich innerhalb weniger Sekunden überall spürte. Ich war von einem Moment auf den anderen so durchgeschwitzt, dass ich das Gefühl hatte, in meiner eigenen Kleidung zu schwimmen.

Der Beginn meiner ersten Indienreise war also der Kulturschock, wie ihn viele Reisende erleben. Zunächst war ich mir sicher, dass ich es hier nicht einen Tag lang aushalten und ich meine Ferien im klimatisierten Hotel verstreichen lassen würde. Doch als ich mich etwas später zusammen mit meinem Freund, unserem Gepäck und einem Fahrer ohne Zähne, aber mit hennarot gefärbten Haaren in einem kleinen schwarzgelben Mumbai-Taxi wiederfand, war es schon ein bisschen weniger schlimm. Hinter dem Fenster zogen die Stadt und ihre Menschen an mir vorbei, und ich begann, mich ein bisschen zu entspannen.

Am Abend ließ ich mich sogar überreden, noch einmal auf die Straße zu gehen, denn es war gerade Ganesha Chaturthi. In Bombay werde dieses Fest besonders prächtig gefeiert, erklärte uns Nisha, die Filmemacherin, im Aufzug nach unten. Mein Freund und ich waren bei ihr im Gästezimmer untergekommen. Sie lebte in einer kleinen Wohnung in einem der typischen Wohnblocks in den Vororten der Megacity. Die meist über zwanzig Stockwerke hohen Gebäude reihen sich dicht an dicht nebeneinander, der pastellfarbene Anstrich ihrer Fassaden scheint oft schon bei Neubauten altertümlich verblasst, und die Fenster und winzigen Balkone sind mit Gittern und stacheligen Barrieren vor Tauben geschützt.

Bei diesem landesweiten Fest zu Ehren des Gottes Ganesha werden riesige Elefantenfiguren aus Pappmaché von einer großen Menschentraube zum Meer getragen und dort den Wellen übergeben. Das soll Glück bringen. Bei mir funktionierte das wohl ganz gut, denn ich bin nicht wieder in Panik ausgebrochen. Ich fand irgendwie Gefallen daran, Teil der Mantren singenden oder eher schreienden Masse zu sein, die sich durch die Straßen schob. Von überall her strömten die Menschen, und aus Hunderten knacksender Lautsprecher schepperten Musik und immer wieder die Rufe zu Ehren Ganeshas: *Om, Gam, Ganapataye Namaha, Om, Gam, Ganapataye Namaha …*

Wir beobachteten vom Straßenrand aus die unaufhörlich in Richtung Strand wogende Masse aus Menschenleibern, die buntbemalte Elefantenstatuen auf den Schultern oder kleine Götterabbilder in den Armen hatte. Mütter hielten ihre Kinder fest an der Hand, junge Männer beugten sich unter der Last der meterhohen Figuren und strahlten dennoch verschwitzt, aber glücklich über das ganze Gesicht. Dicht hinter ihnen kam eine Schar Mädchen in buntbestickten Saris, die immer wieder einen Blick auf die Jungen wagten, um sich dann mit einer Mischung aus Scham und Neugier glucksend die Hand vor das Gesicht zu pressen. Ein alter Teeverkäufer, der von seinem Handkarren aus neben uns das Treiben betrachtete, steckte sich eine Bidi an, eine dünne, aus einem braunen Tabakblatt gerollte und stark parfümierte Zigarette, deren Rauch mich umhüllte. Mein Blick schweifte umher und blieb immer wieder an einem der vorbeiziehenden Menschen haften, der dann nur wenige Momente später wieder Teil der Masse wurde. Ich sammelte diese Augenblicke wie wertvolle Schätze. Ohne dass ich es gleich bemerkte, ging eine alte dünne Frau direkt auf mich zu. Sie trug einen zerschlissenen hellblauen Sari, und ihr Gesicht war von einem Netz tiefer Falten durchzogen, das es unmöglich machte, ihr Alter zu schätzen. Sie stand vor mir, ihre kleine zarte Hand umschloss meine und nahm mich mit in die Menge. Dabei strich sie über mein Gesicht und murmelte Worte, die ich nicht verstand. So schnell, wie sie gekommen war, war sie wieder verschwunden. Und ich stand mit ein paar Keksen da, die mir ihre kleine Hand geschenkt hatte, und war verzaubert.

Dieser erste Kontakt steht für alles, was Indien seither für mich ausmacht. Das Unerwartete, die Überraschung und ein Zauber, der sich auf einmal in der Begegnung mit Menschen zeigt. Dieses Land berührt einen tief, und keiner kann sich dem entziehen. Weshalb es polarisiert: Man hasst Indien, oder man liebt es. Dazwischen gibt es nichts. Und auch meine Eindrücke sind extrem. Zum Beispiel steht das größte private Wohnhaus der Welt in Mumbai. Es gehört dem Milliardär Mukesh Ambani, dem mit seiner Familie eine Wohnfläche von ungefähr 37 000 Quadratmetern zur Verfügung steht. Und daneben habe ich Menschen gesehen, die auf dem Bürgersteig leben. Indien lässt niemanden unberührt. Entweder fährt man ein einziges Mal in seinem Leben hin, oder man kommt immer wieder. So wie ich.

Gut zwei Jahre nach dieser ersten Reise sitze ich mit meinem Laptop auf der Matratze am Boden. Es ist ein grauer, verregneter Septembertag, und ich bade in Melancholie. Mein damaliger Freund und Reisegefährte ist mittlerweile mein Exfreund, wir leben aber noch als WG in der gemeinsamen Wohnung. Mein Bett ist kein Bett mehr, sondern besteht aus zwei gestapelten Matratzen auf dem Fußboden. Wir haben uns getrennt, und fast zeitgleich habe ich die Zusage für das Studium an der Münchner Filmhochschule bekommen. Hochs und Tiefs halten sich in meinem Leben also gerade die Waage.

»Selten ein Schaden, wo nicht ein Nutzen ist«, sagt meine Oma immer. Und ich versuche mich deshalb davon zu überzeugen, dass ich mich nach der Trennung sicher viel besser auf mein Studium konzentrieren kann.

Mein Exfreund und ich gehen die veränderte Lebenssituation pragmatisch an. Wohnraum in München ist teuer, und weder er noch ich hat Aussicht auf ein neues Dach über dem Kopf. Den offenen Türdurchgang zwischen meinem Raum, dem ehemaligen Wohnzimmer, und seinem, unserem ehemaligen Schlafzimmer, haben wir mit Styroporplatten verschlossen. Wenn mein Blick hin und wieder auf dieses provisorisch verstopfte Loch in meinem Leben fällt, tut es schon ein bisschen weh. Ich spüre wieder das seltsam klamme Gefühl, diese trüben Gedanken, die bestens zu einem grauen Nachmittag wie dem heutigen, passen. Um den kleinen Anflug von Traurigkeit gar nicht erst stärker werden zu lassen, koche ich mir etwas von dem Tee, den ich aus Indien mitgebracht habe und den ich gewissenhaft rationiere. Als mich die süßliche Wärme von innen erfüllt, geht es mir gleich etwas besser. Ich bin fest entschlossen, an einer Filmidee zu arbeiten. Seit meinem ersten Besuch in Indien telefoniere ich regelmäßig mit Nisha. Inzwischen ist sie eine gute Freundin, ja sogar eine Art Mentorin geworden. Da die Vorstellung von meinem Film noch vage ist und ich noch nicht wirklich sicher bin, wonach ich genau suche, schlägt sie mir bei einem unserer Telefonate vor, mich in Indien nach Gleichgesinnten umzusehen. Deswegen stöbere ich auf der Suche nach Inspiration auf Webseiten und Blogs von indischen Film- und Kunsthochschulen. Schon eine ganze Liste unaussprechlicher Namen steht in meinem Notizbuch, als ich über die Homepage einer Hochschule auf das Blog eines Designstudenten stoße. Sein Name ist eine unglaublich lange Buchstabenreihung: Ja-ya-krish-nan Su-bra-man-ian. Das Blog besteht ausschließlich aus Zeichnungen und Bildern, die mich immer mehr in ihren Bann ziehen. Es sind feinlinige Skizzen in Schwarz-Weiß, wilde Collagen aus unterschiedlichsten Fotografien und Zeitungsausschnitten, Acrylgemälde in kräftigen Farben, aber auch zarte Aquarell-Illustrationen, auf denen teilweise abstrakte Figuren, teilweise phantasievolle Landschaften zu sehen sind. Am Anfang steht ein Satz:

Diese Bilder sind etwas, das ich nicht mehr bei mir behalten kann, sondern etwas, das ich loswerden wollte. Ich möchte den Punkt erreichen, an dem ich völlig leer bin und keine Bilder mehr in meinem Kopf sind.

Wer ist dieser Jayakrishnan wohl? Diese Frage lässt mich nicht mehr los, ebenso wenig wie die Bilder, die in meinem Gedächtnis geblieben sind. Und so hinterlasse ich einen Kommentar auf Englisch unter dem letzten Post:

Hallo Jayakrishnan, Deine Arbeiten gefallen mir sehr. Ich bin Studentin an der Filmhochschule in München und recherchiere für einen Film über junge indische Künstler und Designer. Ich würde mich freuen, wenn Du mir antworten würdest. Liebe Grüße, Franziska

Nur wenige Minuten später macht es Bling, und eine neue E-Mail wartet im Posteingang auf mich:

Hi Franziska, ich freue mich, dass Dir meine Arbeiten gefallen. Ich beende gerade mein Studium am National Institute of Design als Grafikdesigner. Gibt es eine Möglichkeit, Deine Filme zu sehen? Ich interessiere mich sehr für Film. Liebe Grüße, Jay

Dieser Mail folgen in den nächsten Wochen Hunderte weitere – und aus einer Internetbekanntschaft wird schnell so etwas wie Freundschaft. Schon nach wenigen Tagen teilt dieser Mensch am anderen Ende der Welt sehr persönliche Dinge mit mir. Und ich ganz selbstverständlich auch mit ihm. In meinem echten, nicht-virtuellen Leben muss ich mich an der Filmhochschule mit Kurvendiskussionen zur Berechnung von Lichtempfindlichkeit von Filmmaterial auseinandersetzen. Das frustriert mich. So habe ich mir in meinem Traum das Filmemachen wirklich nicht vorgestellt! Nach sechs Wochen Technikseminar und einer nicht bestandenen Prüfung liegen meine Nerven blank, ich möchte das Studium am liebsten wieder hinwerfen. Der einzige Lichtblick ist in dieser Zeit meine E-Mail-Korrespondenz mit Jayakrishnan.

Jeden Morgen schalte ich als Erstes den Computer ein, das Bling der eintreffenden Nachrichten erweckt in mir ein Gefühl fast kindlicher Freude. Inzwischen habe ich Jayakrishnan auch auf einem Foto gesehen. Darauf schaut mich jemand mit dunklen, nachdenklichen Augen hinter großen Brillengläsern an, das Gesicht umrahmt von schwarzen Locken. Dazu passt, was er in seinen Mails von sich wissen lässt: Werner Herzog, Rainer Werner Fassbinder und Lars von Trier finde er toll. Ich stehe diesen Filmemachern eher zwiegespalten gegenüber. Es ist mir oft zu anstrengend, mich mit ihren mir verkopft scheinenden Werken auseinanderzusetzen. Vor allem seit ich in täglichem Kontakt mit Indien stehe, bin ich wieder im Bollywood-Fieber, und ich schreibe ihm von meinen Lieblingsregisseuren. Aamir Khan mag ich zum Beispiel sehr – nicht den Boxer, sondern den großartigen Hindi-Schauspieler –, was wiederum Jayakrishnan nicht gerade mit überschwänglicher Begeisterung kommentiert. Wir scheinen nicht so ganz den gleichen Filmgeschmack zu haben. Aber man muss ja auch nicht in allen Dingen einer Meinung sein.

Fest steht: Wir haben dieselben Interessen, Film ist eins davon. Auch sonst haben wir nach kurzer Zeit eine Vertrautheit entwickelt, die ich mir nicht wirklich erklären kann. Seine E-Mails sind Teil meines Tages geworden, und ich bin sogar ein bisschen traurig, wenn er einmal nicht gleich antwortet. Eine Frage, die ich ihm lange nicht stelle, ist die nach einer Freundin. Ich will mir nicht so schnell eingestehen, dass mir seine täglichen Nachrichten immer wichtiger geworden sind. Doch dann wird meine Neugier zu groß, und ich beschließe, ihm von meinem Exfreund, unserer gemeinsamen Wohnung und der merkwürdigen Situation, in der ich momentan lebe, zu erzählen. Seine Antwort ist kurz und klar:

Liebe Franziska, ja, ich kenne dieses Gefühl. Mein Leben hängt auch in der Schwebe, in einem Zwischenraum, in dem es kein Zurück zum Alten mehr gibt, aber auch nichts Neues beginnt. Meine Freundin hat mich vor drei Monaten verlassen. Ihre Begründung: Ich wäre ein Versager, der nichts zustande bringt. Mein Blog ist mein Gegenbeweis. Liebe Grüße, Jay

Am 19. Oktober hat er Geburtstag. Das Datum hat er einmal in einem Nebensatz erwähnt, und ich bereite mich seit Tagen innerlich darauf vor, ihn an diesem Tag am Telefon zu überraschen. In der Mittagspause zwischen zwei Seminaren stehe ich vor der Filmhochschule. Der Herbstwind weht eiskalt, aber ich bin dennoch rausgegangen. Ich will nicht, dass meine Kommilitonen das Gespräch mithören und suche einen geschützten Platz. Also setze ich mich ins Auto – trotz laufender Heizung schlottere ich am ganzen Körper – und wähle aufgeregt seine Nummer. Zuerst höre ich nur ein Knacken, dann das Freizeichen. Es tutet im Takt meines pochenden Herzens. »Tief durchatmen, Franziska!«, ist mein Mantra für die nächsten Minuten. Mehrmals höre ich das Freizeichen, ich möchte eigentlich lieber sofort die rote Taste drücken und mich mit »er ist eben nicht rangegangen« aus der Situation stehlen.

Da hebt er ab. Ich höre nur tosendes Geknatter, durch das Wortfetzen dringen. Ist das überhaupt Jayakrishnan? Habe ich mich verwählt? Aus meinem Handy schreit es auf Englisch »Hallo?! Wer ist da?«. So viel kann ich zwischen dem Knacken und Brausen noch verstehen.

Ich atme tief durch und sage: »Hallo, hier ist Franziska, alles Gute zum Geburtstag. Ich dachte, du freust dich vielleicht, wenn ich dich anrufe.«

»Oh, hallo«, antwortet er, »ich bin gerade im Bus. Ich kann dich nicht richtig hören, es ist so laut hier, ich melde mich gleich bei dir! Bis dann!«

Bevor ich auch nur die Gelegenheit habe, noch ein Wort zu sagen, hat er schon aufgelegt. Ich sitze in meinem Auto, die Heizung bläst auf die Windschutzscheibe, und ich wundere mich, wie schnell unser erstes Gespräch vorbei war. Eigentlich habe ich Jayakrishnan gar nicht richtig gehört, nur Satzfetzen durch den Lärm. Ich stelle ihn mir vor, am offenen Fenster eines klapprigen alten Busses, der eine Bergstraße hinaufkriecht, eingeklemmt zwischen der Scheibe und einem mageren weißhaarigen Mann. Die Zähne des Mannes sind ganz rot, weil er Betelnüsse kaut, die er unaufhörlich über Jays Schoß hinweg aus dem Fenster spuckt.

Ich sehe auf die Uhr. Mir bleiben noch zehn Minuten, bis das nächste Seminar anfängt. Ich fixiere das Display meines Handys und will nur eines: dass die Meldung *Jayakrishnan ruft an* aufblinkt. Es klingelt. Ich hebe ab und höre wieder nur tiefes Brausen.

»Hallo, hallo Jayakrishnan, bist du es?«

»Ja, ich bin im Bus, und ich habe sehr schlechten Empfang. Ich bin auf ...« Die letzten Worte des Satzes verschwinden in Rauschen.

Ich nehme erneut meinen Mut zusammen und rufe ins Telefon: »Alles Gute!«

»Danke, aber ich kann gerade schlecht sprechen, ich bin auf

dem Weg zur Hochzeit eines Freundes«, dringt zu mir durch. »In acht Stunden bin ich in Calicut, dann melde ich mich bei dir!«

»Okay, ja! Hallo, Jayakrishnan?«

Das Gespräch bricht ab und mündet in Stille. Keine Verbindung. Ich werfe einen kurzen Blick auf die kleine Digitaluhr über dem Autoradio: In acht Stunden ist es bei mir 21 Uhr. Und in genau sechs Minuten ist meine Mittagspause vorbei. Schnell stopfe ich den letzten Bissen meiner Semmel in den Mund und knalle wenige Sekunden später die Autotür hinter mir zu. Als ich in den Seminarraum komme, ist er schon bis auf den letzten Platz voll. Nur ganz vorne ergattere ich noch einen Stuhl. Meine Kommilitonen blicken den Professor erwartungsvoll an. Wie viele Kilometer werden wohl zwischen München und Calicut liegen? Während ich meinen Gedanken nachhänge, zieht das Seminar über »Zeit im Film« zäh an mir vorbei. Meine Mitstudenten diskutieren, wie man die Vergänglichkeit des Seins darstellen kann, und über die Leinwand des Seminarraums flimmern verschiedene Filmausschnitte. Blätter, die langsam vom Wind verweht werden, Schneefelder, an deren Horizont ein Hase hoppelt. Der Professor findet offenbar großen Gefallen an diesen minutenlangen Einstellungen.

»Zeit ist per se nicht fassbar und somit auch nichts Darstellbares. Sie müssen da schon kreativere Lösungen finden, als bloß einen Kalender oder das Zifferblatt einer Uhr in ihren Film zu schneiden«, erklärt er mit monotoner Stimme, die in meiner Wahrnehmung dem Brausen der Telefonleitung nach Indien sehr ähnlich ist.

Für mich zählt nur die Vergänglichkeit dieses spröden Nachmittags und mein Blick auf die Uhr, die über der Zimmertür hängt und deren Zeiger sich nicht zu bewegen scheinen. Meine Gedanken sind bei Jayakrishnan. Bei seiner Stimme, die ich an diesem Mittag zum ersten Mal gehört habe. Heute Abend werden wir uns wieder sprechen.

Zu Hause kocht mein Exfreund gerade Lasagne und fragt mich, ob ich mit ihm essen will.

»Äh, ja, was, nein danke, ich muss heute wirklich noch sehr viel für die Hochschule machen!«, ist das Einzige, was ich stammelnd von mir geben kann und er mit erstauntem Blick quittiert. Ich habe seit der Semmel heute Mittag nichts mehr in den Magen bekommen und hätte an jedem anderen Tag sofort dankbar »Ja, gerne« erwidert. Aber jetzt will ich einfach nur neben meinem Telefon sitzen, um das Klingeln ja nicht zu verpassen. Ich verschwinde hinter meiner Styroporwand, setze mich auf die Matratze und warte ungeduldig, dass mein Mitbewohner endlich zu seiner Abendverabredung verschwindet. Als wäre es abgesprochen, meldet sich wenige Momente später mein Handy. Wieder ist es nicht gerade leise am anderen Ende der Leitung.

»Hallo, Franziska. Ich bin gerade bei der Hochzeit, es ist sehr laut hier!«

»Hallo, ich freue mich, dass du wirklich anrufst!«

»Warte, ich gehe raus.« Es knistert und kracht, ich höre, wie er versucht, durch die Menschenmenge zu kommen, und auf einmal ist der ohrenbetäubende Lärm nur noch dumpf im Hintergrund zu hören. »Ich sitze jetzt vor der Hochzeitshalle. Danke, dass du an meinen Geburtstag gedacht hast.«

»Wo genau bist du jetzt?«, frage ich.

»Ich bin heute mit dem Bus von Bangalore nach Calicut gefahren, das dauert über zwölf Stunden. Ein großer Teil der Strecke führt durch die Berge, in ziemlich engen Serpentinen. Ich saß die ganze Zeit eingequetscht zwischen dem offenen Fenster und einem alten Mann.«

Aber wieso war Jayakrishnan vorher in Bangalore? Aus seinen E-Mails weiß ich, dass er nicht in Südindien, sondern in Ahmedabad im Norden studiert.

»Ich habe meine Eltern in Bangalore besucht, die sind vor kurzem zu meinem Bruder gezogen.«

Stimmt. Jayakrishnan hat schon mal erzählt, dass sein Bruder in Südindien arbeitet.

»Deine Eltern sind mit deinem Bruder umgezogen?«, frage ich

ihn ungläubig. Meine Eltern würden nie ihr Haus und ihren Garten verlassen, nur weil meine Schwester oder ich in eine andere Stadt ziehen.

»Ja, meine Mutter denkt, es ist ihre Pflicht, sich um ihren Sohn zu kümmern. Deswegen sind meine Eltern mit ihm nach Bangalore gegangen.«

Das scheinen ja interessante Familienverhältnisse zu sein! Oder ist das eine typisch indische Eigenart, von der mir der Vater meiner Freundin nie erzählt hat?

»Das ist ja nett von deinen Eltern«, versuche ich das Gespräch diplomatisch weiterzuführen.

»Naja, mir gehen sie eher auf die Nerven. Wenn ich mein Bruder wäre, hätte ich sie schon längst rausgeworfen. Franziska, ich muss jetzt wieder rein, meine Freunde winken schon, das Essen wird gleich serviert!«

Noch bevor ich ihm »Guten Appetit« wünschen kann, ist die Verbindung unterbrochen. Ich sitze noch lange auf meiner Matratze am Boden im mittlerweile dunklen Zimmer, höre das Ächzen der Wohnungstüre, als mein Exfreund nach Hause kommt, und denke darüber nach, wie gern ich dieser seltsamen Wohnkonstellation und der Drögheit des Studiums entfliehen würde. Mit dem Gedanken: »Warum fliege ich nicht nach Indien und beende den Schwebezustand einfach?«, schlafe ich ein.

»Klar, das Ticket zahl' ich dir gern«, höre ich meine Mutter aus der Küche, während ich vor meinem Laptop sitze und Flugpreise im Internet recherchiere. »Damit du endlich mal hier rauskommst!« Meine Mutter weiß mal wieder, was jetzt das Richtige für mich ist. Dass ich nicht nur nach Indien will, um auf andere als auf graue Gedanken zu kommen, sondern auch, um den geheimnisvollen Jayakrishnan aus meinem E-Mail-Postfach zu treffen, sage ich ihr lieber nicht. Ich will nicht die sein, der man irgendwann

Blauäugigkeit vorwerfen kann, weil sie von einer Internetromanze enttäuscht wird.

Kurz nach Weihnachten sitze ich mit dem von Mama bezahlten Ticket allein im Flugzeug nach Mumbai. Der Gedanke, Jayakrishnan zu treffen, löst ein seltsam euphorisches Gefühl in mir aus. Ich freue mich darauf, wieder in der Stadt zu sein, die meinen Blick auf die Welt verändert hat. Mumbai, das Moloch und Millionenmetropole zugleich ist und so viele Geschichten und Schicksale in sich birgt. Vielleicht auch meines?

Über achtzehn Millionen Menschen leben im Bauch der Stadt. Sie ist ein pulsierender Organismus. Schon im Anflug auf den Flughafen sieht man den größten Slum Asiens, dessen kleine Wellblechhütten aufeinandergestapelten Streichholzschachteln ähneln. Die meisten der Häuser sind mit blauen Plastikplanen bedeckt. So schwebt man über einem Meer aus Kunststoff. Die Stadt scheint keinen Rand zu haben, eine große wabernde Masse, die das Flugzeug aufzusaugen droht. Sobald man die Passagierkabine und seine von der Klimaanlage gesäuberte Luft verlässt, umfängt einen der Gestank: Es riecht nach verfaulter Mango, allen Arten menschlicher Ausdünstungen, modrigen Pfützen, Autoabgasen. Nisha sagt, die Stadt sei wie Bhel Puri, ein Snack, für den Mumbai bekannt ist und der aus Puffreis, Tomaten, Zwiebeln, süßer und saurer Soße besteht: ein buntes Gemisch aus ziemlich unterschiedlichen Geschmacksrichtungen. Ob man es mag, entscheidet sich beim ersten Bissen. Mich hat die Mischung gepackt, und so kann ich es diesmal kaum erwarten, das Flugzeug zu verlassen und in die bunte Welt einzutauchen.

Ich stehe am Straßenrand vor dem Wohnblock, in dem Nisha wohnt, und wo ich auch dieses Mal wieder übernachte. Ich strecke meine Hand in Richtung Fahrbahn und versuche, eine der vielen Motorrikschas zu mir zu winken, die an mir vorbeiknattern. Ich bin schon zu spät, und jeder Blick auf die Uhr verrät mir, dass die Zeit unaufhörlich verrinnt. Schon eine halbe Stunde warte ich hier darauf, mitgenommen zu werden, und jeder der in Khaki gekleideten Fahrer schüttelt nur den Kopf und gibt Gas, wenn er mein Winken überhaupt wahrnimmt. Wie eine unendliche Blechschlange rollen die Autos an mir vorbei. Es ist schon halb sechs, das tägliche Ungeheuer der Rush Hour hat die Stadt in ihren Krallen. Kaum bewegt sich ein Fahrzeug nach vorne und eine Lücke wird frei, schiebt sich schon das nächste hinein. Ich fühle mich wie in einem großen Straßentetris.

Schließlich hält eine Rikscha direkt vor mir, voll beladen mit Passagieren, die mit Tüten und Taschen bepackt aus dem Gefährt klettern. Ich renne hin und halte dem Fahrer ein Bündel Rupien vor sein Gesicht. Er hat die Aussicht auf ein gutes Geschäft verstanden, und deutet mir mit einer Kopfbewegung an einzusteigen. *Bin auf dem Weg, mit 45 Minuten Verspätung,* tippe ich in mein Handy. Sofort kommt eine Antwort: *Okay, ich bin auch noch nicht da. Rush Hour!*

Ich habe mich mit Jayakrishnan in einem Einkaufszentrum verabredet. Er ist erst vor wenigen Tagen nach Mumbai umgezogen. Nach seinem Uniabschluss im Oktober hatte er eigentlich vorgehabt, einem Experimentalfilmregisseur zu assistieren. Doch diese Pläne wurden von seinen Eltern zunichtegemacht. Ohne sich zu bewerben, hatte er bei der Abschlussfeier seiner Hochschule von einem Talentscout ein gutbezahltes Jobangebot einschließlich eines firmeneigenen Apartments angeboten bekommen. Als er die Offerte gerade dankend ablehnen wollte, hatte Appa seinen Sohn zur Seite genommen. Eine solche Chance gebe es kein zweites Mal. Mit welchem Recht lehne er diese wunderbare Arbeitsstelle ab? Amma, seine Mutter, habe dem Vater beigepflichtet, heftig und mit wütendem Blick nickend. So hatte Jayakrishnan es mir erzählt. Priorität habe die Abbezahlung des Studienkredits, für den sein Vater gebürgt hat. Mit seinem völlig unverantwortlichen Verhalten würde er nicht nur seine Karriere, sondern auch noch ihre Altersvorsorge riskieren. Natürlich war Jayakrishnan schließlich eingeknickt. Noch am selben Abend unterschrieb er den Vertrag, und vor ein paar Tagen hat er seine neue Stelle in Mumbai angetreten. Für mich ein glücklicher Zufall, sonst hätten wir wahrscheinlich nicht so schnell die Möglichkeit gehabt, uns zu treffen.

Verschwitzt betrete ich eine völlig unterkühlte Welt aus Lichtern, die sich in den vielen Spiegeln und Glasoberflächen zu vervielfachen scheinen. Eine Konsumlandschaft der Globalisierung, so wie dieses könnte jedes Einkaufszentrum irgendwo auf der Welt aussehen. Bevor ich hineindarf, muss ich durch die Gepäckkontrolle. Ähnlich wie am Flughafen wird meine Tasche in einem Scanner durchleuchtet. Anschließend sucht eine kleine dicke Frau in dunkelblauer Uniform mit einem Metalldetektor meinen Körper nach Waffen ab. In Indien ist das seit den Terroranschlägen von Mumbai im November 2008 Vorschrift. Damals wurden an zehn verschiedenen Stellen in der Stadt Attentate verübt, und das berühmte Taj Mahal Palace Hotel ging in Flammen auf. Touristen wie Einheimische starben, weil die Terroristen ihre Waffen unbemerkt in die Lobby geschmuggelt hatten.

Jetzt gibt mir die Security-Dame meine Handtasche zurück und lächelt mir ein »Danke, Madam, haben Sie einen schönen Tag« entgegen. Ich hänge mir meine Tasche um und drücke die großen gläsernen Türen auf. Als ich so die Eingangshalle des Einkaufszentrums betrete, kann ich ihn schon sehen: Jayakrishnan steht unter einem riesigen Weihnachtsbaum, der über und über mit bunten blinkenden Lichtern, glitzernden Kugeln und Micky-Maus-Köpfen behängt ist. Dahinter haben die Dekorateure ganze Arbeit geleistet und eine Winterlandschaft aus Pappmaché und Watte gezaubert. Den Höhepunkt bildet ein mit Goldpapier überzogenes Kartongestell, das wie ein Schlitten aussieht. Halb neben diesem »Schlitten« steht eine männliche Schaufensterpuppe in weißem Pelz und Samt, deren Gesichtszüge mich stark an Barbies männlichen Gefährten Ken erinnern. Aus vier Standlautsprechern wird das Ensemble mit »I'm dreaming of a white Christmas« beschallt. Ich beobachte Jayakrishnan eine Weile aus der Entfernung. Wenn ich nicht so aufgeregt wäre, müsste ich über das skurrile Bild sogar lachen. Mit seinem T-Shirt und den Flipflops passt er überhaupt nicht zu Santa Claus. Er wirkt ebenso nervös wie ich, und seine Augen scheinen unaufhörlich die Menge abzusuchen. In mir streiten Angst und Neugier. Erst jetzt merke ich, wie seltsam es sich anfühlt, jemanden zum ersten Mal zu treffen, der einem schon so vertraut scheint. Kurz überlege ich mir, mich umzudrehen und ihn einfach stehen zu lassen. Was ist, wenn meine Vorstellung und die Wirklichkeit nicht deckungsgleich sind?

Doch dann gebe ich mir einen Ruck und gehe auf ihn zu. Ein Händedruck scheint mir zu oberflächlich für die Vertrautheit, die wir bereits teilen. So entscheide ich mich spontan, ihn zu umarmen. Doch Jayakrishnan ist irritiert und überrumpelt von meiner überschwänglichen Begrüßung. Er murmelt »Hi, Franziska« in meine Haare, und ich spüre, dass er gerne einen Schritt zurücktreten würde. Aber das geht nicht, denn da steht der Weihnachtsbaum. So bleibt ihm nur übrig, meine Umarmung kurz zu erwidern und mich sanft zur Seite zu drücken.

»Hast du Hunger?«, fragt er.

Ich nicke und bin dankbar, dass er uns aus der auch mir jetzt etwas peinlichen Situation befreit. »Ja, ich möchte gerne etwas essen«, antworte ich, nur um irgendetwas zu sagen.

»Auf was hast du Lust?«

»Schlag doch was vor, vielleicht etwas Indisches?«

Wir stehen vor diesem überdimensionalen Weihnachtsbaum, um uns herum drängen sich die Menschen, aber ich nehme sie nicht wahr. Sicher wäre die Regieanweisung für diese Szene im Skript eines indischen Films: »Slow Motion, leise Geigenmusik«.

Jayakrishnan scheint den Moment nicht so zu genießen. Er ist sichtlich etwas überfordert und stottert: »Wie ... wäre es mit ... Burger?«

Wir fahren schweigend, in gesittetem Abstand hintereinander

stehend, mit der Rolltreppe bis ins oberste Stockwerk, wo sich ein grell ausgeleuchteter Imbiss neben den anderen reiht. Danach sitzen wir uns steif in riesigen braunen Lounge-Sesseln aus Kunstleder gegenüber, getrennt durch einen schmierigen Kunststofftisch. Schweigend kauen wir an dem Burgerbrötchen herum. Die schmecken wirklich weltweit gleich schlecht, denke ich mir. Jayakrishnan blickt kaum auf, während er seine Pommes frites in Ketchup tunkt und eine nach der anderen mit kleinen Bissen in seinem Mund verschwinden lässt.

Ich lege den Rest meines Pappmachéburgers zurück auf das Tablett, schlucke und frage: »Wie waren denn die ersten Tage in deiner neuen Arbeit?«

Jayakrishnan hebt seinen Blick und zuckt mit den Schultern: »Naja, so genau kann man das noch nicht sagen. Ich glaube, es ist ganz okay.« Mit diesen Worten wendet er sich den letzten Pommes zu.

Wieder Stille. Vielleicht müssen wir gar nicht reden. Es gab noch nicht viele so stille Momente in meinem Leben, die ich genossen habe. Diesen aber genieße ich merkwürdigerweise schon. Als unsere beiden Tabletts leer sind, habe ich genug Mut gefasst, um Jayakrishnan das Geschenk zu geben, das ich ihm mitgebracht habe. Es ist ein kleines, in schwarzen Stoff gebundenes Notizbuch, dessen Seiten aber nicht geklebt, sondern mit einem Faden geheftet sind. Das Büchlein habe ich gestern bei meinem Bummel über den Markt in einem Laden entdeckt und mir gedacht, dass es ja vielleicht etwas für seine alltäglichen Skizzen sein könnte. Er hatte mir erzählt, er habe oft einfach das Gefühl, zeichnen zu müssen, um einen Moment, eine Begebenheit, ein Bild festzuhalten. Ich strecke ihm das Päckchen über den Tisch entgegen. Jayakrishnan schaut mich verwundert an, damit hat er offenbar überhaupt nicht gerechnet.

»Danke!«, sagt er und schlägt das Büchlein auf. Auf der ersten Seite ist ein golden schimmerndes Bild von Ganesha aufgedruckt, das ich beim Kauf gar nicht gesehen habe.

Ich sehe mir die Illustration genauer an. Der Elefantengott sieht aus wie ein beleibter Mann oder ein Kind mit einem großen, dicken Elefantenkopf, der nur einen Stoßzahn hat. Er sitzt mit überkreuzten Beinen auf einer Lotusblüte, die von einer Art Ratte oder Maus getragen wird. Seine Ohren sind überdimensional groß und seine Augen sehr klein dargestellt. Der Blick der Gestalt auf der Zeichnung ist seltsam durchdringend, so als würde er mich direkt anschauen.

»Warum sitzt er denn auf einer Maus?«

»Keine Ahnung, er wird immer so abgebildet … mit einer Ratte als Reittier. Ich weiß nur, dass er sich in einer Geschichte die Ratte zähmt, die immer den Dorfbewohnern das Essen stiehlt. Früher war am Anfang jedes Buches ein Bild von Ganesha. Er ist der Gott des guten Anfangs«, beendet er seine Erklärung und schaut mir in die Augen.

2

Aus unserer Verbindung ist ein Himmel entstanden

Aus unserer Verbindung ist ein Himmel entstanden,
wo unserer Sehnsucht Flügel wachsen.
Wie die Wogen des Meeres wandert mein Herz
durch meine Träume und durch Wirklichkeit
und schenkt mir Seligkeit.

Meine Augen suchen nach Jayakrishnan. Ich habe den Einkaufswagen zu schnell durch die Gänge des Möbelhauses geschoben und ihn im Gewimmel verloren.

»Ich habe die Klobürsten gefunden!«, rufe ich durch den Laden und versuche vergeblich die hektische Geschäftigkeit der anderen Kunden zu durchdringen. Doch ich bekomme keine Antwort. Vor einem Regal mit Handtüchern finde ich ihn wieder. Er steht unbeweglich da, wie von den farbigen flauschigen Stapeln hypnotisiert. Ich schiebe mich mit dem Wagen zwischen die Regalreihen, in denen dicht gedrängt andere Kunden stehen.

»Was brauchst du denn noch?«, frage ich und reiße ihn aus seinen Gedanken.

»Wodkagläser«, ist seine knappe Antwort. Ich dachte eigentlich eher an so etwas wie Duschvorleger oder Pfannen. »Und ich brauche noch Handtücher. Ich weiß aber nicht welche Farbe. Creme oder dunkelbraun?« Er deutet auf die Stapel vor ihm.

»Ich an deiner Stelle würde dunkelbraun nehmen«, sage ich mit dem Hintergedanken, dass man die dann nicht so oft waschen muss. In Indien scheint alles viel schneller alt und dreckig zu werden als in Deutschland. Er greift nach zwei dunkelbraunen und einem cremefarbenen Handtuch im Regal und wirft sie in den Einkaufswagen.

»Was noch?«

»Hm, ich weiß nicht, was fehlt denn noch?«, murmelt Jay und schiebt den Wagen in Richtung Kochtopfabteilung.

Als heute Morgen mein Handy piepste und eine Nachricht von ihm auf dem Display erschien, machte mein Herz einen kleinen Freudensprung. *Wollen wir uns heute wieder treffen?*, las ich und war erleichtert, dass die gestrige nicht unsere letzte Begegnung bleiben sollte.

Wir waren noch ziemlich lange in Mumbai unterwegs gewesen, hatten Eis gegessen, auf der Mauer am Strand gesessen und auf das Meer geschaut. Ich hatte den Ausflug nach Colaba – das alte Zentrum von Mumbai – vorgeschlagen, als Jay mich zu meiner Überraschung im Anschluss an unser leicht verkrampftes Burgeressen fragte, ob ich Lust habe, noch ein bisschen Zeit gemeinsam zu verbringen. Natürlich hatte ich Lust! Jay wirkte nicht mehr ganz so unsicher wie zu Beginn unseres Treffens. Langsam ergab sich eine gewisse Vertrautheit zwischen uns. In Colaba pulsiert das Leben, und Touristen mischen sich unter die Einheimischen. Der Marine Drive, ein etwa vier Kilometer langer, immer stark befahrener Boulevard, wölbt sich in einem Halbrund die Küste entlang. Eine kleine Mauer trennt das Meer von der Promenade neben der achtspurigen Straße. Der Marine Drive ist für seine Art-déco-Gebäude bekannt, von deren in Pastellfarben getünchten Fassaden der Putz blättert. Die Seeluft hat den mehrstöckigen

Wohnhäusern schon ziemlich zugesetzt. Dennoch ist die Gegend eine der teuersten Wohnlagen der Millionenmetropole, hier hat man wenigstens eine Chance auf Frischluft. Will man zum Strand, muss man nur irgendwie den breiten Boulevard überwinden. Am Wochenende treffen sich hier die jungen Liebespaare. Sie sitzen Schulter an Schulter, die Köpfe aneinandergelehnt, um in der Anonymität des Strandes wenigstens ein klein wenig Privatheit zu finden. Doch auch wenn sie sich heimlich treffen, Küssen ist öffentlich trotzdem nicht erlaubt, nicht einmal im Film. Was man dort aber kann, ist wenigstens Händchenhalten.

»Franziska, warte auf mich! Du kannst da nicht einfach so rüber!«, schrie er mir hinterher, heftig mit den Armen winkend. »Komm zurück!«

»Wir müssen aber hier rüber, oder siehst du irgendwo eine Ampel?«

Ich lief fast vor ein hupendes Auto, das vor meinen Füßen vorbeibrauste.

»Franziska, warte, bitte!«

Ich war inzwischen heil auf der anderen Straßenseite angekommen, er stand noch die acht Fahrspuren von mir entfernt, schaute verzweifelt, suchte nach einer Lücke im Verkehr und jonglierte dabei in jeder Hand eine Eistüte. Ich musste lachen.

»Lauf los!«, versuchte ich mit lauter Stimme das Brausen des Verkehrs zu übertönen.

Jay schüttelte aber nur den Kopf. Ich sah, wie er den Mund bewegte, aber ich konnte kein Wort verstehen. Ich reimte mir zusammen, dass er so etwas wie »Du bist einfach nur wahnsinnig, außerdem tropft das Eis!« gesagt haben könnte. Dann rannte er los.

»Lauft ihr in Europa auch einfach über große Straßen?«, fragte er mich später, als wir mit baumelnden Beinen auf der Mauer am Strand saßen, den Marine Drive im Rücken und das blaue Meer vor uns. Jay stupste mich an. »Du bist ja ganz schön lebensmüde!«, sagte er und blinzelte in die untergehende Sonne.

»Ich finde das lustig!«

Er schaute mich mit großen Augen an. Und dann erzählte ich ihm, wie ich bei dem ersten Besuch bei meiner indischen Freundin zur Hauptverkehrszeit in einen überfüllten Vorortzug geraten war und Gefallen daran gefunden hatte, mich mit dem ganzen Oberkörper aus der Türe zu hängen.

Seine Augen wurden noch größer: »Ich fahre nie mit dem Zug, jeden Tag fallen Menschen auf die Schienen. Vor allem während der Rush Hour!«

»Ach komm, mindestens genauso viele überleben die Zugfahrt aber auch!«

Er nickte und hielt seine Eistüte von sich weg, damit ihm die klebrige Masse nicht auf die Hose tropfte. Ich versuchte ernst zu bleiben, konnte aber das Kichern nicht mehr zurückhalten. Jay sah mich einen kurzen Moment etwas verwirrt an, begriff dann aber selbst die Absurdität unserer Situation und stimmte in mein Gelächter ein. Wir lachten so lange, bis wir Bauchweh bekamen. Später saßen wir – immer noch sehr heiter – in einem der verbeulten gelbschwarzen Taxis. Jay hatte darauf bestanden, mich den ganzen Weg nach Hause zu begleiten. Das bedeutete in Mumbai eine zusätzliche Stunde Fahrtzeit für ihn. Und obwohl ich ein schlechtes Gewissen hätte haben müssen, überwog meine Freude, nicht alleine den Weg zurücklegen zu müssen. Mit einem kurzen »Bis bald!« verabschiedeten wir uns an der Pforte von Nishas Hochhaussiedlung. Ich sah noch lange gedankenverloren die Straße hinunter, obwohl das Taxi schon längst im Verkehr verschwunden war. Hoffentlich meldet er sich wirklich, war mein Gedanke, als ich mich schließlich zum Gehen wandte.

So stehen wir jetzt, einen Tag später, mit unserem vollgepackten Einkaufswagen, mit vier Wodkagläsern und einem Aschenbecher oben drauf, an einer der vierzig Kassenschlangen an. Und das schon seit einer halben Stunde! Doch die einzige Person, die das zu stören scheint, bin ich. Um uns herum warten die Menschen geduldig. Ich betrachte ein Pärchen, das aussieht, als hätte es gerade geheiratet. Die Hände der jungen Frau sind mit Henna bemalt, und sie trägt die traditionellen weißroten Armreifen einer Braut. Dahinter steht eine resolute Mutter, die mit den Augen rollt und vergeblich versucht, ihren kleinen Sohn in seiner blauen Schuluniform von den Süßigkeiten fernzuhalten, die auch hier neben den Kassen locken. Die anderen Kunden scheinen das Einkaufszentrum für eine Art gut klimatisiertes Wohnzimmer zu halten. Sie unterhalten sich in kleinen Grüppchen zwischen den Wägen. Meine deutsche Ungeduld wird auf eine harte Probe gestellt.

»Es kann doch nicht sein, dass es so lange dauert, ein paar Geschirrtücher abzukassieren! Schau mal, wie langsam die da vorne arbeiten!«

Jay zuckt mit den Schultern. »Wieso? Es ist doch alles Ordnung.«

An jeder Kasse arbeiten zwei Personen, die eine zieht die Waren in Zeitlupentempo über den Scanner, die andere verpackt alles in Plastiktüten und übertrifft dabei seinen Kollegen an Langsamkeit. Es scheint hier niemanden zu stören, den halben Tag in einer Kassenschlange verbringen zu müssen. Dazu kommt noch, dass ich mich unangenehm beobachtet fühle.

»Die starren mich alle an!«, flüstere ich.

»Wieso, die gucken doch ganz normal!«, findet er und kratzt mit seinen Fingernägeln Aufkleberreste vom Griff des Einkaufswagens.

Ich begreife, dass das in Indien generell so ist: Egal, wo man geht und steht, der Nächste wird neugierig betrachtet, und es gilt nicht als unhöflich, jemanden länger als einen kurzen Augenblick anzusehen.

»Nervt dich nicht, dass hier alles immer ein bisschen umständlich ist?«

»Ach, ich hasse Einkaufen sowieso.«

»Musst du nicht manchmal deiner Mutter helfen?«

»Der kann ich es sowieso nie recht machen, die geht immer mit meinem Bruder einkaufen. Ich habe ihr einmal einen Sari gekauft, einen blauen, der nach Sandelholz roch, den hat sie verschenkt, weil sie ihn hässlich fand und den Geruch nicht ausstehen konnte.« Er zögert. »Ich bin froh, dass du mitgekommen bist. Ich hätte sicher die Hälfte vergessen. Ich bin da wie mein Vater. Wenn meine Mutter ihn zum Einkaufen schickt, kommt er immer nur mit einem Teil der gewünschten Dinge zurück. Jetzt versucht sie es mit Einkaufszetteln, die er aber immer zu Hause liegen lässt. Amma sagt, ich bin ein genauso hoffnungsloser Fall wie er.« Er klingt resigniert.

»Mein Vater geht gar nicht einkaufen, weil er es meiner Mama auch nicht recht machen kann«, sage ich mit Blick auf die kaum kürzer werdende Schlange vor uns. »Bei uns im Supermarkt kommst du mit dem Einpacken gar nicht hinterher, so schnell sind die Kassierer beim Einscannen. ›Wir werden immer schneller sein als Sie‹, hat die Frau an der Kasse vor kurzem zu mir gesagt. Und da gibt es niemanden, der die Einkäufe in eine Tüte packt!«

Jay schweigt. Unser Gespräch stockt. Vielleicht ist er einfach nur ein wenig schüchtern. Faktisch haben wir uns ja erst vor weniger als achtundvierzig Stunden zum ersten Mal gesehen. Mittlerweile steht tatsächlich nur noch ein vollbeladener Einkaufswagen vor uns, die Kasse ist schon zum Greifen nah! Rechts und links von uns, in langen Reihen, hängen Tüten mit Bonbons und Schokolade. Da sticht mir eine leuchtend rote Verpackung ins Auge. *Alpenliebe* steht drauf, und als ich genauer hinsehe, fällt mir auf, dass auf dem Logo gezeichnete Berge, eine Wiese und eine Kirche mit rotem Satteldach abgebildet sind.

Ich wende mich begeistert an Jay: »Weißt du, was da steht? Das ist Deutsch!«, und zeige auf die Packung mit Bonbons. »Die Alpen sind die Berge in Bayern, wo ich herkomme, und Liebe ist das deutsche Wort für love.« Ich lege das Päckchen in den Einkaufswagen und hoffe, dass Jay das jetzt nicht falsch versteht – aber der blickt nur weiter in die Ferne.

Nach gefühlt Dutzenden gelaufenen Kilometern schaffen wir es, mit etlichen Tüten beladen den Ausgang des Einkaufszentrums zu finden. Als sich die gläsernen Schiebetüren öffnen, schlägt uns die flirrende Hitze der Mittagssonne entgegen. Jay winkt heftig mit der rechten Hand, so gut es eben geht, wenn ein ganzer neuer Haushalt in Taschen am Arm hängt. Mit einem lauten »Auto, Auto!« schafft er es, eine knatternde Motor-Rikscha anzuhalten, die in Mumbai neben Bussen die wichtigsten Verkehrsmittel für alle sind, die sich kein eigenes Auto leisten können. Und dass sich sehr viele keines leisten können, ist bei achtzehn Millionen Bewohnern von Mumbai auch besser so, denn die Stadt droht jetzt schon im Verkehr zu ersticken. Ähnlich wie über eine Kutsche spannt sich ein schwarzes gewölbtes Dach aus Kunststoff über die hintere Sitzbank bis nach vorne zu einer Windschutzscheibe, hinter der ein meist kleiner, dürrer Inder sitzt, der barfuß das Gas- und Bremspedal bedient und das Gefährt mit Hilfe eines Mopedlenkers schwungvoll durch die Straßen bugsiert. Es gibt unzählige Rikschas. Da sie durch einen Zweitaktmotor angetrieben werden, knattert es in Mumbai überall. Zu zweit hat man auf der Sitzbank einigermaßen gemütlich Platz. Mit einer Person mehr oder, wie jetzt, mit jeder Menge Tüten wird es schon bedenklich eng in der Gastkabine. Einen Kofferraum oder anderen Stauraum gibt es nicht. Der einzige Ort, wo Waren transportiert werden können, ist hinter der Sitzbank oder im Fußraum. Wir klemmen uns zwischen die gerade gekauften Teller und Handtücher. Wir knattern in die Richtung von Jays Wohnung und versuchen dabei, keine der Tüten im Straßenverkehr zu verlieren. Sich zu unterhalten ist im Lärm des Zweitakters fast nicht möglich. Jay schreit mir irgendetwas zu. Ich deute seine Mundbewegungen, mit: »Ich brauche eigentlich noch eine Matratze«, die Worte selbst gehen im Fahrtwind verloren.

Wir sind gerade auf dem Weg durch eine der vielen Einkaufstraßen, wo man aus den wie Garagen nebeneinander aufgereihten Läden alle möglichen Dinge kaufen kann. Bei *Retailer of spectacles*, wie auf dem großen Schild an der Fassade zu lesen ist, gibt es Brillen, *No argument furniture* bietet Schränke feil, *Probikerz* verkauft Motorradhelme. *Good Sleep* ist in großen gelben Buchstaben über einen kleinen Laden am Ende der Straße gemalt. Es fällt mir sofort ins Auge.

»Hier, Jay!«, rufe ich laut, dann »Stop!«, und tatsächlich legt unsere Rikscha eine Vollbremsung ein. »Jay, komm, da gibt es Matratzen!«, zerre ich ihn am Ärmel und bin schon fast aus der Rikscha ausgestiegen.

»Warte, du kannst nicht einfach so auf die Straße springen«, höre ich nur noch, dann stehe ich schon dem Matratzenverkäufer gegenüber. Dieser starrt mich völlig entgeistert an, als käme ich von einem anderen Stern. Vielleicht bin ich seine erste europäische Kundin? Hinter mir schleicht Jay herbei, sichtlich irritiert von der unerwarteten Wendung dieser Fahrt.

»Franziska, du kannst doch nicht einfach so aussteigen. Die Rikscha kann da nicht wenden und muss jetzt mitten im Verkehr auf uns warten.«

»Na und, du wolltest doch eine Matratze, also kaufen wir eine Matratze«, antworte ich kurz angebunden und wende mich dem Verkäufer zu, der nur verwundert zwischen uns hin- und herschaut. »Frag ihn, welche Matratze die beste ist!«

Die beiden unterhalten sich kurz auf Hindi, und Sekunden später werden für uns die teuersten Modelle aus dem kleinen staubigen Verschlag gezerrt. Jede Matratze ist sorgfältig in Folie verpackt, und wenn Jay sie leicht mit den Fingern eindrückt, um ihre Härte zu fühlen, macht es ein knirschendes Geräusch. Meiner Meinung nach viel zu voreilig deutet er auf eine, die ihm offenbar am besten gefällt. Mit »Halt, du kannst doch nicht einfach irgendeine Matratze kaufen, ohne zu prüfen, ob sie überhaupt bequem ist«, unterbreche ich die Kaufverhandlungen und deute dem Ladenbesitzer an, sie auf den Boden zu legen.

»Sorry, Madam?« Er wackelt fragend mit dem Kopf. Erst als ich mit meinem Finger auf den Asphalt deute, um ihm so mit Nachdruck zu vermitteln, dass ich gerne Probe liegen würde, lässt er die Matratze auf den Gehweg gleiten. Ich lege mich drauf.

»Komm, Jay, probier mal, ob du hier gut liegen kannst, du musst ja schließlich darauf schlafen!« Jay und der Verkäufer stehen neben der Matratze und schauen auf mich herunter. Ich wedle mit der Hand in Jays Richtung. »Jetzt komm halt!«

Er geht zögerlich in die Knie, macht aber keine Anstalten, sich neben mich zu legen. Erst als ich an seinem Hosenbein ziehe, setzt er sich vorsichtig an den mir gegenüber liegenden Matratzenrand und wälzt sich schließlich in die Horizontale. Nur ein paar Sekunden liegen wir steif nebeneinander, dann steht er schon wieder.

»Okay, die nehme ich«, sagt er schnell. Ich liege immer noch auf dem Gehweg, auf der blanken, in Plastik gepackten Schaumstoffmatratze und sehe von unten, wie sich die zwei Männer unterhalten und dabei immer wieder auf mich am Boden deuten. »Franziska, steh bitte auf, wir fahren jetzt«, sagt Jay fast barsch.

Kaum habe ich mich erhoben, wird das Stück Schaumstoff auch schon zu einer Rolle zusammengebunden. Jay zahlt und hievt zusammen mit dem Verkäufer das Matratzenbündel auf das Dach der Rikscha. Jetzt ist das kleine Gefährt endgültig so überladen, dass ich bei jeder Kurve Angst habe, es könnte gleich umfallen. Die restliche Fahrt verläuft schweigend. Vielleicht war mein spontaner Matratzentest doch etwas übereilt?

»Ich helfe dir noch, deine Sachen hochzutragen«, biete ich ihm an, als wir vor seiner Haustüre angekommen sind.

Er hat mir gestern am Marine Drive erzählt, dass er im vierten Stock wohne, und ich habe Mitleid, wenn ich daran denke, wie er nun alleine die Matratze hinaufschleppen muss. Der Rikschafahrer stellt die vielen Tüten samt Matratzenbündel neben uns auf den Gehweg und ist schon um die nächste Ecke, bevor Jay die Haustüre aufgesperrt hat. Wir schleppen die Einkäufe durch das enge, sandfarben gestrichene Treppenhaus nach oben. Aus der Decke hängen Kabel, der Putz bröckelt ab. Ein weißer Spitz in der Wohnung im Erdgeschoss hüpft kläffend am Türgitter auf und ab. Alle Türen stehen offen, nur ein Metallgitter verschließt die privaten Zonen vor dem Hausflur. Aus jeder Wohnung kommt ein anderer Geruch und Lärm. Auf einer Treppenstufe sitzt ein verwahrloster Hund, der stinkt und sich unentwegt mit einer Hinterpfote am Hals kratzt. Aus einer Türe lugt ein nackter kleiner Junge, der mich aus seinen großen dunklen Augen betrachtet. Privatsphäre gibt's hier wohl nicht, denke ich mir und bemühe mich, schnell in den vierten Stock zu kommen. Jay stolpert vollbeladen und ächzend vor mir die Treppe nach oben und stapelt seine Einkäufe gegenüber der Eingangstür in der Küche.

»Warte hier, ich hole uns schnell etwas zu essen«, sagt er und deutet auf die neue Matratze, die er schon auf dem Fußboden ausgebreitet hat. Es gibt ansonsten kein einziges Möbelstück. Das Bett zur Matratze fehlt genauso wie Stühle oder ein Küchentisch. Vor dem Fenster des Zimmers hat sich eine Taubenfamilie eingenistet, und ich höre den Nachwuchs piepsen. Bei meiner Besichtigung von Küche und Toilette denke ich daran, dass meine Mutter unmittelbar zum Scheuerlappen greifen würde – wenn erst mal alles eingeräumt und dekoriert ist, wird das hier bestimmt sehr gemütlich! Ich setze mich auf die Matratze und warte. Das Gurren der Tauben verschwimmt mit dem Rattern des Ventilators an der Decke zu einem gleichmäßigen Rhythmus, der mich ein wenig schläfrig werden lässt.

Jay kommt mit zwei Plastiktüten zurück, in denen sich je eine Portion Curry mit Garnelen befindet. In der Küche suche ich nach Besteck, aber die Schubladen sind alle leer.

»Was suchst du?«

»Gabeln.«

»Gabeln? Ach ja, Besteck. Ich habe leider kein Besteck. Brauchst du unbedingt welches?«

»Das wäre schon ganz praktisch …«

»Hm, ja, leider besitze ich noch kein Besteck, ich esse eigentlich immer mit den Fingern. Mist, das hätten wir heute noch kaufen können. Daran habe ich nicht gedacht.«

Normalerweise würde meine Abenteuer- und Improvisationslust jetzt an ihrem Ende ankommen, das Essen ohne Besteck konnte ich in Indien bisher vermeiden. Dies könnte aber genau der richtige Moment sein, um über meinen Schatten zu springen! Hier in dieser Wohnung, mit diesem Mann stehe ich vielleicht gerade an einem Wendepunkt meines Lebens. Und ich habe wirklich Hunger.

Der Raum ist vom Licht einer einzigen Glühbirne erhellt. Es gibt keinen Teppich, nur den blanken Betonfußboden. Wir sitzen nebeneinander auf der Matratze und ziehen die Garnelen aus der geleeartigen Soße. Er zeigt mir, wie man mit den Händen isst. Man nimmt sich ein kleines Häufchen Reis auf den Teller, schüttet Soße dazu, vermischt dies und formt kleine feste Bällchen, die man sich mit Schwung in den Mund schiebt. Als wäre diese Art zu essen das Normalste der Welt, versuche ich dabei, so souverän wie möglich auszuschauen. Er sagt nichts. Ich möchte die Unterhaltung in Gang bringen und stelle ihm Fragen zu seinen Eltern, seinen Freunden und seinem Job. Was ich erst später erfahre: Es ist nicht üblich, in Indien beim Essen zu reden. Langsam gewöhne ich mich an das Gefühl der warm-glibbrigen Masse zwischen meinen Fingern. Wie entfernt man das wohl, wenn kein fließendes Wasser oder wenigstens eine Serviette zur Verfügung stehen? Nach dem Essen helfe ich ihm, einen Teil der Einkaufstüten in die wenigen Küchenschränke zu räumen.

»Hast du Zeichnungen von dir hier?«, frage ich ihn, als er mir die letzten Gläser reicht. »Ich würde sie so gerne sehen!«

»Ich kann dir auf meinem Computer ein paar Sachen zeigen, wenn du willst. Die Originale sind bei meinen Eltern.« Wir lassen uns wieder auf der Schaumstoffmatratze nieder, er stellt den Laptop auf seine überkreuzten Beine. »Das hier ist meine Diplomarbeit am College«, sagt er und klickt auf ein Dokument. »Es ist das Plakat für den Film *Gulaal* von Anurag Kashyap.«

»Wow, du hast das Plakat für *Gulaal* gemacht? Ich finde Kashyap so toll. Hast du alle seine Filme gesehen?«

Er schüttelt fast unmerklich den Kopf und klickt weiter: »Haha, schau, hier sind Zeichnungen, die ich als Kind gemalt habe. Mein Vater war Finanzbeamter und hat immer stapelweise leere Taschenkalender mit nach Hause gebracht. Die habe ich dann als Malbuch verwendet.«

Auf jeder Seite steht oben neben dem Datum *BANK OF THANJAVUR LTD. 1983*, und darunter, auf den Zeilen des Kalenderblattes, sehe ich Figuren mit langen Nasen, ein Männchen in orangefarbenem Anzug auf einem grünen Fahrrad mit blauem Lenker, Boote auf Wellen, Palmen.

»Am Strand in der Nähe meines Elternhauses gibt es ganz viele Kokosnusspalmen. Amma und Appa haben sogar zwei davon im Garten. Und eine Bananenstaude.«

»Wie weit ist euer Haus vom Meer weg?«

»Ungefähr zehn Minuten.«

»Oh, toll, dann gehen deine Eltern sicher jeden Tag schwimmen, wenn sie dort sind!«

»Haha, nein, auf keinen Fall. Meine Mutter kann nicht einmal schwimmen. Und ich auch nicht.« Ein wenig beschämt schaut er zu Boden.

»Wirklich nicht?« So nah am Meer zu leben ist vielleicht für sie allzu normal geworden, um etwas Besonderes darin zu sehen. »Was ist das hier?«, frage ich und deute auf die Zeichnung einer blauen Figur mit Stöckelschuhen.

»Das mit den Plateauschuhen ist Superman. Und hier ist Al Capone, siehst du? Mein Vater hat mich immer in amerikanische Kinofilme mitgenommen, deswegen bin ich schon als Kind totaler Hollywood-Fan gewesen.«

Auf einigen Seiten gibt es sogar eine Signatur oben auf dem

Blatt: *S. Jaykrishnan* lese ich da, jeder Buchstabe ist mit Filzstift in einer anderen Farbe geschrieben.

»Schau, da war ich fünf Jahre alt. Meine Eltern wollten nie, dass ich mit den Nachbarskindern spiele und mich auf der Straße herumtreibe und mir die Knie aufschlage. Deswegen waren sie ganz froh, dass ich sowieso immer nur gezeichnet habe.«

»Dann fanden sie es bestimmt großartig, dass du Kunst studieren wolltest?«

»Ganz und gar nicht. Ich habe drei Jahre Maschinenbau studiert, weil sie darauf bestanden haben.«

»Wirklich?«, frage ich fassungslos. »Obwohl es dich überhaupt nicht interessiert hat? Ich hätte das nie getan. Meine Mutter und mein Vater waren nicht besonders erfreut, dass ich Film studieren will, aber ich hätte mir nie vorschreiben lassen, für welchen Beruf ich mich entscheiden soll.«

»Ohne Maschinenbau hätte ich aber vielleicht nie Kunst studiert«, sagt er, immer noch durch die Kinderzeichnungen auf seiner Festplatte klickend. »Am College in Chennai lag die Kunstfakultät auf demselben Campus wie Maschinenbau. Ich bin immer heimlich rübergeschlichen und habe den Studenten dort durch die Fenster beim Zeichnen zugesehen. Einmal kam jemand raus und fragte, was ich dort suche. Da habe ich ihm erzählt, dass ich gerne Kunst studieren würde. Ein paar Tage später hatte ich einen Termin beim Professor des Studienganges und konnte ihm meine Zeichnungen zeigen.«

»Und dann?«

»Erst einmal musste ich das Maschinenbaustudium abschließen, sonst hätten meine Eltern einen Riesenaufstand gemacht. Danach konnte ich mich endlich für Kunst bewerben und wurde gleich beim ersten Versuch aufgenommen. Glücklicherweise. Ich weiß nicht, ob ich für einen zweiten Anlauf den Mut gehabt hätte.« Er sieht traurig aus, als er das sagt.

Draußen ist es mittlerweile stockdunkel, sogar die Tauben vor dem Fenster gurren nur noch leise vor sich hin.

»Oh, Mist, ich muss ja nach Hause«, rufe ich mit einem Blick auf meine Uhr und springe auf. »Ich brauche bestimmt eine Stunde, ich muss sofort los!«

»Franzi, willst du wirklich noch fahren? Es ist nicht ungefährlich für eine Frau nachts allein in Mumbai. Ich bringe dich.«

»Aber dann bist du doch über zwei Stunden unterwegs, das ist Quatsch!« Wir stehen uns gegenüber und sehen uns an. »Wenn ich noch ein bisschen warte, dann ist die Rush Hour vorbei, und ich schaffe die Strecke in der halben Zeit.« Ich setze mich wieder. »Was bedeutet eigentlich dein Name?« Ich zeige auf die Signatur unter einer seiner Zeichnungen.

Er schaut mich an und lächelt. »Das ist eine lange Geschichte.«

»Erzähl!«

»Okay. Bei uns werden Kinder immer im Elternhaus der Mutter geboren. Das war auch bei mir so. Ich hatte bei meiner Geburt die Nabelschnur um den Hals gewickelt und wäre deswegen fast erstickt. Gleichzeitig war die Konstellation der Sterne nicht so, wie meine Großmutter sie für meine Geburt für gut befunden hätte. Hier wird viel auf die Sternenbilder gesetzt, wenn es um Schicksale und Zukunftsdeutung …«

»Aber du kannst doch nichts für das Sternenbild«, unterbreche ich ihn.

»Eigentlich nicht, aber Großmutter war sich sicher, dass ich ein Unglückskind bin. Am Tag meiner Geburt wurde mein Onkel fast vom Bus überfahren, und dazu kam das mit der Nabelschnur. Damit war für Großmutter klar, dass ich, das Unglücksbaby, schuld an allem bin, was in den nächsten Tagen Schlechtes passiert. Daraufhin wollte sie, dass meine Mutter mich umbringt, bevor ich noch mehr Unheil anrichten kann.«

Ich weiß nicht, was ich dazu sagen soll, ich bin entsetzt.

»Amma, meine Mutter, konnte glücklicherweise meinem Vater, der in einer anderen Stadt gearbeitet hat, heimlich einen Brief zukommen lassen. Er hat uns dann bei Großmutter abgeholt.«

Ich schlucke.

»Deswegen heiße ich Jayakrishnan. Das heißt übersetzt: der Sieg Krishnas. Ich bin nämlich unter dem Sternbild des Gottes Krishna geboren. Das ist der, der auf Bildern immer blau dargestellt wird.«

Ich muss an orangegewandete Westeuropäer denken, die in der Münchner Fußgängerzone Energiebällchen verschenken und jeden, der vorübergeht, mit einem »Hare Krishna« begrüßen. Wie albern! In mir keimt das dringende Bedürfnis, Jay an mich zu drücken, so sehr rührt mich seine Geschichte, und ich rücke ein bisschen näher an ihn heran. Wir sitzen nebeneinander, schweigend. Ab und zu entweicht mir ein Gähnen. Ich beginne, an meinen Fingernägeln zu kauen, das mache ich immer, wenn ich nervös werde. Er fixiert den schwarzen Laptopmonitor. Das einzige Geräusch im Zimmer ist das gleichmäßige Flappen des Ventilators. So kühl und abweisend mir der Raum heute Nachmittag vorkam, so behaglich empfinde ich ihn jetzt.

Und dann fragt er: »Darf ich dich zeichnen, Franziska?«

3

Die Liebe ist ein Versteckspiel

Die Liebe ist ein Versteckspiel,
sie kommt und geht wie ein Schmetterlingsschwarm.
Schau mir in die Augen, es gibt niemanden außer dir,
warum bist du immer noch böse?

Mama ist der Farbtupfer in einer Masse aus Gesichtern hinter der Scheibe. Schon von weitem kann ich sie durch die Glasscheibe in ihrem feuerroten Strickkleid sehen, sie winkt heftig und strahlt über das ganze Gesicht. Sie ist wie versprochen gekommen und erwartet mich voller Freude. Ich dagegen bin noch nicht richtig angekommen, als ich meinen Koffer vom Band nehme und ihn durch die Schiebetüren hinter mir herziehe. In Gedanken bin ich ganz weit weg – in dem Zimmer in Mumbai, auf der Matratze am Boden, zusammen mit Jay und den gurrenden Tauben vor dem Fenster.

Meine Mutter fällt mir freudig um den Hals: »Es ist so schön, dass du wieder da bist! Wie war es?«

Ohne zu antworten versuche ich mich schnell wieder aus ihrer herzlichen Umarmung zu befreien. Meine Laune ist auf dem Tiefpunkt. Sie merkt das natürlich sofort, liest in meinem Gesicht, ohne dass ich etwas sagen muss.

»Du könntest dich schon ein bisschen mehr freuen, mich zu sehen«, sagt sie mit einem leicht beleidigten Unterton in der Stimme, während sie mir meinen Koffer abnimmt.

»Mama, nicht falsch verstehen ... es war so schön in Mumbai, ich bin traurig, dass ich so schnell wieder zurückmusste«, entgegne ich missmutig und trotte neben ihr her in Richtung Parkplatz.

»Warum, was ist passiert?«

»Ich habe jemanden kennengelernt«, rücke ich nach kurzem Zögern mit der Sprache raus.

»Wen denn?«

»Einen Mann. Er heißt Jay. Ich glaube, ich mag ihn sehr. Vielleicht habe ich mich sogar verliebt.«

Mama bleibt abrupt stehen und schaut mir ins Gesicht. Die Hände in die Hüften gestemmt, schüttelt sie den Kopf und sagt mit ihrer Das-kann-doch-nicht-wahr-sein-Stimme: »Franziska, du bist verrückt. So etwas kannst du doch nach ein paar Tagen noch gar nicht wissen!«

»Franziska, du bist verrückt« – das habe ich schon oft im Laufe meines bisherigen Lebens von ihr gehört. Das letzte Mal ist noch gar nicht so lange her. Mama hatte an jenem Tag denselben skeptischen Ausdruck in den Augen wie heute. Ich erinnere mich noch gut daran. Ich hatte nämlich meinen Eltern eröffnet, dass ich kurz vor dem Abschluss mein Germanistikstudium abbrechen wollte, um an die Filmhochschule zu gehen.

Mit derselben Mischung aus Zweifel und Verständnislosigkeit schaut sie mich auch jetzt wieder an und sagt: »Jetzt komm doch erst mal wieder daheim an. Ob du wirklich verliebt bist, wird sich noch zeigen. Schlaf erst mal drüber.« Der sarkastische Unterton in ihrer Stimme ist dabei nicht zu überhören. Sie nimmt mich wohl nicht wirklich ernst.

»Nein, Mama, er ist toll! Wir waren drei Tage zusammen, und

es kam mir so vor, als würden wir uns schon ewig kennen. Und er hat mich gezeichnet.«

»Gleich drei ganze Tage habt ihr zusammen verbracht, das ist ja fast ein halbes Leben! Komm, wir fahren erst mal nach Hause.«

Dort steht immer noch der Weihnachtsbaum im Wohnzimmer, allerdings hat er schon ein paar Nadeln verloren, und die Kerzen sind heruntergebrannt. Es ist kaum vierzehn Tage her, dass wir noch alle zusammen *O du fröhliche* gesungen haben. Unglaublich, was in der Zwischenzeit passiert ist. Mir kommt es vor, als hätte sich mir eine völlig neue Welt aufgetan. Die gemeinsamen Tage waren einfach unvergleichlich. Zum Abschied haben wir uns das Versprechen gegeben, uns bald wiederzusehen. Das möchte ich mir immer ins Gedächtnis rufen, wenn die Sehnsucht zu groß wird.

Als ich auf dem Weg zu meiner Oma bin, um ihr ein frohes neues Jahr zu wünschen und ihr von meiner Reise zu erzählen, hält mein Auto der Winterkälte nicht stand. Es verweigert den Dienst, und ich muss es am Straßenrand zurücklassen. Als ich in Richtung Straßenbahn unterwegs bin, klingelt das Telefon. Jay.

Noch bevor ich ihm von meiner Autopanne erzählen kann, fällt er mir ins Wort: »Ich muss dir etwas sagen. Es tut mir leid.« Ich werde sofort nervös. »Ich habe viel drüber nachgedacht, seit du gefahren bist. Ich muss dir sagen, das mit uns kann nicht funktionieren, Franziska. Du bist zu weit weg. Und unsere Leben sind zu verschieden. Das hat keinen Sinn.«

Mir fällt fast das Telefon aus der vor Kälte klammen Hand. Trotz des eisigen Windes wird mir schlagartig heiß unter meinem Wintermantel, und ich merke, wie ein dicker Kloß aus meinem

Bauch nach oben steigt und in meinem Hals spürbar wird. Ich bekomme Panik.

»Nein, bitte nein. Warum denn?«, stammle ich. »Was meinst du überhaupt mit *nicht funktionieren*? Wir haben es doch noch gar nicht versucht!«

»Liebe ist nur eine Illusion, und Romantik existiert nicht«, erwidert er steif, und dann höre ich nur sein Schweigen und das Knacken in der Leitung. Nach einer scheinbar ewigen, unerträglichen Stille, in der mir keine passende Erwiderung einfallen will, räuspert er sich und sagt: »Vielleicht können wir ja Freunde sein?«

Ich merke, wie mir Tränen in die Augen steigen. Ich stelle mich zum Schutz vor dem Wind in einen Hauseingang, Handschuhe und Mütze liegen natürlich zu Hause, meine Gliedmaßen fühlen sich an wie Eiszapfen. Auch mein Herz krampft sich zusammen und scheint zu gefrieren. Ist jetzt alles vorbei, bevor es richtig begonnen hat? Ich schlucke und versuche vergeblich, mir nichts anmerken zu lassen.

»Ach, Jay, warum muss alles so kompliziert sein?« Ich muss tief durchatmen, schluchzend bekomme ich nur noch heraus: »Ich melde mich später«, und lege schnell auf.

Sobald ich das Telefon in die Tasche meines Mantels gesteckt habe, beginne ich tatsächlich zu weinen. Mittlerweile an der Straßenbahnhaltestelle angekommen, stehe ich mit kalten Fingern und einem klammen Gefühl im Herzen neben dem Wartehäuschen. Der Wind pfeift, und in meinem Kopf höre ich nur ein dumpfes Brausen. Ich schniefe, und dabei sind mir die fragenden Blicke der anderen Wartenden egal. Ich atme tief durch. So leicht gebe ich mich nicht geschlagen, ich schlucke die Tränen herunter und wähle Jays Nummer. Es knackt in der Leitung, dann ertönt das Freizeichen. »Hallo?«

»Können wir noch einmal darüber reden? Vielleicht wollen wir es ja doch versuchen?«

»Ich mag dich doch auch. Aber du bist weit weg, das macht die Sache so kompliziert!«

Ich atme tief durch und sage so entschlossen wie ich kann: »Jay, dann lass es uns einfach ausprobieren. Ich will nicht aufgeben, bevor ich es überhaupt versucht habe!« Ich bemühe mich, so überzeugend wie möglich zu klingen, und lege wieder auf.

Wenig später piepst mein Telefon. Eine Nachricht von Jay: *Okay!*

Okay!, denke ich und steige in die Straßenbahn.

Ich mache mir Gedanken darüber, ob nicht vielleicht die Sache mit seiner Exfreundin immer noch nachhallt. Er hatte mir in einer der vielen Mails der letzten Wochen davon berichtet, dass er sehr verletzt sei, weil er von ihr verlassen wurde. Dann, in seiner leeren Wohnung, als wir auf der neuen Schaumstoffmatratze saßen, hatte ich meinen Mut zusammengenommen.

»Wie geht es dir eigentlich mittlerweile mit der Trennung?«

»Sie hat jetzt meinen Professor geheiratet«, sagte er und zupfte an der Matratze herum.

»Das ging ja schnell!«

»Ja. Wir sind ja auch schon seit fast einem Jahr getrennt. Hier muss man sofort heiraten, einfach so eine Beziehung führen, das geht nicht.«

»Wie hat sie denn deinen Professor überhaupt kennengelernt?«

»Sie war eine Kommilitonin von mir. Wir sind immer zusammen zum Filmclub gegangen, den der Professor geleitet hat. Ich hatte dann irgendwann die Windpocken und war ein paar Wochen bei meinen Eltern, um gesund zu werden. Und, naja, als ich wiederkam, war sie mit ihm zusammen.«

»Aber das kann die doch nicht machen!«

»Hat sie aber! Und dann hat sie mir noch an den Kopf geworfen, dass ich es sowieso nie zu irgendetwas bringen würde und er im Gegensatz zu mir kein Versager sei. Das hat mich sehr verletzt.«

»Wie hast du reagiert?«, wollte ich wissen. Ich war richtig entsetzt.

»Ich habe angefangen zu bloggen.«

»Wie? Als Reaktion auf die Trennung?«

»Ja, sie hat mir an den Kopf geworfen, dass ich kein Talent hätte. Das wollte ich nicht auf mir sitzen lassen, ich musste meine Bilder einfach der ganzen Welt zeigen. Und ich habe beschlossen, nicht länger an die Liebe zu glauben. Das endet nur in Enttäuschungen.«

»Ohne dein Blog hätte ich dich nie gefunden! Dann hatte die Trennung ja doch etwas Gutes!«, versuchte ich ihn aufzumuntern. »Glaubst du wirklich, dass echte Liebe nicht möglich ist?«

Er strich sich die Haare aus dem Gesicht, schaute mich an und schwieg.

»Wussten deine Eltern, dass du eine Freundin hast?«

»Auf keinen Fall! Die wären ausgeflippt, wenn sie davon erfahren hätten! Sie war einmal mit bei ihnen, aber da habe ich gesagt, sie wäre nur eine Kommilitonin. Außerdem war sie sowieso in einer anderen Kaste, wir hätten also allein schon deswegen nach der Meinung meiner Eltern nicht zusammen sein dürfen.«

»Ist das tatsächlich noch so streng? Ich dachte, das wäre nur früher so gewesen, dass man niemanden aus einer anderen Kaste heiraten darf. Und dann auch nur auf dem Land.«

»Leider sind solche Vorschriften hier noch ganz normal. Ich weiß, das ist für Außenstehende nicht leicht zu verstehen, sogar ich tue mich sehr schwer damit.«

»Wie würden deine Eltern reagieren, wenn du eine Freundin aus Europa hättest?«

»Das würden sie auf keinen Fall akzeptieren«, hatte er, ohne auch nur eine Sekunde nachzudenken, geantwortet.

Seit meiner Rückkehr nach Deutschland sind zähe vier Wochen vergangen, in denen wir unzählige Stunden skypend vor unseren Rechnern verbracht haben. Meine sozialen Kontakte haben sich auf ein Minimum reduziert, weil ich zwischen 16 und 21 Uhr zu Hause sein will und muss. Denn dann ist bei Jay Abend, und er hat nach der Arbeit Zeit, um mit mir zu sprechen. Einige meiner Freude wundern sich schon, dass ich mich so extrem zurückziehe. Nur mein Exfreund findet es nicht komisch, dass ich kaum mehr in unserer gemeinsamen Wohnung bin, er genießt die Freiheit wahrscheinlich eher: Weil ich nicht will, dass er unsere stundenlangen Gespräche mitbekommt, weiche ich dafür zu meinen Eltern aus. Eigentlich bin ich dort schon fast wieder eingezogen. Der Laptop steht manchmal sogar beim Abendessen auf dem Tisch, und Jay sieht uns zu. Ich möchte ihn so viel wie möglich in meiner Nähe haben, und sei es nur in Form des kleinen flimmernden Bildes auf meinem Monitor. Seitdem er mich mit Hilfe einer Skype-Verbindung durch die Hälfte meines wachen Tages begleitet, glauben Mama und Papa wirklich langsam, dass das mit uns mehr als nur eine »romantische Spinnerei« ist.

Papa ist trotzdem noch zuversichtlich, dass ich in Kürze wieder »normal« bin und sagt: »Ich glaube das erst, wenn du endgültig deine Koffer packst.«

Ich ignoriere seine Sprüche. Er wird schon noch sehen, wie ernst es mir ist.

Manchmal gehen Jay und ich zusammen spazieren, aber nur so weit, wie das WLAN reicht. Ich halte den Laptopmonitor in Richtung Garten, zeige ihm den Schnee und das Haus meiner Eltern, und ich erzähle ihm, wie kalt es im deutschen Winter sein kann.

»Ich habe noch nie Schnee angefasst«, sagt er.

»Dann komm einfach her!«

Mein Vater sieht das ähnlich: »Wir müssen den halt mal einladen, das kann ja so nicht weitergehen.«

Als ich Jay frage, ob er nicht einen Flug buchen und nach München kommen will, entgegnet er nur: »Das werden wir sehen, es ist bestimmt kompliziert zu organisieren.«

Mama hat ihre eigene Art, meine Beziehung zu Jay einzuordnen. Sie erklärt mir pragmatisch ihre Version meines Liebeslebens, während sie Unterhosen bügelt. Im Fernsehen läuft *Die Mumie kehrt zurück.* Beim Bügeln schaut sie mit Vorliebe Science-Fiction- oder Fantasy-Filme, und das bei extremer Lautstärke, um das Brodeln ihrer Dampfbügelanlage zu übertönen, die selbst wie ein Raumgleiter aus *Star Wars* aussieht. Das sonntägliche Bügeln ist auch immer eine perfekte Gelegenheit für eine Unterhaltung mit Mama. Ich komme ins Wohnzimmer, sie dreht den Fernseher leiser. Ich setze mich auf den Polsterstuhl, der ihr gegenüber steht. Meine Füße baumeln über die Armlehne.

»So, hast du jetzt fertig geskypt?«, fragt sie durch den Dampf ihres Raumgleiters.

»Mama, ich will wieder nach Indien.«

»Hast du zu viel Geld, oder was?«, erwidert sie. »Du warst doch erst da, musst du nicht in die Uni?«

»Nächsten Monat muss ich zwei Wochen nicht hin, da könnte ich doch fahren. Das ist nämlich nicht nur romantische Spinnerei mit mir und Jay, wie Papa immer sagt!«

Mama schaut mich an. »Einen Hang zum Exotischen hast du schon immer ein bisschen gehabt. Und einen Faible für Indien auch.« Sie dampft Bügelfalten in Papas Anzughose. »Von daher kommt es mir fast logisch vor, das mit dir und Jay.«

»Mama, dieses Mal ist es wirklich ernst.«

Mama unterbricht das Gespräch, macht die Zimmertür auf und schreit in den zweiten Stock: »Albert, bring mal Kleiderbügel für deine Hemden runter!«

Kurz danach höre ich Papa auf der Treppe. Er kommt ins Zimmer, drückt ihr die Kleiderbügel in die Hand und fragt: »Um was geht's denn? Seid ihr am Diskutieren?«

»Die Franziska will schon wieder nach Indien fahren! Ich hab ihr gesagt, dass das Unsinn ist!«

»Wenn du meinst … Aber dein Ticket zahlst du dieses Mal schon selbst!«, entgegnet Papa nur.

»Ja, ich hab genug Geld!«

»Geht das nicht schon für die ganze Telefonierererei drauf?«, fragt er schnippisch und balanciert dabei seinen Zigarillo im Mundwinkel. Dann meint er: »Vielleicht muss er ja wirklich bald mal zu uns kommen. Ich glaub so langsam, du meinst es wirklich ernst. Mit Dunkelhäutigen hast du's ja schon immer gut gekonnt. Das haben Mama und ich vor kurzem auch schon festgestellt.«

Ich verdrehe die Augen. »Papa!«

Er grinst.

»Ich werde ein Ticket nach Mumbai buchen!«, verkünde ich ein paar Minuten später aufgeregt, als ich Jays Gesicht auf meinem Monitor vor mir habe. »In zwei Wochen kann ich bei dir sein.«

»Was willst du?«

»Ich habe dir doch gesagt, dass ich zu dir kommen will. Freust du dich?«

»Ja, schon, ich freue mich. Ich habe nur nicht gedacht, dass es so schnell geht!«

Ich sitze auf meinem Fensterplatz im Flugzeug nach London. Links, kurz vor der Tragfläche. Kaum gelandet, packe ich meine Tasche und beeile mich, zum Transitbereich zu kommen. Es ist nicht viel Zeit bis zum Abflug nach Mumbai, und der Flug aus München hatte Verspätung. Mit »Entschuldigung, ich habe es wirklich eilig« schiebe ich mich durch die Menschenmenge auf der Rolltreppe. Kurz später am Shuttlezug zum Abflugterminal stehen die Menschen in dicken Winterjacken mit ihren Koffern dann dicht nebeneinander. Da ist überhaupt kein Durchkommen mehr. Als der Zug einfährt, wollen alle auf einmal einsteigen, und es bilden sich Menschentrauben vor den Türen. Ich werfe mich wild entschlossen in die Menge. Ich muss da unbedingt mit! Am Check-in der indischen Fluglinie sieht es nicht besser aus. Die billigste Lösung für diese Reise war, mit zwei verschiedenen Airlines über London zu fliegen. Deshalb bleibt es mir nicht erspart, mich nochmals am Schalter einzureihen. Ich suche das Ende der Schlange und stelle mich dazu. Schleichend bewege ich mich in einer großen Menschentraube in Richtung Schalter.

»Ihren Pass bitte«, sagt die Dame am Schalter, als ich endlich zu ihr vorgedrungen bin. Ich reiche ihn ihr. »Sie können heute nicht nach Mumbai fliegen«, sagt sie mit ausdruckslosem Blick und zusammengekniffenen Lippen, während sie meinen Pass durchblättert.

»Wie bitte?«, frage ich möglichst freundlich in der Überzeugung, sie falsch verstanden zu haben.

Jetzt hebt sie den Blick, schaut mir ins Gesicht und schüttelt den Kopf: »Ich kann Sie nicht weiterreisen lassen«, antwortet sie in sachlichem Ton und fährt fort: »Sie müssen nach einer Ausreise zwei Monate warten, bis sie wieder in Indien einreisen können. Wenn ich Sie heute fliegen lasse und Sie werden in Indien sofort wieder zurückgeschickt, kann mich das meinen Job kosten. Es tut mir sehr leid.«

»Seit wann gilt diese Regelung denn?« Ich gehe im Kopf die Seiten mit den Einreisebestimmungen in meinem Reiseführer durch.

»Das ist relativ neu«, entgegnet die Schalter-Dame. »Die Behörden dort ändern ständig die Formalitäten. Sie sind nicht die erste Kundin, die davon betroffen ist«, sagt sie und schaut mich mitleidig an.

»Aber beim Check-in in München hat doch auch niemand etwas gesagt …« Ich suche nach Argumenten, damit die Dame trotz all ihrer Korrektheit meine Reise vielleicht doch ermöglichen kann.

»Vermutlich wusste in München auch niemand, dass Sie nicht nur bis London, sondern nach Mumbai fliegen wollen, und deswegen hat das Check-in-Personal nicht darauf geachtet, ob Sie einreisen dürfen oder nicht.«

Jetzt ist mir klar, weshalb von dieser schrecklichen 2-Monats-Regel zu Hause keine Rede war. Durch meinen geteilten Flug haben sich die Angestellten in München nicht für mein eigentliches Reiseziel interessiert und mich anstandslos mitfliegen lassen.

»Bitte, können Sie nicht eine Ausnahme machen? Ich werde in Indien erwartet, und außerdem gibt es heute bestimmt keine Möglichkeit mehr, nach München zurückzukommen!«

Sie blättert noch einmal durch den Pass. »In drei Tagen dürften Sie fliegen. Dann ist die Sperrfrist abgelaufen. Aber heute sehe ich keine Chance mehr für Sie. Es tut mir wirklich sehr leid!«

Wie ein Häufchen Elend sitze ich auf meinem Koffer in der Abflughalle und heule. Dann wähle ich Jays Nummer.

»Franziska? Bist du nicht schon im Flugzeug?«

»Ich komme heute nicht. Ich darf nicht einreisen, weil ich die Sperrfrist nicht beachtet habe.«

»Was, welche Sperrfrist?«

»Naja, man muss zwischen zwei Reisen nach Indien zwei Monate Pause machen, und die ist erst in ein paar Tagen vorbei. Mein letzter Besuch ist noch nicht lange genug her.«

»So ein Mist. Das wusste ich auch nicht! Ständig wieder was Neues! Und jetzt, wie geht es weiter?«

»Jetzt muss ich irgendwie wieder nach München zurück. Aber es ist schon spät, ich weiß nicht, ob das heute noch klappt«, antworte ich mit tränenerstickter Stimme.

»Viel Glück, ruf mich an, wenn du mehr weißt.«

Entschlossen packe ich meinen Koffer und mache mich auf den Weg zum Schalter der Airline. Wenn schon nicht nach Mumbai, will ich wenigstens heute noch nach Hause.

»Ich brauche ein Ticket nach München, für jetzt sofort.«

Der Herr im dunkelblauen British-Airways-Anzug schüttelt den Kopf. »Heute noch? Das ist unmöglich. Keine Chance. Ich kann sie auf den ersten Flieger morgen früh buchen, das kostet 512 Euro.«

Mir fährt das Blut in den Kopf. »512 Euro?«

»Tut mir leid, Madam, ich kann Ihnen so kurzfristig keinen besseren Tarif anbieten«, sagt er mit neutraler Service-Freundlichkeit.

Ich bin fertig mit den Nerven, extrem traurig und will nur noch weg. Ich merke, dass ich keine Kraft mehr habe, nach einer Alternativlösung zu suchen oder eine Diskussion um einen Preisnachlass zu beginnen.

»Okay, ich buche den Flug.«

»Sehr gerne, Madam. Einen Moment, Madam. Ihren Pass bitte.«

Den halte ich noch in der Hand und reiche ihn über den Schalter, zusammen mit meiner Kreditkarte. Meine Eltern werden ausflippen, denn alleine kann ich das nicht finanzieren – 512 Euro, die tun richtig weh. Aber noch schlimmer ist es, nicht bei Jay sein zu können.

»Wo kann man denn hier günstig übernachten«, frage ich erschöpft den Herrn im dunkelblauen Anzug.

Er denkt einen Moment nach und zeigt auf die Halle hinter mir: »Drüben in Terminal 5 gibt es Schlafboxen.«

Zermürbt und enttäuscht vom Universum wie schon lange nicht mehr, ziehe ich meinen Koffer über den glänzenden Flughafenboden.

In Terminal 5 sehe ich gleich die Schlafboxen, wie sie der Mann am Schalter beschrieben hat. Wie gestapelte Container stehen immer zwei davon übereinander in einer Reihe. Ich stecke meine Kreditkarte in den Buchungsautomaten. Offenbar ist das Kartenlimit noch nicht ausgeschöpft, eine Liste der noch freien Kabinen erscheint auf dem Monitor. Ich wähle Box Nummer 3, oben links, mir wird ein Code angezeigt, und ich wuchte mein Gepäck eine schmale Treppe hoch. Am Ende der Treppe befindet sich der Eingang zu meiner Unterkunft für diese Nacht. Mit dem Code öffnet sich die Glastür. Ich trete ein und fühle mich sofort wie ein Huhn im Käfig. An der einen Längsseite des Containers befindet sich ein weiß bezogenes schmales Bett, an der anderen Wand hängt ein Flatscreen, und daneben gibt es eine winzige Kabine mit Dusche und Toilette. Ich entdecke den WLAN-Code, der unter dem Fernseher an der Wand geschrieben steht. Auf dem Bett sitzend klappe ich meinen Laptop auf, wähle mich ins Internet ein und öffne Skype.

Ich habe Internet. Komm online, schicke ich ihm eine SMS.

Wenige Minuten später klagen wir uns gegenseitig unser Unglück, jeder vor seinem Monitor. Bei ihm ist es weit nach Mitternacht, er gähnt ständig, und auch ich spüre, wie ich immer müder werde. Wir versprechen uns, uns so bald wie möglich wirklich zu sehen.

»Schlaf gut, Franziska, bis ganz bald!«, ist das Letzte, das ich von ihm an diesem Tag mitbekomme.

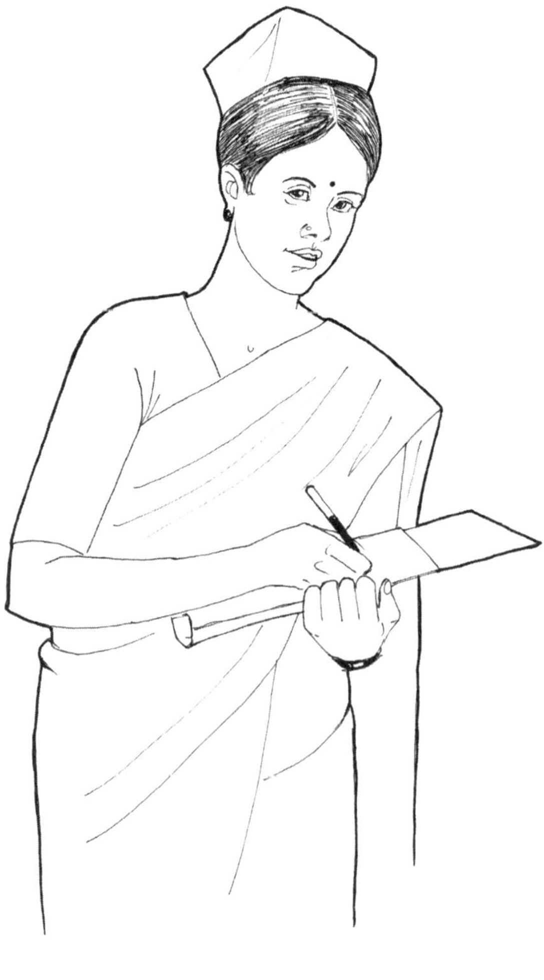

4

Das Fischernetz für das Meer, das Internet für die Liebe

Das Fischernetz für das Meer, das Internet für die Liebe.
Oh, Maria, oh, Maria, schick mir Liebesgrüße als E-Mail.

»Deine Eltern nerven mich wirklich total!«, brülle ich wütend den Monitor an.

Sein Bild in dem kleinen Skype-Fenster erstarrt für eine Sekunde, als hätte sich der Laptop über meinen plötzlichen Ausbruch erschrocken. Dann erwacht Jays Abbild wieder aus seiner Schockstarre und entgegnet genauso vehement: »Meinst du, ich finde das toll? Jetzt bin ich von meinen Eltern weggezogen, und sie setzen sich einfach in den Flieger und kommen hierher, ohne einen Rückflug. Und dann soll ich auch noch das Ticket bezahlen!«

»Ich weiß, dass das Scheiße für dich ist. Aber was ist mit uns? Ich habe das Gefühl, es ist dir fast egal, dass wir uns ein halbes Jahr nicht gesehen haben? Erst bleibe ich in London hängen, und jetzt verhindern deine Eltern, dass wir uns endlich wiedersehen können.«

Ich könnte platzen vor Wut. Ich knalle den Bildschirm herunter. Eine Sekunde später klingelt mein Handy.

»Lass mich in Ruhe«, heule ich ins Telefon. »Was bringt es denn überhaupt, noch zu reden? Du wirst deine Eltern wegen mir nicht rauswerfen. Vielleicht hast du recht, dass das mit uns wirklich zu kompliziert ist ...«

»Ich habe dir doch schon so oft erklärt, dass meine Eltern ein echtes Problem sind«, erwidert er nur. »Sie sind traditionell. Ich kann ihnen auf keinen Fall sagen, dass ich eine Freundin habe. Und meinst du, ich finde es toll, dass sie hierherkommen und mich wochenlang belagern? Warum hast du eben aufgelegt?«

»Reden bringt nichts, die Situation kotzt mich gerade an.«

»Genau solche Situationen hatte ich im Kopf, als ich dir am Anfang gesagt habe, das mit uns funktioniert nicht. Es tut mir wirklich leid, dich zu enttäuschen.«

»Wie lange wollen deine Eltern denn bleiben?«, lenke ich ein. Eigentlich trifft ihn ja keinerlei Schuld.

»Weiß ich nicht«, sagt er kleinlaut und so leise, dass ich ihn fast nicht verstehe. »Ich habe den Verdacht, sie wollen vielleicht ganz hierherziehen, weil mein Bruder doch jetzt nach Deutschland versetzt wird.«

Normalerweise telefonieren wir mehrmals täglich, aber während Ammas und Appas Besuch kann Jay nur heimlich auf dem Klo mit mir sprechen – oder mit lautem Hupen und Motorbrummen im Hintergrund, wenn er auf dem Weg zur Arbeit ist. Und bei fast jeder der wenigen Gelegenheiten, die wir uns hören, gibt es Streit. Jay ist genervt von seinem Job und von seinen Eltern, die offenbar die Wohnung nur zum Einkaufen von Lebensmitteln verlassen. Und ich bekomme immer mehr Angst, die beiden könnten wirklich endgültig bei ihm in Mumbai bleiben.

Mama und Papa begegnen meiner gedrückten Stimmung nach

jedem Telefonat mit Humor. Papas Kommentar dazu ist: »Warum ziehst du schon wieder so einen Flunsch? Lachst du gar nicht mehr?«

Mama ist etwas mitfühlender: »Ich kann das nicht mehr mit ansehen! Es wird wirklich Zeit, dass seine Eltern endlich ihre Koffer packen!«

Glücklicherweise tun sie das dann auch, nach unendlich langen vier Wochen machen sie sich daran, in ihr Haus in Südindien zurückzukehren, wo sie schon als Familie mit den beiden Söhnen gewohnt haben. Bei einem unserer Dauergespräche nach ihrer Abreise – wir haben einiges nachzuholen – erzählt mir Jay eine Geschichte, durch die mir Amma und Appa doch ein wenig sympathischer werden: Seine Eltern dürfen nicht wissen, dass er raucht. Rauchen ist, genauso wie Alkohol trinken, ein nicht entschuldbares moralisches Vergehen in seiner Familie. So hatte er, bevor seine Eltern zu Besuch kamen, den Aschenbecher geleert und die Wodkagläser versteckt. Auch alles, was unsere Beziehung hätte verraten können, hatte er vorsorglich weggeräumt. Seine Mutter entdeckte natürlich – wie sollte es auch anders sein – den Aschenbecher im Schrank. Aber Jay hatte sich geschickt mit einer Ausrede aus der Situation gerettet. Einen Aschenbecher brauche man eben, wenn rauchende Freunde zu Besuch seien, erklärte er ihnen. In diesen Wochen während des Elternbesuches stand das Abendessen immer schon auf dem Tisch, wenn er von der Arbeit nach Hause kam. Die Aufgabenteilung zwischen seinen Eltern ist immer dieselbe: Amma kocht, und Appa assistiert ihr in der Küche. Er muss die Lebensmittel heranschaffen, kleinschneiden, in Schalen und Schüsseln verteilen und an den Tisch bringen. So auch an diesem Abend. Frische warme Dosas, südindische Reispfannkuchen, warteten schon auf Jay, als er die Tür öffnete. Nur das Kokos-Chutney, das zu jedem Essen gehört, fehlte noch. Während sich Jay setzte, kam sein Vater mit einer kleinen Schüssel aus der Küche. Nur war es dieses Mal keine gewöhnliche Schale, sondern der Kristallaschenbecher, den wir zusammen gekauft hatten. Darin befand sich jetzt das Chutney, und Appa verkündete freudig: »Diese Schale sieht wirklich schön aus. Warum muss man sie als Aschenbecher benutzen? Ich habe eine bessere Verwendung dafür gefunden.« Und so dippte Jay an diesem Abend sein Chutney aus einem Aschenbecher.

Mein Sitznachbar schnarcht und riecht nach dem Aftershave, das fast alle indischen Männer gern und viel benutzen. Der Ellenbogen des Mannes liegt wie selbstverständlich auf der Armlehne, und sein Bein erobert Stück für Stück meinen Fußraum. Jeder andere würde sich belästigt fühlen, ich aber nehme es gelassen – der Geruch erinnert mich an Mumbai. Außerdem kann mir jetzt gerade nichts die Laune verderben, denn ich sitze endlich im Flugzeug. Ich versuche, so vorsichtig wie möglich den Arm des Passagiers neben mir von meiner Lehne zu schieben. Er sieht aus wie ein Geschäftsmann mittleren Alters, mit Bauch, Schnurrbart und buschigen Augenbrauen. Leider habe ich nicht gemerkt, dass er den Kopf auf seinen Arm gestützt hat. Er rutscht langsam von der Lehne, und der Mann wird unsanft wach. Er schaut mich erschrocken an und fragt mit unverkennbar indischem Akzent:

»Wo fliegen Sie denn hin?«

Wir sitzen gerade im Flugzeug nach Mumbai, es ist also klar, wohin ich will.

»Ich treffe meinen Freund in Mumbai.«

»Ist Ihr Freund Inder?«, fragt der Mann interessiert.

»Ja!«, antworte ich und kann meine Vorfreude nicht verbergen.

Sein Gesichtsausdruck ändert sich. Er blickt wider Erwarten nicht freudig, sondern ratlos und ein bisschen skeptisch drein. »Haben Sie schon seine Familie getroffen?«

Ich schüttle den Kopf. Mein Sitznachbar schlägt theatralisch die Hände zusammen, als wollte er sagen: Da haben Sie ja noch einiges vor sich!

Dann fährt die Stewardess mit ihrem Wagen an uns vorbei und serviert Kaffee. Nun kommt mein Sitznachbar erst richtig in Gesprächslaune. Schon Selinas Vater hatte mich damals gewarnt: Inder würden drei Dinge lieben: Kochen, Essen und Reden. Und zwar stundenlang und in jeder Kombination. »Wenn ein Inder in den Urlaub fährt, sitzt er meistens bei den Verwandten, die er besucht, in der Wohnung, die Frauen kochen den ganzen Tag, und statt Sightseeing wird von morgens bis abends geredet.«

Mein Sitznachbar, der sich als Mr. Sharma vorstellt, hat zwischenzeitlich Familienfotos von seiner Frau und den zwei Kindern aus der Brusttasche geholt, und als die acht Stunden Flug sich ihrem Ende nähern, kenne ich seine gesamte Familiengeschichte bis zu seinen Urgroßeltern. In meiner Hosentasche steckt seine Visitenkarte. Außerdem habe ich eine hochoffizielle Einladung von Mr. Sharma zum Essen erhalten.

Dann setzt das Flugzeug zur Landung an. Es macht die mir schon so vertraut scheinende Schleife über den Slum von Mumbai. Sobald die Anschnallzeichen erloschen sind, springe ich auf, zwänge mich an meinem Sitznachbarn vorbei, zerre meine Tasche aus dem Gepäckfach und versuche, schneller als die anderen Fluggäste die Maschine zu verlassen. Mr. Sharma ruft mir noch freundlich hinterher: »Vergessen Sie nicht die Einladung zum Essen! Rufen Sie mich an!« An der Kabinentür drehe ich mich noch einmal kurz um und winke ihm zum Abschied.

Dann empfängt mich der Duft Mumbais. Endlich angekommen! Ich krame mein Handy aus der Tasche und wähle Jays Nummer. Am anderen Ende meldet er sich prompt: »Bist du gelandet? Ich warte draußen!«

Er ist gekommen, obwohl es 4.20 Uhr morgens ist. Am Einreiseschalter treffe ich auf einen Beamten mit riesigem Schnurrbart, der ebenso schlecht gelaunt aussieht wie sein Kollege nebenan. Während er durch meinen Pass blättert, scheint er sich extra viel Zeit zu nehmen. Dann blickt er auf und schaut mich mit gerunzelter Stirn an.

»Sie kommen aber oft nach Indien. Wieso haben Sie so viele Visa?« Er hält mir eine Doppelseite meines Passes hin. »Machen Sie hier Ferien?«

»Nein, ich besuche Freunde und Verwandte«, zitiere ich die im Formular angekreuzte Einreiseoption und tippe mit dem Finger auf meinen ausgefüllten Visumsantrag.

»Sie haben Verwandte in Indien?« Er glotzt mich ungläubig an.

»Nein, nein, nein«, sage ich schnell, »keine Verwandten! Mein Freund ist Inder.«

Der Beamte reißt die Augen auf, und sein Schnurrbart beginnt heftig zu zittern. Doch dann gehen seine Mundwinkel unter seinem riesigen Schnauzer nach oben, und er lacht.

»Woher kommt er?«

»Aus Tamil Nadu!« Jetzt wird sein Gesichtsausdruck noch heiterer.

»Ich bin auch Tamile! Mögen Sie Männer mit großen Schnurrbärten? Alle tamilischen Frauen mögen Männer mit großen Schnurrbärten!«

Puh! Wird das jetzt eine längere Diskussion über die Vorzüge indischer Männer und ihrer Schnurrbärte?

»Nein, nein, mein Freund hat keinen Schnurrbart. Er wartet draußen schon auf mich.«

Der Beamte ignoriert meinen dezenten Hinweis.

»Und sprechen Sie Tamil?«

Ich entgegne kurz »Vanakamp«, das heißt »Guten Tag« auf Tamil, und dann beendet das Knallen des Einreisestempels zum Glück unser Gespräch. Als ich gerade dabei bin weiterzugehen, ruft er mir ein »Vanakamp« hinterher und wünscht mir eine schöne Zeit.

Endlich erreiche ich das Kofferband. Kinder laufen umher, Frauen in farbenfrohen Saris fahren sich gegenseitig mit den Gepäckwagen in die Hacken, bis sie so nah wie möglich am Band stehen. Die Männer in erster Reihe schreien sich gegenseitig zu, welcher Koffer wem gehört – die Schlacht hat begonnen. Wenn das so weitergeht, werde ich frühestens in einer Stunde zu meinem Gepäck durchkommen. Auf in den Kampf! Ich winde mich an einer dicken Frau in geblümtem Sari vorbei, stoße einer anderen meinen Ellbogen in die Seite und schiebe energisch einen Mann im weißen Hemd mit den obligatorischen Kugelschreibern in der Brusttasche beiseite. Je mehr Kugelschreiber, desto gebildeter, das ist indisches Gesetz. Trotzdem, das Kofferband befindet sich immer noch in weiter Ferne. Bei diesem Chaos muss ich ewig warten! Dann kommt mir eine Idee. Ich fange an, den Leuten mit Händen und Füßen zu erklären, dass wir eine Schlange bilden sollten, dass es keinen Sinn macht, wenn drei am selben Koffer zerren. Die Frauen mit ihren Wagen bitte ich, ein bisschen Abstand zu halten, während die Männer ihr persönliches Gepäckstück vom Band nehmen. Mein Ordnungssystem funktioniert genau zwei Minuten. Dann geht das Gefecht erneut los. Gott sei Dank ist mein Koffer mittlerweile da, ich drängle mich die zwei fehlenden Meter bis zum Transportband durch, reiße ihn herunter und haue ihn dem Kugelschreibermann aus Versehen ins Knie. Egal. Nichts wie weg hier, Jay wartet! Uns trennt nur noch eine Station: der Schalter, an dem ich mein Einreiseformular abgeben und das gestempelte Visum vorzeigen muss. Wieder eine Schlange. Das kann doch nicht wahr sein!

Nach einer guten Stunde habe ich auch diese Hürde genommen. Die Schiebetüren des Flughafens öffnen sich, und subtropische Hitze umfängt mich. Sofort beginne ich zu schwitzen. Meine Augen suchen den Eingangsbereich ab, wo unzählige Fahrer mit weißen Schildern stehen, um jemanden abzuholen. Dazwischen Jay, ohne Schild. Dafür aufgeregt und mit freudiger Erwartung in den Augen. Ich renne hin, falle ihm um den Hals und küsse ihn – nur auf die Wange natürlich. Der Polizist und Sicherheitsbeamte, an dessen Arm ein riesiges Maschinengewehr baumelt, hat das beobachtet. Er zwinkert mir zu. Wieder ein dicker Oberlippenbart, der zu lächeln beginnt.

Um sieben Uhr morgens kommen wir endlich mit dem Taxi an seiner Wohnung an. Jay schleppt meinen schweren Koffer in den vierten Stock, sperrt die Tür auf und sagt gleich entschuldigend: »Ich hatte nicht viel Zeit zu putzen.«

Auf dem kleinen Klapptisch neben dem Fenster im Schlafzimmer stehen drei Rosen in einem Saftglas, die er mir stolz überreicht. Ich freue mich so, als bekäme ich den größten und schönsten weltweit erhältlichen Blumenstrauß geschenkt. Schüchtern zieht er unter einer Mappe eine Zeichnung hervor und drückt sie mir mit dem Kommentar: »Hier, für dich, ist aber nicht so gut geworden«, in die Hand.

Es ist eine Portraitskizze von mir, die er nach einem Foto gemacht hat. Die Kreidezeichnung auf feinem Büttenpapier zeigt mich schräg von der Seite, Haarsträhnen fallen in Locken über meine Wange. Ich bin gerührt, und mein Herz klopft noch ein wenig schneller.

Als ich das Schlafzimmer betrete, bin ich überrascht, denn seit meinem letzten Besuch hat sich hier einiges verändert. Die Matratze liegt zwar nach wie vor auf dem Boden, doch in der einen Ecke des Raums steht jetzt ein großer brauner Kleiderschrank. Außerdem gibt es einen neuen weißen Sessel aus Kunstleder, und vor dem Fenster hängen sonnengelbe Baumwollvorhänge. Jay hat ein paar Fotos von mir ausgedruckt und an die sonst noch ziemlich kahlen Wände gepinnt.

»Ich muss jetzt leider zur Arbeit, aber ich versuche heute früh nach Hause zu kommen«, entschuldigt er sich mit einem Blick auf die Uhr. »Ich freue mich auf später«, flüstert er mir in den Nacken, da klingelt es plötzlich an der Tür. Jay steht auf. »Die Mülleimer-Abhol-Frau ist da.«

Als er ihr öffnet und sie mich hinter ihm entdeckt, winkt sie mir freudig zur Begrüßung entgegen. Sie gestikuliert wild, denn sie spricht kein Wort Englisch. Wir haben uns bei meinem letzten Besuch schon kennengelernt. Es war für mich gewöhnungsbedürftig, dass hier jemand täglich vorbeikommt, um den Müll abzuholen. Zu Hause muss ich natürlich selbst zur Tonne. Aber vor allem in indischen Großstädten ist es üblich, Hauhaltsdinge von anderen erledigen zu lassen. Weil ich ihr eine Freude machen wollte, habe ich ihr vor meiner Abreise einen neuen Sari geschenkt.

Jay drückt ihr den Müllbeutel in die Hand und macht die Tür wieder zu. Dann nimmt er seinen Rucksack und wendet sich zum Gehen.

»Ich bin schon froh, dass meine Eltern kein Marathi können. Sonst hätte meine Mutter die Müllfrau, die Putzfrau und die Nachbarn ausführlich verhört, wer hier kommt und geht.«

»Deine Eltern können mit niemandem hier im Haus reden?«

»Nein, die sprechen ja nur Tamil. Ich muss jetzt aber los.« Jay küsst mich auf die Wange und öffnet die Tür. Dann ist er weg.

Endlich schlafen! Als ich es mir gerade auf der Matratze gemütlich gemacht habe und dabei bin wegzudämmern, klingelt es wieder. Ich öffne, es ist Maushi – das heißt »Tante« auf Marathi –, die Putzfrau. Auch sie kenne ich schon von meinem letzten Besuch hier. Ich hatte Jay zur Rede gestellt, ob er zu faul sei, selbst zu putzen, und ob er wirklich lieber eine arme alte Frau kommen lasse, die sauber macht. Doch zu seiner Verteidigung hat er mir erklärt, dass Maushi schon für die Familie, die zuvor in der Wohnung gelebt hatte, gekocht und gewaschen hat. Als er dann eingezogen war, habe die kleine dünne Person mit traurigen Augen jeden Tag vor seiner Tür gestanden und ihn angefleht, ihr Arbeit zu geben. Sie brauche das Geld dringend. Schließlich hielt Jay es nicht mehr aus, und stellte sie für den doppelten Lohn ein.

Als ich die Tür öffne, strahlt Maushi über ihr ganzes dunkles, von vielen Falten durchzogenes Gesicht. Ganz im Gegenteil zu Jays Eltern scheint sie nichts Skandalöses an unserer Beziehung zu finden. Sie ist fast zwei Köpfe kleiner als ich und sehr mager. Ihr silbergraues Haar hat sie zu einem kleinen Knoten gebunden. Ich würde sie auf mindestens sechzig schätzen.

»Hallo, ich bin da-ha! Jay hat mir schon erzählt, dass du heute kommst!«, erklärt sie mir in sehr holprigem Englisch.

Das war's dann wohl mit dem Ausruhen. Sie kocht mir Tee und macht Toast. Gott sei Dank verstehe ich wie Jays Eltern auch kein Wort Marathi, eine der zweiundzwanzig offiziellen Landessprachen, sonst hätte unser Gespräch wohl deutlich länger gedauert. Die Fotos von ihrer Familie kenne ich schon. Als sie einmal durch die Wohnung gefegt und abgewaschen hat, verlässt sie mich wieder. Ich lege mich auf die Matratze und schlafe endlich ein.

Nach ungefähr zwei Stunden wache ich verschwitzt und ziemlich erschlagen auf. Der Jetlag steckt mir in allen Knochen. Jetzt eine schöne heiße Dusche, das warme Wasser über den verspannten Rücken laufen lassen, danach fühle ich mich bestimmt besser! Bei Jay gibt es wie in jedem indischen Badezimmer Warmwasser aus einem Boiler, der aber nicht an den Brausekopf der Dusche, sondern nur an den Wasserhahn angeschlossen ist. Man muss also das Wasser erst in einen kleinen Eimer füllen und es dann mit einer Schöpfkelle über sich schütten. Ich schalte den Boiler ein und warte, bis das Wasser aufgeheizt ist. Völlig abwesend fülle ich den Schöpfer mit Wasser und schütte mir einen Schwall über den Oberkörper. Ein stechender Schmerz durchfährt meine Brust. Das brennt wie Feuer! Vor Schreck lasse ich die Kelle fallen und renne in Richtung Küche. »Du musst die Wassertemperatur vorher testen«, hat er mich oft ermahnt. »Das heiße Wasser kommt fast kochend aus der Leitung!« Diesen Ratschlag befolge ich normalerweise, aber heute war ich zu sehr neben der Spur. Ohne Handtuch und mit nassen Füßen stürze ich zum Kühlschrank und rutsche beinahe auf den Fliesen aus. Ich reiße das Gefrierfach auf, finde aber nur eine Packung tiefgefrorene Shrimps, die ich bestmöglich auf meinem Dekolleté platziere. Eigentlich will Jay heute Abend südindisches Krabbencurry für uns kochen. Statt in heißem Öl in der Pfanne zu brutzeln, liegen die Shrimps jetzt auf meinem Brustkorb. Meine Haut fängt schon an, Blasen zu werfen und sich rot zu färben. Mit der einen Hand presse ich die Packung auf meine Brust, mit der anderen wähle ich Jays Nummer. Ich reiße mich zusammen und versuche möglichst belanglos zu klingen.

»Du, wo ist denn die nächste Apotheke?«

»Was, Apotheke, wieso? Ist etwas passiert?« Jay hat einen leicht hysterischen Unterton in der Stimme. Immer wenn sich Situationen anbahnen, bei denen Ärzte oder gar Krankenhäuser eine Rolle spielen könnten, wird er hochgradig nervös. Ich versuche, ihm so ruhig wie möglich zu erklären, was passiert ist.

»Du musst ins Krankenhaus!«, ist seine erste Reaktion. »Nimm dir sofort ein Taxi, und ruf mich wieder an, wenn du dort bist, ich komme dann so schnell wie möglich hin!«

Ich ziehe mir notdürftig ein paar Kleidungsstücke an, bin beim T-Shirt besonders vorsichtig und verlasse die Wohnung.

Mist! Das Bargeld in meiner Hosentasche reicht nicht einmal für die Taxifahrt zum Krankenhaus. Und natürlich kann ich die Rikscha, die überraschend prompt vor meinen Füßen hält, nicht mit Visakarte bezahlen. Ich stammle »zum Krankenhaus, bitte, schnell« und versuche dem Fahrer mein Problem zu erklären. Obwohl er kein Wort von meinem Redeschwall zu verstehen scheint, begreift er den Ernst der Lage. Aus meiner Hosentasche krame ich eine Zehn-Rupien-Note, halte sie ihm hin und das Gefährt knattert los. Zehn Rupien reichen eigentlich nur bis zur nächsten Straßenecke. Aber anscheinend sehe ich so mitleiderregend aus, dass der Mann mich in rekordverdächtig schnellen zwanzig Minuten zum Krankenhaus fährt und immer wieder besorgt fragt: »Okay, Madam, okay?«

Das einzige Krankenhaus, das ich »kenne«, ist das Hiranandani-Hospital. Bei meinem letzten Besuch hatte sich ein aufgekratzter Mückenstich entzündet, und Jay hatte vorgeschlagen, dorthin zu fahren, falls der Fuß noch mehr anschwellen sollte. Hiranandani ist ein schicker Vorort für die bessere Mittelschicht, der vor ein paar Jahren aus dem Boden gestampft wurde. Das Krankenhaus ist ein sandfarbenes Gebäude, gebaut im Stil einer toskanischen Villa mit Bogenfenstern. Der Wachmann am Eingang hält mir die Tür auf und angenehm saubere, klimatisierte Luft weht mir entgegen. Ich folge den Pfeilen Richtung *Emergency Department*, vorbei am Empfangsschalter, an dem eine gelangweilte junge Frau mit dunklem Pferdeschwanz sitzt, die sich die Fingernägel feilt.

Plötzlich springt sie auf und läuft auf mich zu. Sie ist zwei Köpfe kleiner als ich und ruft mit Fistelstimme: »Wohin gehen Sie, Madam?«

Ich schaue sie entgeistert an. »Emergency Department!«

»Emergency?«, fragt die Fistelstimme. »Sie müssen zuerst die Aufnahmepapiere ausfüllen!«

Also zurück zum Empfangstresen. Genervt schreibe ich meine Daten in ein seitenlanges Formular, obwohl ich vermute, dass es der Fistelstimme weder um die Aufnahmepapiere noch um meine Adresse geht, sondern allein darum, ob ich eine mögliche Arztrechnung überhaupt bezahlen kann. Hier wird nur eingelassen, wer auch Geld hat. In Indien gibt es keine gesetzliche Krankenkasse. Es gibt zwar staatliche Krankenhäuser, in denen die Patienten kostenlos versorgt werden, aber auf eine Behandlung zwischen rostigen Bettgestellen und Familien, die am Bett ihres Angehörigen kochen, möchte ich lieber verzichten.

Die Fistelstimme überfliegt den Fragebogen desinteressiert, dann kommt sie zur entscheidenden Frage: »Bezahlen Sie bar oder mit Karte?« Wortlos knalle ich ihr meine Kreditkarte und die Krankenkassenkarte aus Deutschland auf den Tresen. »Können Sie mich jetzt bitte zu einem Arzt bringen? Ich habe wirklich Schmerzen!«

Einige Minuten später sitze ich endlich auf einem der vier Krankenbetten, die durch Vorhänge voneinander abgetrennt sind, in einem Raum der Notaufnahme. Wird ein Patient auf eines der Betten gelegt, zieht eine Krankenschwester den jeweiligen Vorhang komplett zu. Eine junge Schwester, die mit ihrem weißen Häubchen und kurzärmligem Kittel aussieht wie aus einem Sechziger-Jahre-Film, fragt mich: »Wie kann ich Ihnen helfen, Madam, was ist Ihr Problem?«

Mein Problem kann ich ihr zeigen! Ich hebe mein T-Shirt hoch, mein Dekolleté hat inzwischen die Farbe einer überreifen Johannisbeere angenommen. Die Schwester zieht die Luft ein und macht ein entsetztes Gesicht.

»Der Arzt kommt gleich, Madam«, ist das Einzige, was sie von sich gibt.

»Gleich« kann in indischer Zeitrechnung allerdings auch gut mal eine Stunde oder länger bedeuten. Ohne meine Antwort abzuwarten, dreht sie sich um, schließt den Vorhang hinter sich und ist verschwunden. Ich springe von meinem Bett auf, ziehe den Vorhang zur Seite und rufe ihr hinterher: »Haben Sie nicht wenigstens was zum Kühlen?«

Eine andere Krankenschwester, die an einem Wagen mit medizinischen Geräten hantiert, zuckt zusammen und dreht sich um: »Wie kann ich Ihnen helfen, Madam? Was ist Ihr Problem?«

»Ich brauche eine kühlende Salbe oder eine kalte Kompresse!«, sage ich entschlossen, fast wütend. Mein energisches Auftreten hat die Schwester anscheinend beeindruckt. Sie wird auf einmal sehr aktiv. Sie schiebt mich aus der Notaufnahme heraus in Richtung Eingang.

»Aber wo gehen wir denn hin?«

»In die Apotheke, Madam!«

Apotheke? Was für eine Apotheke? Wenig später sehe ich, wovon sie spricht. Denn tatsächlich: Im Eingangsbereich des Krankenhauses befindet sich ein Schalter über dem der Schriftzug *Pharmacy* angebracht ist. Die Schwester diskutiert mit dem Apotheker auf der anderen Seite des Tresens, der – wie sollte es auch anders sein – einen Schnurrbart trägt. Daraufhin öffnet dieser den Kühlschrank, und ein saphirblaues Kühlpad schimmert mir entgegen. Auch der Apotheker fragt mich gleich nach meiner Kreditkarte. Er zieht sie durch das Lesegerät, und ich darf das kostbare Kühlkissen behalten.

Zurück auf meinem Bett warte ich weiter auf den Arzt. Inzwischen ist bestimmt eine Dreiviertelstunde vergangen, und das Kühlpad nicht mehr hart gefroren, sondern lauwarm und wabbelig weich. Mein Dekolleté strahlt einen Dauerschmerz aus, der auch schon Hals, Oberarme und Bauch erfasst. Seit meinem Ausflug zur Apotheke hat sich kein Mensch mehr hinter meinem Vorhang gezeigt. Ich zerre diesen zur Seite, wieder zucken die Schwestern erschrocken zusammen.

»Wann kommt denn jetzt endlich der Arzt?«

»Eine Minute, Madam, eine Minute!«, schiebt sie mich zurück und schließt den Vorhang.

Tatsächlich, fünf Minuten später öffnet er sich wieder, und ein junger Mann mit Brille und weißem Kittel steht vor mir. »Wie kann ich Ihnen helfen, Madam?« Ich bin schon dabei, mein T-Shirt nach oben zu rollen, da schüttelt er heftig den Kopf und fuchtelt mit den Händen vor meinem Gesicht herum. »Nein, nein, das geht so nicht! Sie müssen warten, bis ein weiblicher Arzt kommt!«

Er verweigert mir zwar die Hilfe, aber immerhin hat er Erbarmen mit mir und weist eine der Schwestern an, kühlende Salbe aufzutragen. Kurz darauf betritt eine von ihnen mit verängstigtem Blick mein Vorhangabteil. Sie hat eine Cremetube in der Hand! Endlich! Ich ziehe mein T-Shirt aus, und sie streicht sie mit übervorsichtigen Händen auf die roten Stellen, während sie angestrengt versucht, meinem Blick auszuweichen. Dann wickelt sie einen Verband um meinen Brustkorb. Nun heißt es wieder: warten.

Nach einer gefühlten Stunde schiebt eine Schwester den Vorhang zur Seite und sagt: »Frau Doktor kommt gleich, sie ist noch oben in der Orthopädie.«

»Der Orthopädie?«

»Ja, sie ist heute die einzige Ärztin im ganzen Krankenhaus. Außer ihr sind nur Männer da.«

Na, das kann ja heiter werden!

Die Ärztin ist eine Frau mittleren Alters mit Goldrandbrille, und ihr schwarzes Haar ist von silbernen Strähnen durchzogen. Sie erklärt mir, dass männliche Ärzte in Indien Frauen an »solchen Stellen« nicht untersuchen dürften, und begutachtet das Desaster. Sie trägt erneut Salbe auf, schimpft die Schwester wegen des schlechtsitzenden Verbandes und drückt mir ein Rezept in die Hand. Ich soll mir bei der Apotheke am Eingang selbst noch eine Tube *Burn Relief* kaufen. Dann verabschiedet sie sich und verschwindet.

Ich will aufstehen, da öffnet wieder der junge Arzt den Vorhang. Langsam finde ich die Situation fast lustig, jetzt wo die Salbe ihre kühlende Wirkung tut. Ich komme mir vor wie im Kasperltheater: Vorhang auf, Vorhang zu, Auftritt, Abtritt.

Wohlwollend nickt der Arzt, als er sieht, dass ich endlich versorgt bin. Doch statt mich nach Hause zu schicken, beginnt er eine Art Verhör.

»Haben Sie einen Ehemann, Madam?«

Ich verneine, und er fragt weiter, wie diese Verletzung eigentlich entstanden sei. Ich verstehe zunächst nicht, worauf er hinauswill, und schildere ihm das Malheur meines Duschversuchs.

Er fragt wieder: »Haben Sie wirklich keinen Ehemann, Madam?«

»Ich habe einen Freund, aber was tut das zur Sache?«

»Dann müssen wir jetzt die Polizei informieren!«

Polizei? Ich verstehe immer noch nicht. Dem Arzt ist die Situation sichtlich peinlich, und mit einer beschwichtigenden Handbewegung stammelt er weiter: »Nun ja, die Polizei wird bei Verbrennungen grundsätzlich informiert.«

Plötzlich dämmert es mir, warum er ständig nach einem Ehemann fragt. Von Jay weiß ich, dass in Indien Mitgiftmorde nicht gerade selten sind. Immer wieder kommt es vor, dass Ehemänner beziehungsweise ihre Mütter, die nicht mit der Höhe der Mitgift der Braut zufrieden sind, einen Küchenunfall fingieren und die junge Frau verbrennen, um ihren Sohn anschließend lukrativer verheiraten zu können. 2010 waren es über achttausend Fälle, bei denen Bräute an ihren Verbrennungen starben! Die Mitgiftpflicht ist zwar im indischen Gesetz schon seit 1961 verboten, dennoch wittern auch heute noch viele Familien ihre Chance, so zu viel Geld und Ansehen zu kommen. Mir wird klar, dass es sich um eine wirklich ernste Angelegenheit handelt.

»Nein, nein«, erwidere ich vehement, »ich habe mich wirklich beim Duschen verbrannt. Sie müssen die Polizei nicht informieren. Mein Freund hat damit gar nichts zu tun.«

Skeptisch sieht der Arzt mich an. Dann klingelt mein Handy, Jay ist dran. »Wo bist du? Ich bin jetzt am Eingang.«

Fünf Minuten später steht er vor mir. Der junge Arzt sieht ihn prüfend mit leicht zugekniffenen Augen an und fragt: »Sie waren also nicht zu Hause, als das Unglück passiert ist?«

»Nein«, Jay schüttelt heftig den Kopf. »Ich habe morgens das Haus verlassen und komme jetzt direkt aus dem Büro. Das können Sie gerne überprüfen.«

Ich wiederhole energisch: »Mein Freund hat damit wirklich nichts zu tun, ich bin ganz alleine schuld!«

Der Arzt blickt von Jay zu mir, dann wieder zu Jay und klopft nervös mit dem Kugelschreiber auf seinem Klemmbrett herum. Klack, klack, klack.

Schließlich sagt er: »Okay, Madam, vielleicht können wir uns das mit der Polizei in Ihrem Fall sparen.«

Erleichtert drücke ich Jays Hand. Gott sei Dank scheint der Arzt ihm nicht zuzutrauen, dass er mich mit heißem Wasser lebensgefährlich verbrühen wollte. Wir verlassen die Notaufnahme und gehen zum Empfangsschalter. Die Fistelstimme zieht meine Kreditkarte durch das Lesegerät und präsentiert mir eine Mappe mit meinen sorgfältig abgehefteten Untersuchungsergebnissen.

Wieder zu Hause kocht Jayakrishnan aus den inzwischen aufgetauten Shrimps Curry, und ich verbringe den ersten Abend in Mumbai mit meinem Freund und der Schmerzsalbe auf der Matratze auf dem Fußboden. Während Jay in ein Buch versunken ist, grüble ich über das Schicksal von indischen Frauen. Es hat mich schockiert, dass der Arzt Jay verdächtigt hat, mich verbrennen zu wollen. Ich muss glücklicherweise keine Angst vor meinem Freund haben, aber dass in diesem Land so viele Ehefrauen und Schwiegertöchter erniedrigt, gequält und sogar ermordet werden, nur weil ihre Eltern nicht genug Mitgift bezahlen, ist ein schrecklicher Gedanke.

»Wird in deiner Familie auch eine Mitgift verlangt?«

»Nein, meine Eltern halten sich für modern. Aber alle meine Cousins haben zur Hochzeit eine Mitgift bezahlt bekommen.«

»Echt? Wie viel müssen denn die Eltern zahlen?«

»Das kommt auf den Bräutigam an. Je nachdem, welche Ausbildung und welchen Job er hat. Mein Cousin hat ein Auto bekommen, und seine Frau hat sehr viel Gold, also Schmuck bekommen.«

»Unglaublich, das gehört dann alles dem Ehemann, oder?«

»Ja, aber falls wir heiraten, bekommst du mich gratis. Deine Eltern müssen nichts zahlen«, lacht Jay, und ich muss auch schmunzeln. Doch nur kurz.

»Das ist nicht so witzig. Mir tun die Frauen echt leid.«

»Ja sicher, du hast recht. Ich bin froh, dass meine Eltern das anders sehen als die Mehrheit der Bevölkerung.«

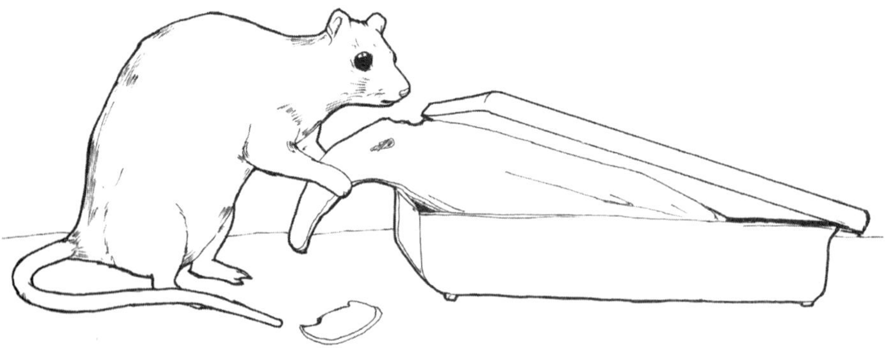

5

Vater Ganesha

Vater, Vater Ganesha,
ich möchte dich um Entschuldigung bitten,
ich singe und tanze für dich,
ich verehre dich sehr, wie kann ich dich erfreuen?

Die nächsten Tage beschäftige ich mich ausführlich mit Eincremen und Verbandwechseln, während Jay arbeiten muss. Bald schon sind die Brandblasen nicht mehr so stark zu sehen, und es schmerzt nur noch ein bisschen beim Anziehen. Am Wochenende hat Jay frei, und er hat mir versprochen, dass er sich als kleine Ablenkung von meinen Schmerzen etwas Besonderes einfallen lassen wird. Was genau er vorhat, verrät er mir aber nicht. Schon am Freitagabend öffnet er mit einer geheimnisvollen und freudigen Miene die Tür, als er von der Arbeit kommt.

»Was ist los?«, frage ich ihn noch im Flur.

»Ich habe zwei Überraschungen für dich!«, sagt er und zieht ein in Seidenpapier gewickeltes Päckchen hinter seinem Rücken hervor.

Ich befühle sein Geschenk vorsichtig mit den Händen. Es scheint etwas aus Stoff zu sein.

»Also, ein Buch ist es nicht.« Ich sehe ihn fragend an.

»Nein, aber das war ja auch nicht schwierig zu erraten. Mach es doch einfach auf!«

Also öffne ich vorsichtig das Papier, und als ich sehe, was sich in dem Päckchen befindet, ist meine Freude riesengroß. Ordentlich gefaltet liegt im Seidenpapier ein langes Stück Stoff, ein Unterrock und eine kurze Bluse. Jay hat mir tatsächlich einen Sari gekauft! Ich falle ihm um den Hals.

»Danke, danke, der ist ja wunderschön!«

Der Sari ist aus apfelgrünem Baumwollgarn gewebt und mit einer leuchtend rosaroten Bordüre an jeder Seite abgesetzt. Er ist bezaubernd in seiner Schlichtheit, ganz ohne Muster oder andere Verzierungen.

»Ich dachte, du magst lieber Baumwolle als Seide. Und grün sieht schön aus zu deinen braunen Haaren.« Jay ist sichtlich stolz, dass ihm seine Überraschung gelungen ist.

Natürlich falte ich den Sari gleich auf, halte ihn mir über die Schulter und betrachte mich im Spiegel.

»Aber wie zieht man den an? Kannst du mir beim Wickeln helfen?«, drehe ich mich fragend zu Jay um, der von hinten an mich herantritt.

»Keine Ahnung. Frag doch am besten morgen Maushi, vielleicht kann sie es dir erklären.«

»Ich kann Maushi schon fragen, natürlich, auch wenn sie mich gar nicht versteht und ich sie auch nicht.« Wir beide müssen lachen. Dann nehme ich Jay in die Arme und gebe ihm einen Kuss. »Weißt du was, bis morgen kann ich nicht warten. Ich schaue mal im Internet.«

Auf YouTube finde ich eine Sari-Wickelanleitung. Doch leider reicht mein Modeverständnis nicht dafür, mir ein sechs Meter langes Stoffstück ohne größeres Verheddern um den Bauch zu winden. Im Video sieht das so einfach und elegant aus! Ich versuche es ein paarmal, wickle mich aber immer so ein, dass ich keinen Schritt machen kann und fühle mich dabei wie ein Würstchen im Schlafrock. Nach etwa einer Stunde gebe ich entnervt auf.

»Du hast mir noch gar nicht die zweite Überraschung verraten«, sage ich zu Jay, der im Wohnzimmer herumwerkelt. Er sitzt am Boden mit dem Rücken zu mir, und ich kann nicht sehen, was er macht. Als ich ihm über die Schulter schaue, fällt mir auf, dass er dabei ist, etwas aus einer lehmfarbenen Masse zu formen.

»Was wird das denn?«

»Das ist die zweite Überraschung. Ich habe Ton gekauft. Morgen ist Ganesha Chaturthi. Und ich dachte, du willst vielleicht auch einen kleinen Ganesha dem Wasser übergeben.«

»Oh, wirklich, das ist toll! Wird das der Ganesha?«, frage ich und deute auf die braunen Klumpen am Fußboden.

»Ja, den will ich gerade aus Ton machen.«

Tatsächlich, die Gestalt eines Elefanten ist schon klar erkennbar. Ich setze mich neben ihn auf den Fußboden und beobachte begeistert, wie seine Hände Ohren, Rüssel und Stoßzähne formen. Als die kleine Figur fertig ist, drückt er noch zwei kleine Pfefferkörner als Augen in den Lehm und färbt den Körper der Figur mit Kurkuma-Pulver gelb. Weil Ganesha nur den Kopf eines Elefanten, aber den Körper eines Menschen hat, fehlt der Figur noch Kleidung. Er wickelt zwei frische Palmblätter, die er auf dem Weg nach Hause gekauft hat, als Hose um die Beine. Der kleine Geselle sieht wirklich niedlich aus.

»Der ist total süß geworden.« Ich lächle.

»Den bringen wir morgen zum Meer.«

Fast finde ich es ein bisschen traurig, unseren Ganesha einfach ins Wasser zu werfen.

»Die Tonfigur ist ja nur als Symbol gedacht. Sie wird dem Wasser übergeben, damit sie sich auflöst und mit der göttlichen Form wieder eins wird.«

Die Strahlen der Morgensonne, die durch das Fenster fallen, kitzeln mich durch meine Augenlider, und ich wache früher auf als sonst. Jay atmet noch tief neben mir. Ich schlüpfe leise unter der Decke hervor, um ihn nicht zu wecken. Während ich mich aufsetze, fällt mein Blick auf meinen neuen apfelgrünen Sari, der auf dem kleinen Klapptisch liegt. Ich schleiche zum Tisch und lasse das feine Baumwollmaterial durch die Finger gleiten. Es ist so weich! Jay hat mir erzählt, das sei ein traditioneller Sari, wie er vor allem in Südindien getragen werde. Er sei nach einer jahrhundertealten Technik von Hand gewebt worden.

Er wacht auf, und sein Lockenkopf kommt unter dem Bettlaken zum Vorschein. Weil er zum Schlafen das Leintuch komplett über den Kopf zieht und seinen Unterarm über die Augen legt, macht ihm die Morgensonne nichts aus. Das machen viele Menschen in Indien so, denn Rollos gehören nicht zur gängigen Ausstattung eines Hauses.

»Guten Morgen!«, sage ich und hocke mich zu ihm neben die Matratze.

»Morgen!« Er wischt sich den Schlaf aus den Augen und gähnt.

»Willst du Kaffee?«, frage ich ihn und gehe in die Küche, um Wasser aufzusetzen.

Jay folgt mir verschlafen. Als ich dabei bin, die Gasflamme am Herd anzuzünden, fällt mir ein angebissenes Fladenbrot auf, das auf der Küchenanrichte liegt. Wir hatten gestern zum Abendessen Dal, ein Gericht aus Linsen, mit Chapatis, Fladenbroten, die in der Pfanne geröstet werden; den Rest der Brote hatte ich in eine Dose gepackt und auf die Anrichte gestellt.

»Eigentlich dachte ich, wir könnten die restlichen Chapatis heute mit zum Strand nehmen. Warum hast du die in der Nacht noch gegessen? Und dann hast du das letzte einfach angebissen liegen lassen!«

»Was, ich habe das Brot doch gar nicht angerührt!«

»Aber da steht doch die offene Dose! Und die ist leer!«, sage ich ein wenig vorwurfsvoll und zeige auf den angebissenen Fladen, der neben der leeren Box liegt, die ohne Deckel auf der Anrichte steht.

Jay schaut mich verschlafen an. »Haha, sehr witzig. Ich war das nicht. Und schau mal, was da liegt! Ich glaube, ich weiß, wer die Chapatis gegessen hat«, sagt er mit einem Grinsen und deutet auf eine kleine braune Kugel, die mir vorher gar nicht aufgefallen ist.

»Iiiihhh, was ist das?«

»Das ist Rattenscheiße. Ganz sicher.«

»Was? Eine Ratte hat unser Brot gefressen?« Ich bin angewidert, während Jay mich seelenruhig weiter anlächelt. »Aber woher ist die denn gekommen?«

Meine Stimme hat einen leicht hysterischen Ton angenommen, und mein Ekel steigert sich, je mehr ich darüber nachdenke. Ich entdecke auf der ganzen Küchenanrichte Scheißeköttel, die ich am Anfang übersehen habe, da die Ablagefläche eine ebenfalls dunkle Farbe hat.

»Die Ratte muss durchs Fenster gekommen sein. Ich habe dir doch extra gesagt, du musst es immer schließen«, meint Jay und wendet seinen Kopf in Richtung Küchenfenster, das offen steht.

»Aber ich habe doch die Box zugemacht, das sollte wohl ausreichen.«

»Der Deckel von der Dose ist doch offen.«

»Meinst du echt, die Ratte hat das aufgemacht?« Ich starre Jay fassungslos an. »Was machen wir denn jetzt? Das ist sooo eeeeeekelhaft.«

»Nichts machen wir. Wir machen sauber«, sagt er mit der Ruhe eines Gurus.

»Sauber? Das muss man alles desinfizieren. Ich esse sonst nichts mehr, was du oder irgendwer anderes in dieser Küche kocht.« Bei dem Gedanken, wie die Ratte auf die Anrichte kackt, muss ich würgen. »Wie kannst du so ruhig bleiben? Diese widerlichen Tiere übertragen die Pest und hunderttausend andere Krankheiten. Und in Indien gibt es noch die Pest, das habe ich gelesen.«

»Die Pest?«, jetzt lacht Jay laut auf. »Vielleicht hat sich das Tierchen ja noch irgendwo versteckt«, sagt er und öffnet theatralisch die Küchenschränke unter der Anrichte.

»Igitt!«, schreie ich, renne aus der Küche und springe auf den einzigen vorhandenen Stuhl, den weißen Sessel. Jay folgt mir, mit tippelnden Füßen und seine Hände zu kleinen Krallen geformt. Er amüsiert sich bestens.

Ich stehe jetzt auf dem Sessel und schreie: »Du bist so gemein!«

»Reg dich nicht so auf. Da ist keine Ratte mehr. Gleich kommt die Putzfrau und macht alles sauber.«

Eine halbe Stunde später schrubben Maushi und ich gemeinsam die Küche. Als ihr Jay von der Ratte und meiner Reaktion auf ihre Hinterlassenschaften erzählt, kann auch sie nur herzhaft lachen. Am Ende neble ich dann noch alles mit meinem Handdesinfektionsspray ein, um sicherzugehen, dass auch wirklich alle Keime getötet werden. Sicher ist sicher! Nach getaner Arbeit sitze ich schwitzend, aber zufrieden auf der Matratze. Da fällt mir mein Sari wieder ein, der immer noch gefaltet auf dem Klapptisch liegt.

»Jay, ich wollte doch heute den Sari anziehen. Kannst du Maushi fragen, ob sie mir beim Wickeln hilft?«

Er übersetzt meine Bitte für Maushi, und sie lächelt sofort freudig. Sie scheint begeistert davon zu sein, dass ich heute einen Sari tragen möchte. Gleich nimmt sie den gefalteten Stoff vom Tisch und prüft das Material zwischen den Fingern. Dann nickt sie mir heftig zu und legt mir die kurze Bluse und den Unterrock in die Arme. Ich verschwinde im Schlafzimmer und streife Bluse und Rock über. Als ich fertig bin, wartet Maushi schon mit dem aufgefalteten Sari in den Händen. Sie stellt sich vor mich hin, wickelt den Stoff einmal um meine Taille und steckt ihn dann in den Bund des Unterrocks. Anschließend windet sie den Pallu, das dekorierte Ende des Saris, nochmals um mich, steckt es aber nicht fest. Nun streckt sie ihren linken Arm aus, während sie den Stoff zwischen Daumen und Zeigefinger greift. Sie beginnt den

Sari in Falten zu legen. Das gefaltete Ende drückt sie mir dann zum Festhalten in die Hand. Sie scheint etwas zu suchen, aber ich verstehe nicht was. Dann zieht sie die Halskette unter ihrem eigenen Sari hervor. Daran hängen, aufgereiht wie Schmuckstücke, Sicherheitsnadeln. Maushi nimmt mir wieder die Falten aus der Hand, die sie dann mit drei Sicherheitsnadeln zusammenfasst. Dann wird der in Falten gelegte Stoff auf Höhe meines Bauchnabels ebenfalls in den Bund meines Unterrocks gesteckt. Den Rest der Stoffbahn drapiert sie über die Schulter.

Jay kommt hinzu und bewundert ihr Werk. Ich drehe mich stolz vor ihm einmal um die eigene Achse, aber er sagt nur mit prüfendem Blick: »Du siehst jetzt irgendwie aus wie meine Mutter.«

Als er mein enttäuschtes Gesicht bemerkt, fängt er an zu lachen.

»Nein, nein. Nicht böse sein. Tut mir leid, du bist sehr hübsch. Die Farbe steht dir wirklich gut! Das war nicht so ernst gemeint!«

»Wollen wir jetzt los? Ich bin fertig«, meine ich, wieder versöhnt.

Schon vor dem Haus stehen die Menschen in Trauben, die ganze Nachbarschaft scheint auf den Beinen zu sein, und alle haben ihre bunten Ganesha-Statuen mitgebracht. Als wir die Wohnanlage verlassen und die Straße erreichen, wird es noch voller.

»Vergiss es, ich glaube nicht, dass wir es heute bis zum Meer schaffen!«, meint Jay, als er das Ausmaß des Gedränges sieht. »Da geht in etwa einer Stunde gar nichts mehr. Und bis zum Strand ist es mindestens eine halbe Stunde mit der Rikscha. Die Rückfahrt können wir dann vergessen. Bis Sonnenuntergang ist die ganze Stadt losgelaufen.«

»Aber was machen wir dann?«, frage ich enttäuscht und betrachte unseren kleinen Ton-Ganesha, den Jay in einer Pappschachtel trägt. Irgendwie tut mir der kleine Kerl leid.

»Naja, es muss nicht unbedingt das Meer sein. Ein Fluss oder See ist auch möglich. Vielleicht fahren wir einfach zum Powai Lake.«

»Okay, aber meinst du wirklich, das ist in Ordnung, zu irgendeinem Tümpel zu fahren und dort die Figur hineinzuwerfen?«

»Warte mal ab. Das ist erstens kein Tümpel, und wir sind zweitens sicher nicht die Einzigen dort.« Jay winkt eine Rikscha heran. Wenig später zeigt sich, dass er recht gehabt hat.

Als wir den Powai Lake erreichen, ist die Zufahrtsstraße schon vollkommen verstopft. Den letzten Teil des Weges bis ans Ufer laufen wir, denn motorisiert ist kein Durchkommen mehr. Wir werden vom Strom der Menschen einfach aufgenommen und weitergespült. Jay und ich reihen uns in die Menge der Gläubigen ein, die unaufhörlich Ganesha um seinen Segen anrufen: »Ganpati bappa morya, pudhchya varshi lavkar ya«, was so viel heißt wie: »Lieber Vater Ganesha, wir beten zu dir und bitten dich, kehre nächstes Jahr wieder und segne uns mit deiner Liebe.«

Die Freude der Menschen ist ansteckend, und ich erinnere mich an mein erstes Ganesha Chaturti, damals, bei meiner ersten Indienreise, als ich ebenfalls mitten in Mumbai zum Teil der Mantren singenden Masse wurde. Damals war dieses Gemeinschaftserlebnis ausschlaggebend dafür, dass ich mit Indien erste zarte Bande knüpfte.

Als wir schließlich den See erreichen, rufe auch ich aus vollem Hals das Mantra. Am Ufer ist eine Absperrung aus Bambusstangen gebaut, damit nicht alle zum Ufer drängen und dort gleichzeitig ihre Statuen in den See werfen. Junge Männer in orangen T-Shirts, die mit dem Bild des Elefantengottes bedruckt sind, versuchen, das Chaos in den Griff zu bekommen. Sie sind hinter dem Bambusgitter platziert und bringen fuchtelnd Ordnung in die Menge. Die Gläubigen übergeben ihre Ganeshas an die jungen Männer, die sie für sie ans Wasser bringen. Ein Boot rudert die Figuren dann auf den See, dort werden die kleinen Statuen vorsichtig ins Wasser gesetzt. Die großen Statuen werden auf eigenen Holzgestellen von mehreren Männern auf den Schultern geschleppt. Diese schieben sie anschließend direkt am Ufer ins Wasser und lassen sie dann auf den See hinaustreiben. Ich bin stehen geblieben und könnte stundenlang einfach dem bunten Treiben zusehen.

Doch dann nimmt mich Jay bei der Hand. »Komm, jetzt übergeben wir unseren kleinen Freund den Wellen.« Er zieht mich in Richtung Bambusabsperrgitter. Wir drängen uns bis ganz nach vorne, und er holt behutsam unseren Ton-Ganesha aus seiner Schachtel. Dann winkt er einem der Ordner, der auf sein Zeichen hin gleich angelaufen kommt. Der Junge nimmt die Statue entgegen und trägt sie zum See. Wir beobachten, wie er sie ganz behutsam ins Boot setzt. So treibt sie langsam davon.

Ein Fernsehteam, das über das Fest berichtet, entdeckt mich am Gitter. Der etwas dickliche Reporter mit weißem Hemd hat schon die ganze Zeit immer wieder mit Menschen gesprochen. Offenbar soll ich sein nächstes Opfer sein. Ich bin die einzige westliche Touristin weit und breit, die auch noch – als zusätzliche Attraktion – einen Sari trägt. Zusammen mit seinem Kameramann und dem Tonassistenten stürzt er auf Jay und mich zu. Ein paar Sekunden später ist eine Kamera auf mich gerichtet und mir wird ein Aufnahmegerät unter die Nase gehalten. Dann fordert mich der Reporter auf, Ganeshas Mantra ins Mikrofon zu rufen. Jay ist das Ganze sichtlich peinlich, doch ich nehme meinen Mut zusammen und rufe so laut ich kann: »Ganpati bappa morya, pudhchya varshi lavkar ya.«

Die Leute hinter, vor und neben mir stimmen unmittelbar ein: »Ganpati bappa morya, pudhchya warshi lavkar ya.«

In meinem Bauch kribbelt es. Es freut mich, Teil dieser euphorischen Menschenmenge zu sein. Ich drehe mich zu Jay um und strahle über das ganze Gesicht.

»Oh, Mann«, seufzt er. »Jetzt kann man uns dann in ganz Mumbai im Fernsehen sehen. Gut, dass meine Eltern nicht hier wohnen«, und zwinkert mir zu.

Am Montag muss Jay wieder ins Büro, unser gemeinsames Wochenende ist viel zu schnell vorbeigegangen. Jetzt sind es nur noch ein paar Tage, und dann fliege ich zurück nach München. Aber den Gedanken daran versuche ich bestmöglich zu verdrängen. Ich verbringe den Tag mit Lesen und arbeite an einer Seminararbeit über »Die Wand im Film«. Tatsächlich gab es dazu einen Kurs an der Filmhochschule. Abends höre ich den Schlüssel im Schloss. Jay kommt von der Arbeit. Er ist merkwürdig verschlossen.

Ich frage ihn, ob im Büro alles okay war, aber er antwortet nur zerstreut: »Ja, ja, alles klar.« Nach dem Essen öffnet er seinen Laptop. »Ich muss noch kurz E-Mails checken, mein Bruder hat gesagt, er hat mir was geschickt.« Jay kauert im Schneidersitz auf dem Boden und fixiert den Monitor. Er ist oft still, aber so abwesend habe ich ihn noch nie erlebt. Ich werde nervös.

»Was ist denn?«

Er schaut mich kurz an und wendet sich wieder ab.

»Nichts.«

»Sag schon, was ist denn?«, bohre ich nach.

Er schaut mich wieder an.

»Nichts.«

»Jetzt sag schon!«

Wieder starrt er mich nur an, dann sagt er leise: »Meine Eltern suchen eine Braut für mich.«

»Willst du mich verarschen? Woher weißt du das überhaupt? Deine Eltern können doch gar keine E-Mails schreiben.« Entgeistert schau ich ihn an. Mein Magen krampft sich zusammen, und ich habe das Gefühl, dass mir alles entgleitet. Jay hat meine Aufregung bemerkt und nimmt meine Hand.

»Mein Bruder hat mir gerade die Login-Daten für ein Matchmaking-Portal geschickt.«

»Ein was?«

»Ein Heiratsvermittlungsportal«, flüstert Jay, während er meine Hand noch fester hält.

»Was soll das denn sein?«

»Das ist eine Internetseite speziell für meine Kaste. Sie haben heimlich mein Foto hochgeladen und einen Lebenslauf angelegt. Sie suchen eine Frau für mich. Bei uns ist es ganz normal, dass Partner über das Internet gesucht werden.«

Auf diesen Seiten müssen zur Anmeldung neben den üblichen Daten wie Name, Geburtstag und Geburtsort auch Religion, Kaste und Hautfarbton angegeben werden. In den Profilen steht kein Wort von Hobbys, Interessen oder etwa den Filmen, die man gerne mag, sondern welche Gerichte die Frau gut kochen kann und welche Sprachen sie spricht. Meistens melden die Eltern ihre Kinder dort an, nehmen von den Vorschlägen, die die Internetseite macht, ein paar Kandidatinnen in die engere Wahl und überlassen dann die letzte Entscheidung dem Kind.

»Jetzt, wo ich angefangen habe zu arbeiten, ist genau der richtige Zeitpunkt, um zu heiraten. Sonst werde ich zu alt.«

»Ist das wirklich wahr?« Ich bin immer noch fassungslos.

»Ich habe mir extra Zeit gelassen mit dem Studium, weil meine Eltern schon länger versuchen wollen, mich zu verheiraten. Als Student bin ich für den Heiratsmarkt nicht attraktiv. Und eigentlich bin ich froh, jetzt am anderen Ende des Landes zu sein, da haben sie nicht ganz so viel Kontrolle über mein Leben. Offenbar ist das nicht weit genug, sie mischen sich trotzdem ein.«

»Willst du denn heiraten?«

»Nein, auf keinen Fall!«, sagt er aufgebracht. »Ich will alles tun, um das zu verhindern. Auch wenn es schwer wird«, seufzt er.

Ich fange an zu schluchzen. Da macht es wieder Bling. Noch eine E-Mail. Jetzt springe ich auf und stelle mich hinter Jay. Gemeinsam starren wir den Bildschirm an. Wieder eine Nachricht von seinem Bruder Arun, diesmal mit Anhang, den Jay öffnet. Das Foto eines Mädchens! Sie trägt ein Salwar Kamiz, ein traditionelles zweiteiliges Kleidungsstück mit einer weiten Hose und einer langen Bluse in Türkis, bestickt mit kleinen Perlen und goldenen Pailletten. Ihr Gesicht ist oval, mit einer etwas breiteren Nase, dunklen Augen mit langen Wimpern und einem kleinen Mund. Sie hat Jasminblüten im Haar. Außerdem trägt sie goldene Ohrringe und eine goldene Halskette. Die gehören, wie ich weiß, zur Grundausstattung tamilischer Mädchen, ebenso wie mindestens ein goldener Reif an jedem Arm. Sie sieht sehr hübsch aus, das muss ich ihr zugestehen. Aber auch traurig, sie lächelt kein bisschen. Irgendwie wirkt sie auf mich wie ein verschrecktes Reh. Als ich das Bild genauer ansehe, fällt mir auf, dass man sie vor einen Kühlschrank platziert hat. Einen Kühlschrank? Wenn ich nicht gerade so wütend wäre, könnte sie mir fast leidtun.

»Wo kommt die denn her?« Einen mir endlos scheinenden Moment lang ist Jay wieder still. Dann macht er den Mund auf und will etwas sagen, aber ich komme ihm zuvor. »Tu doch was!« Ich bin verzweifelt und lasse ihn das spüren. »Ist dir das etwa egal? Warum sagst du nichts?«

Jay macht seinen Mund wieder zu. Er sagt nichts, er schaut mich nur lange an und schüttelt still den Kopf. Er fühlt sich genauso hilflos wie ich. Dann steht er auf, schnappt sich sein Handy und läuft in die Küche.

»Ich rufe sie jetzt an.«

Mit den Händen vor das Gesicht geschlagen, bleibe ich im Schlafzimmer zurück und versuche, mich zu beruhigen. Es wird sicher eine Lösung geben!

Als ich Stimmfetzen höre, versuche ich zu lauschen. Doch das Rattern des Ventilators, das Gurren der Tauben vor dem Fenster und mein vom Weinen dumpfer Kopf machen das Zuhören schwierig. Außerdem verstehe ich nichts, denn Jay spricht mit seinen Eltern Tamil. Mehr als »Guten Tag« und »Wie geht's« habe ich bisher nicht gelernt. Doch am Ton seiner Stimme kann ich erkennen, dass er aufgebracht ist. Er spricht kurz, hastig, fast abgehackt und wird immer lauter. Leise schleiche ich in Richtung Küchentür, um noch besser mithören zu können. Jay hockt im Schneidersitz auf der Küchenanrichte. Er hält das Gerät zwanzig Zentimeter von seinem Ohr weg, die Person am anderen Ende der

Leitung scheint also auch nicht gerade leise zu sprechen. Nach einer Viertelstunde, die mir wie eine Ewigkeit vorkommt, legt er endlich das Telefon aus der Hand. Er nimmt seine Brille ab und reibt sich die Augen.

Ich kann keine Sekunde abwarten. »Was haben sie gesagt?«

Erst druckst er herum, als wüsste er nicht, wo er beginnen soll, dann erzählt er es mir schließlich doch.

»Sie haben ziemlich hartnäckig gefragt, was das Problem ist und wieso ich mich so vehement gegen das Heiraten wehre. Ich habe nur geantwortet, dass es nicht um dieses bestimmte Mädchen geht, sondern dass ich diese Art von Leben nicht will. Das habe ich versucht ihnen klarzumachen. Mein Vater sagte nur immer wieder: ›So geht das aber nicht!‹ Eine arrangierte Ehe ist eben die einzige Form von Beziehung, die sie kennen, und deswegen muss das bei mir auch so …«

»Und hast du ihnen dann gesagt, dass du mit mir zusammen bist?«, falle ich ihm ins Wort.

»Ja«, Jay zögert. »Appa hat das wohl schon geahnt. Er sagte, der einzige denkbare Grund für meine Reaktion sei, dass ich schon in jemanden verliebt bin. ›Hast du eine Freundin?‹, hat er gefragt. Da habe ich ja gesagt. Und dass du Deutsche bist. Erst hat er es nicht geglaubt und dachte, ich würde das nur behaupten, um ihre Suche nach einer passenden Kandidatin für mich zu stoppen. Aber ich habe ihnen versichert, dass es die Wahrheit ist.«

»Und, wie haben sie reagiert?«, frage ich ungeduldig.

»Mein Vater ist ziemlich laut geworden, und meine Mutter hat geweint. Sie hat mir vorgeworfen, ich würde sie nicht in Frieden sterben lassen, ich wäre schon immer gemein zu ihnen gewesen und hätte noch nie getan, was sie sich wünschten. Und Appa rief dazwischen immer wieder: ›So geht das nicht!‹ Normalerweise überlässt er solche Gespräche ja meiner Mutter, aber heute Abend ist er zum ersten Mal selbst ans Telefon gekommen.«

»Hören sie denn jetzt auf, nach einer Frau für dich zu suchen?«

»Sie wollen es erst mal bleiben lassen, aber sie haben auch gesagt, dass sie dich niemals akzeptieren werden.« Die letzten Worte flüstert er, und ich kann die Verzweiflung in seiner Stimme hören. Wieder nimmt er seine Brille ab und reibt sich die Augen. Ist unsere Situation so aussichtslos?

Im Verlauf des Abends muss ich immer wieder schluchzen. Jay kann und will nichts mehr sagen, er hält mich nur bis weit nach Mitternacht im Arm. Was sollen wir nur machen?

An Schlaf ist nicht zu denken in dieser Nacht. Ich wälze die Ereignisse des Abends im Kopf hin und her. Ich bin wütend, verzweifelt und hilflos zugleich. So habe ich mich noch nie in meinem Leben gefühlt. Aber noch mehr als ich mir selbst, tut mir Jay leid. Für ihn muss das alles noch viel schwerer sein. Ich habe vorhin die Verzweiflung in seinen Augen gesehen, seine Eltern so »enttäuschen« zu müssen.

Für mich stand immer fest, dass ich den Menschen lieben kann, den ich lieben möchte. Ohne Vorschriften und ohne Einschränkungen. Und auch ohne Verpflichtungen. Auch wenn meine Eltern nicht immer mit meiner Männerwahl einverstanden waren, so war es doch immer meine eigene Entscheidung. Was für mich in Deutschland als selbstverständlich gilt, ist es aber ein paar Tausend Kilometer weiter keineswegs – die Freiheit, ein selbstbestimmtes Leben zu führen. Ich weiß zwar, dass in Indien die Familie an erster Stelle steht und dass immer noch viele Ehen von den Eltern arrangiert werden. Auch Jay hat mir davon erzählt, dass die meisten seiner Freunde aus Schulzeiten ein Mädchen geheiratet haben, das die Eltern ausgewählt haben. Aber dass ich selbst mit einer solchen Situation konfrontiert werden würde, hätte ich nie gedacht. Oder vielleicht habe ich es auch verdrängt.

Für einen kurzen Moment überlege ich, meine Mutter anzurufen, um sie um ihren Rat zu fragen. Doch diesen Gedanken verwerfe ich schnell wieder, denn in Deutschland ist es jetzt mitten in der Nacht, und ich höre Mamas Stimme sowieso schon in meinem Kopf: *Wir haben dich ja gewarnt, dass das mit dir und Jay schwierig wird.* Das wäre jetzt auch keine große Hilfe. Eigentlich kann ich nur abwarten.

Irgendwann ist es vier Uhr, und er murmelt in sein Kissen, dass er jetzt unbedingt schlafen müsse. »Ich muss morgen früh arbeiten, Franziska, lass uns das später besprechen. Wir können momentan sowieso nichts ändern.«

Dann höre ich seine tiefen Atemzüge neben mir. Bevor auch ich irgendwann wegdämmere, schwöre ich mir, seine Eltern niemals zu treffen.

6

Neuer Himmel, neue Erde, überall schneit es

Neuer Himmel, neue Erde, überall schneit es.
Aber wenn ich komme, begrüßen mich die Blumen.

In der Münchner Innenstadt baumelt schon die Weihnachtsbeleuchtung über der Fußgängerzone, und es dauert nicht mehr lange, bis der Christkindlmarkt vor dem Rathaus wieder seine Buden aufklappt. Bis zum Heiligen Abend sind es nur noch ein paar Wochen. Mama und Papa haben Jay zu Weihnachten nach Deutschland eingeladen, aber unsere Reisevorbereitungen gestalten sich schon deshalb beschwerlich, weil wir allein wegen der Buchung des Tickets wieder und wieder diskutieren.

»Ich steige aber nicht in Dubai um«, macht er mir nachdrücklich klar. »Was mache ich, wenn ich den Anschlussflug verpasse? Und dann alleine in Dubai sitze?«

Ich entdecke eine Seite an ihm, die ich bisher nicht kannte. Jedes Mal, wenn wir sprechen, merke ich, wie sein emotionaler Stress sich steigert, je näher die Abreise rückt. Er reist schließlich zum ersten Mal nach Europa, bisher hat er Indien noch nie verlassen.

»Warum machst du um diesen Flug so einen Zirkus?«, frage ich, doch dann halte ich inne. Hatte ich nicht lange Zeit das gleiche Problem? Die gleiche Angst, in ein fremdes Land zu reisen? In letzter Zeit kam es immer wieder zu Streitereien dieser Art zwischen uns, weil ich zu ungeduldig bin und mich schwer tue, für sein Zögern oder seine Unsicherheit Verständnis zu zeigen. Er hatte Woche um Woche verstreichen lassen, bis er endlich anfing, sich um den Antrag für sein Visum zu kümmern. Immer wieder hatte ich ihn gebeten, bekniet und angebettelt, sich damit zu beeilen. Dabei waren die Gründe, warum er den Antrag immer noch nicht abgegeben hatte, einleuchtend: Um das deutsche Konsulat in Mumbai zu ereichen war eine Taxifahrt von zwei Stunden in den Süden der Stadt notwendig, und dessen Öffnungszeiten beschränken sich – wie ja auch bei deutschen Behörden nicht unüblich – auf ein Zeitfenster von neun bis zwölf Uhr täglich. Jay hätte also um sechs Uhr morgens von seiner Wohnung losfahren müssen, um in der Schlange möglichst weit vorne zu sein und innerhalb eines überschaubaren Zeitraums an die Reihe zu kommen. Schon eine Stunde vor Öffnung stünden die Menschen dort dicht an dicht, hatte mir eine Konsulatsangestellte berichtet, als ich mich telefonisch nach den notwendigen Unterlagen erkundigt hatte. Dann fand Jay heraus, dass man das Visum auch über ein Reisebüro organisieren lassen könne.

»Ich habe heute den Antrag für mein Visum abgegeben«, verkündete er mir freudestrahlend. Ein Silberstreif am Horizont! Doch ich hatte mich zu früh gefreut.

»Heute rief der Mann vom Reisebüro wieder an. Ich brauche doch noch mehr Unterlagen«, sagt Jay wenige Tage später ins Telefon, und meine Hoffnung ist sofort dahin. »Ich brauche so etwas, das so ähnlich heißt wie *Pflichtungsverklarung*, so steht es hier auf Deutsch auf der Internetseite.«

»*Verpflichtungserklärung* meinst du. Ich hatte dir doch gesagt, dass man so etwas eventuell braucht!«, antworte ich mit einer Mischung aus Wut, Verzweiflung und Resignation in der Stimme.

»Ja, du hattest ja recht! Ich dachte, das ist nicht so wichtig«, antwortet er betreten.

Was sollen wir jetzt tun? Nirgendwo in Europa ist es so kompliziert mit einem indischen Pass ein einfaches Touristenvisum zu bekommen wie in Deutschland. Allein der Antrag ist schon eine organisatorische, logistische und emotionale Odyssee. In Italien oder Spanien werden für ein Schengenvisum viel weniger Dokumente verlangt. Die Deutschen sind wie immer die Weltmeister der Bürokratie.

»Ich habe auch gelesen, dass bei vielen Männern um die dreißig das Visum abgelehnt wird. Die deutschen Behörden haben Angst, dass man heiratet und nie mehr nach Indien zurückkehrt«, erklärt mir Jay betrübt.

Mein Magen krampft sich zusammen. Ich habe auch solche Geschichten im Internet gelesen, aber ich wollte ihnen nicht weiter Glauben schenken. Ich wollte ihn – und auch mich selbst – nicht noch mehr beunruhigen. Jetzt ist es still am anderen Ende der Leitung, und ich spüre Jays Hoffnungslosigkeit.

»Ich kümmere mich darum, okay?« Ich bemühe mich, so entschlossen und überzeugt wie möglich zu klingen. »Mach dir keine Sorgen, wir beide schaffen das. Ich bitte meinen Vater, dass er gleich morgen früh mit mir zur Ausländerbehörde fährt und die Verpflichtungserklärung für dich ausfüllt.«

Damit versuche ich mehr mir selbst als ihm Mut einzureden. Eine offizielle Einladung meiner Eltern ist vielleicht unsere letzte Chance. Wenn mein solventer und ehrenwerter Vater dieses Formular abgibt, muss das Konsulat Jays Visum doch genehmigen! Gleichzeitig weiß ich jetzt schon, wie extrem unangenehm es werden wird, Papa fragen zu müssen. Er hasst das Bürgeramt, und vor allem die Ausländerbehörde. Er besucht sie nur alle zehn Jahre unter großem Protest und mit Widerwillen, wenn er selbst seine Aufenthaltsgenehmigung verlängern muss – er ist nämlich Schweizer. Schon der Gedanke an die Warteschlange sorgt bei ihm für extrem schlechte Laune.

Als ich in die Küche komme, ist nur meine Mutter da. Natürlich fällt ihr sofort auf, dass etwas nicht stimmt.

»Was ist los?«, fragt sie und nimmt meine Hand. »Ist etwas passiert?«

Und wie könnte es anders sein, öffnet mein Vater im gleichen Moment die Küchentür. Er schaut von mir zu Mama, humpelt an uns vorbei und lässt sich mit einem Stöhnen auf einen Stuhl sinken. Er hat sich – ausgerechnet – beim Staubsaugen sein Knie verdreht und geht jetzt auf Krücken durchs Haus. Es gab schon mal günstigere Zeitpunkte, um ihn um einen Gefallen zu bitten.

»Was ist los? Welche Katastrophe ist denn jetzt wieder passiert?«, fragt er.

Ich erzähle meinen Eltern von meinem ernüchternden Telefonat, von der Schlange vor dem Konsulat in Mumbai, von den falschen Versprechungen des Reisebüros, von den Geschichten über abgelehnte Visaanträge im Internet und von der Verpflichtungserklärung.

»Wohin muss man da? Zum Ausländeramt?«, brummt Papa, als ich fertig bin und nimmt einen Schluck aus seinem Bierglas. »Einen guten Parkplatz finden wir da nie im Leben, das mache ich nicht mit meinen Krücken!«

»Albert, jetzt stell dich nicht so an«, mischt Mama sich ein. »Ich würde ja mit ihr fahren, aber ich muss morgen arbeiten, und du bist sowieso daheim. Das kannst du schon mal machen für das Glück deiner Tochter.«

»Na gut, wir fahren gleich ganz früh hin«, knurrt er schließlich. »Dann sind wir die Ersten. Und wir parken in der Tiefgarage.«

Draußen ist es noch dunkel, als Papa und ich schweigend am nächsten Morgen in die Tiefgarage des Bürgeramtes fahren. Die Uhr im Armaturenbrett zeigt 7.25 Uhr. Der Aufzug bringt uns in den ersten Stock zur Ausländerbehörde.

»Verpflichtungserklärung? Da müssen sie zu den Studenten«, erklärt mir die dünne Frau im senffarbenen Blazer an der Information.

»Studenten? Muss ich nicht zu S wie Subramanian?«, frage ich erstaunt.

»Nein, den Gang runter und dann links, da ziehen Sie eine Wartenummer. Dort bekommen Sie die Erklärung.«

Papa steht hinter mir, gequält dreinblickend und auf seine Krücken gestützt. Langsam humpeln wir – er humpelt, ich schleiche nebenher, ein Gähnen unterdrückend – den Gang entlang.

»Himmelherrgott, sitzen da viele Leute«, stößt er aus, als wir um die Ecke des Flurs biegen. Wirklich so gut wie jeder Platz des Wartebereichs ist besetzt, sogar an den Wänden lehnen junge Menschen mit Papieren in der Hand.

»Setz dich schon mal, ich hole diese Nummer«, weise ich ihn an und gehe zum Kasten an der gegenüberliegenden Wand, der die Wartenummern ausspuckt. *Heute keine Nummernausgabe mehr möglich, steht auf einem Zettel, der quer über den Automaten klebt.*

»Waaas, was soll das bedeuten?«, rufe ich der Beamtin zu, die am nächstgelegenen Schalter sitzt, während ich auf den Zettel tippe.

»Das Semester hat gerade angefangen, da haben wir immer jede Menge Studenten da, die irgendwas von uns brauchen«, sagt sie achselzuckend und wendet sich wieder ihrem dicken Aktenordner zu. Ich schlurfe mit hängendem Kopf zu Papa zurück.

»Die sagen, wir kommen heute nicht mehr an die Reihe.«

»Ich hab' doch gleich gesagt, dass die hier einen in den Wahnsinn treiben«, beginnt Papa zu schimpfen. »Da tut mir sofort wieder der Haxen weh.«

In der Ecke des geräumigen Flurs sitzt eine weitere dünne Frau mit Blazer an einem Tresen. Papa humpelt wütend hin.

»Das kann doch nicht sein, dass wir jetzt hierhergefahren sind und dann nicht drankommen! Ich habe mir extra freigenommen!«, flunkert er.

»Tut mir sehr leid, aber wir sind unterbesetzt, und sie sehen ja, was hier los ist zu Semesterbeginn. Es gab schon gestern Abend keine Wartemarken für heute mehr. Wir geben die immer am Tag vorher aus, wenn so viele anstehen. Die anderen müssen auch warten.« Ich stehe stumm neben ihm. »Kommen Sie nächste Woche wieder.«

»Aber wir brauchen die Erklärung unbedingt heute! Mein Freund in Indien muss sein Visum beantragen, sonst kann er nicht über Weihnachten zu uns kommen! Nächste Woche ist es zu spät!«

»Tja, das hätten Sie eher bedenken müssen«, sagt die Schalterfrau nur.

Papa holt tief Luft. »Es ist doch nicht mein Problem, dass gerade jetzt Semesterbeginn ist. Sie müssen doch wohl in der Lage sein, dringende Angelegenheiten dazwischenzuschieben. Es handelt sich nur um eine Unterschrift!«

Papa lässt nicht locker, bis die Dame endlich einlenkt: »Gutgut, ich frage meinen Kollegen, wenn, dann muss er das regeln.« Sie verschwindet hinter einer Tür.

Papa und ich setzen uns auf die einzigen zwei nebeneinanderliegenden freien Plätze. Mein Handy klingelt, Jay ist dran.

»Hast du das Papier bekommen?«

»Bitte lass mich jetzt in Ruhe, es gibt gerade total Ärger!« Ich muss mir Mühe geben, ihn nicht anzufauchen. »Wir sind zu spät dran, und hier ist die Hölle los! Wir hätten das auch schon vor Wochen in Ruhe besorgen können!«

»Danke, dass du das für mich erledigst«, antwortet er betreten.

»Noch nichts ist erledigt! Wir können froh sein, wenn es noch diese Woche klappt!«

»Aber ich habe am Montag einen Termin bei der Botschaft, heute ist schon Freitag. Du musst die Erklärung heute besorgen!«

»Ich kann doch auch nicht zaubern. Wenn das hier schiefläuft, ist alles im Eimer!«

Ich lege auf. Lange halte ich diese Distanz nicht mehr aus! Ständig damit zurechtkommen zu müssen, dass wir uns vielleicht erst in ein paar Monaten sehen können, und nicht zu wissen, wann dieser Zustand ein Ende haben wird, zerrt an meinen Nerven. Mehr noch: Ich habe aufgehört, langfristig mein Studium zu planen, und verabrede mich kaum mehr mit meinen Freunden. Während ich meinen Gedanken nachhänge, rutscht mein Vater unruhig auf seinem Stuhl hin und her.

»Papa, ist irgendetwas mit dir? Tut dein Bein wieder weh?«

Er sitzt mit schmerzverzerrtem Gesicht neben mir und fasst sich immer wieder ans Knie. Meine Frage ignoriert er. Stattdessen beginnt er, lauthals vor sich hin zu schimpfen. »Es kann doch nicht sein, dass kranke Menschen, die Schmerzen haben, einfach ignoriert werden! Typisch deutsche Behörde! Nicht einmal ein einfaches Formular kann man hier einfach bekommen!« Er lässt noch mehrmals das Wort »Unverschämtheit« fallen und hustet dabei auch noch demonstrativ.

Die Türe, durch die die dünne Beamtin verschwunden ist, öffnet sich wieder, und ein etwas übergewichtiger junger Mann mit gestreiftem Hemd und Krawatte erscheint. Er bewegt sich auf den Infotresen in der Ecke zu. Papa hievt sich hoch.

»Sind Sie der Kollege, der uns jetzt endlich mit der Verpflichtungserklärung hilft?«

Der junge Mann nickt heftig und sagt: »Jaja, ich mache das für Sie. Ich rufe Sie gleich, geben Sie mir 15 Minuten.«

Nach einer weiteren halben Stunde halten wir endlich das fleischfarbene Formular mit dem ersehnten Stempel in der Hand. Natürlich erst, nachdem ich zweimal quer durch das Gebäude gelaufen bin, um 25 € an einer Kasse am komplett anderen Ende einzuzahlen. Als ich zurückkomme, sehe ich Papa, wie er sich offenbar bestens mit unserem jungen Helfer unterhält. Als wir wieder auf dem Weg nach draußen sind, frage ich ihn, was er denn mit ihm geredet habe.

»Ich habe mich nur bedankt, dass es jetzt doch so schnell ging.

Ich bin ja kein Unmensch«, sagt er grinsend und humpelt neben mir zum Aufzug. »Dafür, dass ich heute mit dir hierher in meine persönliche Hölle gefahren bin, bringst du mich morgen zur Rentenanstalt!«, sind seine letzten Worte, bevor wir das Bürgeramt wieder verlassen.

Wenn Papa in zwei Jahren pensioniert wird, hat er den ganzen Tag Zeit, bei Behörden Rabatz zu machen. Und bis dahin haben wir Routine mit Einreisebestimmungen und Erklärungsformularen.

Erwartungsfroh sitze ich vor meinem Rechner und höre den Klingelton. Das Skype-Fenster öffnet sich, und ich sehe Jay. Heute können wir endlich die Tickets buchen! Nach dem Stress auf dem Bürgeramt war es bei der deutschen Botschaft in Mumbai nur eine Sache von ein paar Tagen, bis das Visum genehmigt war. Jay ist noch vor Tagesanbruch mit allen Unterlagen nach Süd-Mumbai gefahren und war einer der Ersten in der Schlange, als das Konsulat öffnete, und die Beamtin nahm ohne weitere Beanstandungen die Papiere entgegen. Papas Verpflichtungserklärung sei dabei das Entscheidende gewesen, so hatte die Konsulatsangestellte versichert. Nach ein paar Tagen war der Pass mit eingeklebtem Schengen-Visum zur Abholung bereit. Papa wäre wahrscheinlich tagelang auf mich wütend gewesen, wenn es anders gewesen wäre. Jay hielt bei seinem Anruf gleich nach der Rückkehr von der Botschaft den Pass erleichtert in die Laptopkamera und somit ist es jetzt sicher: Er wird demnächst nach Deutschland kommen!

»Mit Emirates könntest du für 550 Euro fliegen! Und du musst auch nur einmal umsteigen, mit eineinhalb Stunden Aufenthalt in Dubai! Mit der bin ich auch schon geflogen!«, verkünde ich begeistert.

»Aber Franziska, ich habe dir jetzt schon öfter gesagt: Ich habe wirklich Angst, in Dubai zu stranden«, antwortet er mit Nachdruck und schaut mich durch das Skypefenster an. »Das stresst mich total! Ich will wirklich nicht in der Wüste feststecken.« Jay ist eben genau so ein Sturkopf wie ich.

»Okay, dann suche ich halt einen anderen Flug«, gebe ich schließlich nach.

Ich gebe Mumbai und München in die Felder der Flugsuche-Webseite ein und scrolle noch einmal durch die Angebote. Unter all den Verbindungen, die einen Aufenthalt in Dubai erfordern, finde ich eine einzige mit Zwischenstopp in Zürich zu einem gerade noch annehmbaren Preis.

»Hier, ich habe eine Alternative gefunden«, verkünde ich in der Hoffnung, dass damit die Diskussion schnell beendet ist. »Du kannst in Zürich umsteigen.«

»Zürich, wo ist das?«, antwortet er überrascht.

»Das ist eine Stadt in der Schweiz, von dort fliegst du kaum eine Stunde bis München! Es fahren auch Züge, falls du den Anschlussflug verpassen solltest. Oder ich hole dich mit dem Auto ab!«

Schließlich sehe ich ihn nicken, und ich spüre, wie sich die Erleichterung in mir ausbreitet.

»Ich buche den Flug, und das Thema ist erledigt, einverstanden?«, frage ich in Richtung Monitor, die Kreditkarte schon in der Hand.

»Hmmhm …«, Jay nickt zögerlich, aber immerhin.

»Wir bauen einen Schneemann, wenn du hier bist, okay?«

»Haha, Schneemann. Du bist eher eine Schneefrau!«

»Schneefrau! In Ordnung!«

Für seine Ankunft hat sich Jay ausgerechnet den kältesten Tag des ganzen Winters ausgesucht. Um überhaupt zum Flughafen fahren zu können, muss Papa erst mal das Auto ausgraben und eine Stunde lang die Garageneinfahrt freischaufeln. Es liegt so viel Schnee wie schon lange nicht mehr. Aber wir haben vorgesorgt. Ich habe Mütze und Handschuhe gekauft, meine alte Snowboardjacke aus dem Keller gesucht, und Papa hat versprochen, Jay seine wärmsten Lammfellstiefel zu leihen.

»Die sind vielleicht eine Nummer zu groß, aber warm halten sie!«, meint er mit prüfendem Blick, als er die Schuhe aus dem Schrank zieht. »Mit der orangen Jacke und den riesigen Stiefeln wird er aussehen wie einer von der Straßenwacht.« Er zwinkert mir zu. »Nicht, dass ihn jemand anhält und ihm eine Schneeschaufel in die Hand drückt.«

Auch ich muss bei der Vorstellung schmunzeln. Vermutlich hatte er noch nie in seinem Leben eine Winterjacke an. Geschweige denn fellgefüttertes Schuhwerk. Während wir noch den letzten Schnee zur Seite schieben, stapft Mama mit missmutiger Miene an uns vorbei.

»Ich muss arbeiten, und ihr dürft zum Flughafen fahren! Ich will auch da am Terminal stehen, wenn er kommt!«, sagt sie.

Es rührt mich, dass meine Mutter fast so aufgeregt ist wie ich. Sie hat schon die ganze letzte Woche überlegt, was sie kochen wird. Mit Sorgenfalten im Gesicht hatte sie mich gefragt, ob Jay Vegetarier sei. Und als ich sagte, dass er sogar Rindfleisch essen würde, ist ihr ein Stein vom Herzen gefallen. Es ist nicht selbstverständlich, und ich bin sehr froh darüber, dass meine Eltern mich so unterstützen, obwohl sie Jay noch gar nicht kennen. Ganz im Gegenteil zu Amma und Appa.

Papas Bein ist immer noch nicht wieder ganz belastbar, weshalb er nach wie vor krankgeschrieben ist und Zeit hat, mich zu begleiten. Mama ist sowieso nicht gut darauf zu sprechen, dass Papa seit Wochen den ganzen Tag zu Hause sitzt, aber keine Anstalten macht, für sie zu kochen. Ich kenne diesen Streitpunkt schon und lasse die beiden ihre ewige Diskussion über Haushaltspflichten alleine weiterführen. Ich muss noch das riesige lila Herz mit der Aufschrift *Ich liebe dich*, das ich aus Tonkarton ausgeschnitten habe, aus meinem Zimmer holen.

Eigentlich empfinde ich seit meiner Kindheit jegliche Bastelei als Qual. Zu Sankt Martin war ich alljährlich das trotzige Kind, das die Schere eher in die Ecke warf, als damit Sternchen aus Transparentpapier zu schneiden und sie auf Pappe zu kleben. Umso überraschter war Mama, als ich vor ein paar Tagen mit Papier und dicken Stiften aus dem Schreibwarenladen kam.

Als ich nun meinen eingerollten Willkommensgruß im Arm halte und wieder zur Garage komme, ist meine Mutter weg, und Papa sitzt schon im Auto. Endlich geht es los! Nach zwanzig Kilometern im Schritttempo auf der verschneiten Autobahn, die sich endlos anfühlen, stehen wir endlich am Ankunftsterminal. Laut Anzeige ist der Flieger aus Zürich schon gelandet, und ich habe kurz die Befürchtung, dass Jay alleine über den Flughafen irrt. Aber da sehe ich ihn mit einem riesigen Koffer hinter der Glasscheibe.

»Jay, Jay! Hallo!«, rufe ich und halte mein Riesenherz hoch.

Auch er hat mich entdeckt und winkt. Dann öffnen sich die Schiebetüren, und wir fliegen uns in die Arme. Ich wünsche mir, die Zeit anhalten zu können, und drücke mich an ihn. Fast ein halbes Jahr haben wir uns nur durch den Monitor meines Laptops gesehen. Ich hatte fast vergessen, wie er riecht und wie sich seine Locken in meinem Gesicht anfühlen. Da tippt mir jemand von hinten auf die Schulter. Papa.

»Franziska, lass mich auch Hallo sagen.«

Jay ergreift zurückhaltend die ausgestreckte Hand meines Vaters. Papa dagegen schüttelt meinem sichtlich überraschten Freund kräftig die Hand. Dass er sich die erste Begegnung mit meinem Vater nicht so herzlich und unkompliziert vorgestellt hat, kann ich in seinem Gesicht lesen. Immerhin sehen sich Jay und meine Eltern zum ersten Mal, auch ich habe mir schon ein bisschen Sorgen gemacht. Aber mein Vater zerstreute schon auf der Fahrt zum Flughafen all meine Ängste: »Du brauchst nicht so besorgt schauen«, sagte er, als ich die halbe Stunde ziemlich still neben ihm im Auto saß. »Ich werde schon nett sein zu deinem Jay. Er scheint ein lieber Kerl zu sein, sonst hättest du ja nicht so einen Aufwand betrieben, dass er herkommen kann. Ich weiß schon, dass es dir ernst ist mit ihm.«

Jetzt nimmt Papa Jay den Koffer ab und schiebt ihn in Richtung Ausgang.

»Willst du gleich bei uns einziehen, so viel Zeug, wie du dabeihast? Da passt du zur Franziska, die schleppt auch immer ihren ganzen Haushalt mit sich rum.«

Jay schaut ein wenig verwirrt zwischen mir und meinem Vater hin und her. Diesen Witz hat er nicht verstanden. Das merkt auch mein Vater.

»Franziska hat mir erzählt, dass das dein erster Besuch in Europa ist.«

»Ja!«, antwortet Jay. »Ich habe noch nie so viele weiße Gesichter auf einmal gesehen! Das ist heute mein persönlicher Kulturschock!«, sagt er lächelnd mit einem Seitenblick auf mich. Sonst bin ich immer die mit der anderen Hautfarbe.

Auf der Rückfahrt im Auto sagt er fast gar nichts, so fasziniert ist er von dem, was er durch das Seitenfenster sieht. Der Mittlere Ring führt ein großes Stück am Englischen Garten entlang.

»Hier gibt es ja gar keine Häuser. So eine große Freifläche mitten in der Stadt!«

»Ja, mit den Müllhalden in Mumbai ist das wirklich nicht zu vergleichen!«, sage ich lachend.

»Im Sommer ist hier alles voll mit Leuten!«, mischt sich Papa von vorne hinter dem Lenkrad ein. »Manche Familien verlegen fast ihr Wohnzimmer in den Englischen Garten und karren sogar Zelte und riesige Grills an.«

»Das ist wie in Chennai, wo ich aufgewachsen bin. Da am Strand, am Marina Beach, sind auch immer viele Leute.«

»Ein Strand in der Stadt, das wäre für meine Frau das Paradies! Sie liebt das Meer«, sagt Papa. »Sie träumt immer davon, das Meer vor der Haustüre zu haben!«

»Naja, so toll ist das auch nicht. Man muss immer aufpassen, dass man nicht irgendwo reintritt. Der Marina Beach ist gleichzeitig die größte Freilufttoilette in Chennai, mit natürlicher Spülung.«

Mein Vater lacht, und Jay freut sich. Das Eis scheint gebrochen. Die beiden haben denselben Humor.

Den Rest der Heimfahrt nutzt Papa, um Jay ein bisschen über München und seine Geschichte zu erzählen. Als er schließlich in die Einfahrt biegt, parkt er das Auto mit den Worten: »So, Jay, jetzt sind wir daheim. Jetzt kannst du dich gleich in den Schnee stürzen und danach machen wir Brotzeit.«

Mama hat Leberkäse und eine große Schüssel Kartoffelsalat in den Kühlschrank gestellt. Auf dem Küchentisch liegt ein Zettel mit einer genauen Kochanleitung für Papa. Ist ja auch kompliziert, den rohen Leberkäse im Ofen zu backen. Bis das Essen fertig ist, haben Jay und ich Zeit für einen kurzen Spaziergang.

Ein paar Minuten später stehen wir – er in orangefarbener Jacke und zu großen Lammfellstiefeln, ich im Wintermantel – auf dem Feld unweit des Hauses meiner Eltern. Er sagt kein Wort, und als ich zur Frage ansetze, ob er sich den Schnee so vorgestellt hat, bittet er mich leise zu sein: »Psst, hör mal, alles klingt komisch«, flüstert er.

»Wie, komisch?«

»Alles hört sich an, als hätte jemand die Lautstärke runtergedreht.« Er ist wirklich verblüfft. »In Mumbai ist es immer und überall laut, sogar in der Nacht. So eine Stille habe ich schon lange nicht mehr erlebt.«

Ich bin ganz entzückt von seiner Begeisterung für etwas, das mir so selbstverständlich scheint.

»Aber ziemlich kalt ist es schon«, höre ich ihn leise unter der Kapuze neben mir.

»Ich wärme dich«, sage ich und nehme ihn in den Arm. Als wir so engumschlungen am Feldrand stehen und gemeinsam auf die in der Sonne glitzernde verschneite Fläche blicken, fühlt sich alles so richtig an.

»Ich bin so froh, dass du da bist.«

»Ich auch«, flüstert Jay in die Kälte zurück.

Auf einmal zieht er seine Handschuhe aus und holt ein Notizbuch und einen Bleistift aus der Tasche seines Mantels hervor. Dann zeichnet er. Fasziniert beobachte ich, wie er mit ein paar Strichen die verschneite Winterlandschaft einfängt. Nach einiger Zeit beginnen seine Hände zu zittern, und er steckt das Notizbuch wieder in die Tasche.

»Mir ist jetzt wirklich zu kalt, aber ich würde am liebsten weiterzeichnen. Das ist so neu für mich. Ich habe mir vorgenommen, alles zu zeichnen.«

»Ich bin gespannt, ob dein Buch am Ende der Woche voll ist.«

Zu Hause riecht es schon an der Eingangstüre nach frischem Leberkäse, und im Wohnzimmer knistert das Feuer im Kachelofen.

»Setzt euch hin, jetzt gibt's Brotzeit.« Mein Vater ist sichtlich stolz auf den gedeckten Tisch, wo Brezen, Kartoffelsalat, Leberkäse, Weißwürste und eingeschenkte Weißbiere auf uns warten. »Das ist Leberkäse«, er zieht dabei die beiden »e« von »Leber« besonders lang und legt Jay ein großes Stück auf den Teller. »Und hier hast du süßen Senf. Das musst du zusammen essen.« Ohne eine Antwort abzuwarten, landet ein dicker Batzen Senf neben der Fleischscheibe.

Jay schneidet vorsichtig ein kleines Stück ab und tunkt es in den Senf, genau so wie mein Vater es ihm vormacht. Er kaut langsam und verzieht dann das Gesicht.

»Das ist ja süß!«, ruft er überrascht aus und deutet auf den Senf.

»Ja, schmeckt gut, oder?«, sagt Papa begeistert.

»Ich mag süßes Essen doch nicht so gern«, flüstert er mir zu.

Mein Vater merkt, dass mein Freund vom Senf nicht allzu begeistert ist und versucht es mit der nächsten bayerischen Spezialität: »Magst du eine Weißwurst probieren?«

»Was ist weiße Wurst?« Jay schaut mit zweifelndem Blick auf seinen Teller.

»Schau, so musst du die Haut entfernen«, beginnt Papa eifrig zu dozieren. »Längs aufschneiden und dann das Brät mit der Gabel aus der Haut heben. Es geht ganz einfach.«

Jay nimmt Messer und Gabel zur Hand, sticht in die Wurst und ahmt Papas Bewegungen nach. Er schafft es ohne Probleme, mit dem Silberbesteck meiner Eltern die dünne Haut vom Inneren abzuziehen.

»Und, magst du Weißwurst?«

»Weiße Wurst schmeckt gut«, sagt Jay mit vollem Mund. »Und Leberkäse auch. Aber vor allem das Bier ist gut.«

Papa lacht. »Na dann, herzlich willkommen in Bayern!«

Am Nachmittag führe ich Jay durchs Haus, zeige ihm jeden Raum vom Keller bis zum Dachboden, und auf dem Sofa schauen wir durch die Fotoalben mit meinen Kinderfotos.

»Schau, da hatte ich einen rosaroten Skianzug, da war ich fünf. Meine Schwester und ich hatten kleine Schippen, mit denen wir immer schon bei den ersten Flocken versucht haben, Schneehügel zusammenzuschieben, auf denen wir dann runtergerutscht sind.«

Als hätte mein Vater unser Gespräch belauscht, ruft er aus der Küche zwischen lautem Geschirrklappern: »Wollt ihr vielleicht gleich mal raus und Schnee räumen? Sonst kommt Christine mit ihrem Auto gar nicht bis zum Haus!«

»Mit einer so kleinen Schaufel? Geht das?«, fragt Jay und deutet auf das Foto im Album. Er ist ehrlich erstaunt, und ich muss lachen.

»Nein, wir haben auch Schneeschaufeln für Erwachsene«, entgegne ich und schlüpfe in meinen Mantel, obwohl ich eigentlich viel lieber im Warmen neben dem Ofen bleiben würde.

»Dass es so kalt sein kann, hätte ich nie im Leben gedacht!«, stellt Jay fest und schaut durch das Fenster auf die tanzenden Schneeflocken.

»Siehst du, vorher hast du noch Witze gemacht wegen der warmen Stiefel!«

Ich bin schon zu Haustür raus, während Jay immer noch dabei ist, sich so warm wie möglich und vor allem zugdicht einzupacken. Jetzt kommt Papa auch noch aus der Küche und schlüpft in seine festen Schuhe. Natürlich hält er es nicht aus, uns beiden das Räumen zu überlassen. Er hat nämlich seine eigene professionelle Schneeschaufeltechnik, die in seinen Augen weder Jay noch ich richtig beherrschen. »Schau, eine Hand oben, eine unten am Griff und dann schiebst du in einer geraden Bahn den Schnee da vor zur Mauer. Und tritt ja nicht auf den frischen Schnee, sonst trampelst du den ja fest, der ist dann wie Eis. Das kriegst du nicht mehr weg vom Pflaster, und ich muss noch mehr Salz streuen.«

Wir schieben und kratzen die weiße Schicht von der Einfahrt. Jay schlottert vor Kälte.

»Mir ist kalt, obwohl ich zwei Pullover und die dicke Jacke anhabe. Vielleicht gehen wir besser rein.«

In dem Moment biegt Mamas Auto in die Straße ein, und sie parkt in der frisch freigeräumten Einfahrt. Sie wuchtet ihre vollgepackte Einkaufstasche vom Beifahrersitz und kann es kaum erwarten, Jay willkommen zu heißen.

»Halloooo, da bist du ja, lass dich begrüßen.« Die beiden »kennen« sich bisher ja auch nur von dem kleinen Bildchen im Skype-Fenster, aber Mama erweckt den Anschein, als wären sie alte Freunde. Sie stellt ihr Gepäck ab, drückt mir Jays Schneeschaufel in die Hand und fällt ihm um den Hals. Sie ist fast einen Kopf größer als er, sein Gesicht versinkt in ihrem Kunstpelzkragen. »Ihr schaufelt hier noch fertig, und ich mache Apfelstrudel zum Abendessen. Den hast du ja noch nie gegessen, gell?«, fragt sie, nachdem sie ihn wieder losgelassen hat.

»Aber Leberkäse und Weißwürste hat er heute Mittag schon

probiert«, falle ich ihr ins Wort. »Hat er gut hinbekommen, dein Hausmann!«

»Ach, den Leberkäse in den Ofen zu schieben, ist ja wohl keine große Kunst. Für mich macht er so etwas nie. Und außerdem habe ich den besorgt, nicht er. Kann mir das vielleicht mal jemand reintragen helfen?« Sie zeigt auf ihre Einkaufstaschen.

Am Nachmittag bittet mich Jay um ein Glas Wasser. Er möchte die Skizze aus seinem Notizbuch gleich mit Aquarellfarben kolorieren. So sehr hat ihn die Winterlandschaft beeindruckt.

»Du kannst auch auf den Balkon gehen, von da kann man bis aufs Feld sehen«, schlage ich ihm vor, als ich ihm das Wasserglas reiche.

»Geht das? Das wäre toll.«

»Ja, da steht auch noch der alte Gartentisch oben, da kannst du dich zum Malen hinsetzen.«

Und so sitzt Jay wenig später wieder dick eingepackt auf dem Balkon. Was ich allerdings bei meinem Vorschlag nicht bedacht habe, ist die Kälte, denn bei den Minusgraden frieren die Aquarellfarben natürlich schnell ein. Vergeblich versucht er mit dem Pinsel Farbe auf das Papier zu bringen.

»Das funktioniert nicht, meine Farben lassen sich nicht mischen. Es ist einfach zu kalt …«

Da öffnet mein Vater die Balkontür. »Was macht ihr denn bei der Kälte hier draußen?«

»Jay wollte die Winterlandschaft malen, und jetzt frieren die Farben ein.«

»Ach so. Naja, wartet mal, ich habe eine Idee.« Mein Vater verschwindet, und ich höre, wie er die Treppe hinuntersteigt. Wenige Minuten später taucht er wieder auf. In der Hand hält er einen Heizlüfter. Mit einem triumphierenden Lächeln hält er Jay und mir das Elektrogerät entgegen. »Den stellen wir einfach auf den Tisch, dann frieren die Farben sicher nicht mehr ein.«

Jay scheint nicht ganz zu verstehen, was mein Vater mit dem kleinen weißen viereckigen Kasten mit den Schlitzen bezwecken will. Dann steckt Papa das Kabel in die Steckdose neben der Balkontür und stellt den Lüfter neben Jays Farben und den Zeichenblock auf den alten Gartentisch. Als die warme Luft durch die Schlitze strömt, tauen die Aquarellfarben wieder auf. Jay ist fasziniert und freut sich.

»Vielen, vielen Dank. Das war eine tolle Idee. Jetzt kann ich mein Bild beenden.« Er schüttelt meinem Vater die Hand und schaut ihn dankbar an.

»Die Zeichnung sieht wirklich toll aus. Kann ich das Bild haben, wenn es fertig ist? Das würde ich gerne im Gang aufhängen.«

Zwei Tage später ist Weihnachten. Wie immer an Heiligabend steht Mama schon früh morgens in der Küche, bereitet die Nachspeise für das Abendessen vor und zieht Schnüre durch Schokoladenringe, die sie an den Weihnachtsbaum hängt. Papa hat den Baum schon gestern in den schweren Christbaumständer gewuchtet und mit seinen echten Bienenwachskerzen dekoriert.

»Wir haben nämlich einen altbayerischen Baum«, schwärmt er Jay und mir mit Stolz in der Stimme vor, als wir noch verschlafen beim Morgenkaffee sitzen. Der immerwährende Streitpunkt seines altbayerischen Baums sind die echten Äpfel, die statt glänzender Kugeln in seinen Zweigen hängen. Diese müssen mit roten Schleifen an die Äste der Tanne gebunden werden. Wie in jedem Jahr bittet Papa auch heute wieder Mama um ihr Urteil. »Jetzt schau halt mal, ob das so passt«, fordert er meine Mutter auf, die ihre dampfenden Töpfe verlässt und mit kritischem Blick den Baum im Wohnzimmer begutachtet.

»Die Schleifen hättest du ja schon ein bisschen schöner binden können …«, heißt es gleich vorwurfsvoll.

Same procedure as every year, denke ich bei mir. Diese Hektik, die zunimmt, je näher die Bescherung rückt, kenne ich nur zu gut. Jay dagegen nicht. Er sitzt vor seiner leeren Kaffeetasse und weiß nicht genau, was er nun als Nächstes zu tun hat. Er schaut mich verwirrt an.

»Mach dir keinen Kopf, das ist immer so an Weihnachten!«, flüstere ich ihm zu. »Gleich geht Papa auf den Speicher und holt seine Krippenfiguren, pass nur auf!«

Und tatsächlich, wie auf mein Kommando: Mein Vater gibt sich geschlagen, überlasst meiner Mutter den Baum und bringt die Figuren heran. Dann legt er getrocknete Moosplatten auf der Fensterbank im Erker aus und stellt den Stall darauf.

Er findet in einer der Kisten den Miniatur-Holzstoß, dessen Beleuchtung auch in keinem der letzten Jahre auf Anhieb funktionierte, und verschwindet fluchend damit in seiner Kellerwerkstatt. Jay beobachtet Papas geschäftiges Werkeln mit großem Interesse.

»Dein Vater erinnert mich ein bisschen an meine Mutter. Die schmückt die Götterfiguren auf dem Hausaltar auch jeden Tag mit frischen Blumen. Und ich wundere mich immer, woher sie die Geduld dafür hat. Das mit diesen Figuren hier ist ähnlich.«

»Ja, genau, mein Vater zelebriert den Aufbau jedes Jahr wie ein heiliges Ritual. Da muss alles ganz genau stimmen«, raune ich Jay zu, während wir Papa weiter beobachten.

Als er schließlich die Wertschätzung seiner »Arbeit« bemerkt, freut er sich. Mit Zigarillo im Mundwinkel beginnt er eifrig zu erklären: »Die Figuren hat alle der alte Lang geschnitzt, der ist vor zwei Jahren gestorben. Ich hätte so gern noch ein Zebra für die Herde mit den Tieren aus dem Orient gehabt«, sagt er und zeigt dabei auf den Elefanten und die Kamele, die er schon neben den Heiligen Drei Königen aufgestellt hat. »Leider war nach dem Elefanten Schluss. Ich weiß jetzt gar nicht, ob das ein indischer oder afrikanischer ist. Da bin ich überfragt«, grinst er Jay an, während er auf die Eckbank steigt. Ich reiche ihm den Glorienengel, und Papa klemmt die Nylonschnur unter einen der Bierkrüge auf dem Sims über dem Fenster. »Dieses Jahr zeigt das Hinterteil vom Engel mal in die richtige Richtung, wenigstens da hat die Mama nichts zu meckern.« Dann nimmt er einen Zug von seinem Zigarillo und schaut auf die Uhr. »Langsam habe ich Hunger!«

An der Haustür klingelt es, und als mein Vater öffnet, treten meine Schwester Veronika, ihr Freund Wolfgang und ihr Hund Shanti mit einem Schwall kalter Luft ein. Jay und ich sind aus dem Wohnzimmer in den Gang getreten, um sie zu begrüßen.

»Hallo! Und hat sich euer indischer Gast schon eingelebt?«, fragt Veronika, während der Hund laut kläffend um meine Eltern herumspringt.

Die beiden sind wieder ein Herz und eine Seele und überschlagen sich in Nettigkeiten – vor allem dem Hund gegenüber.

»Der bewegt sich ganz schön blitzartig«, ist Jays erster Kommentar zu dem zotteligen Terriermischling, der ihm gerade mal bis zur Wade geht, es aber trotzdem schafft, dass Jay in die andere Ecke des Zimmers zurückweicht. Der Hund springt wie ein haariger Ball an seinem Bein auf und ab. Jay streckt ihm abwehrend die Hände entgegen. »Bitte, halt ihn fest!«

»Mach dir keine Sorgen, Shanti will nur spielen! Die beißt nicht!«, ruft Veronika ihm lachend zu, stellt die frisch aufgefüllte Plätzchenschale ab und befiehlt ihren Mischling zu sich.

»Shanti, psssschhhht. Sei ruhig!«, versucht meine Schwester ihren Hund zu bändigen. »Tut mir leid, Jay! Shanti ist immer so aufgeregt, wenn wir bei den Eltern zu Besuch sind. Ich bin Veronika, und das ist mein Freund Wolfgang.«

»Der Name passt nicht«, grinst Jay, »also der von eurem Hund. Shanti heißt auf Hindi Ruhe und Frieden, und dieses Tier ist genau das Gegenteil. Der müsste Ashanti heißen, das heißt Chaos und Zerstörung.«

Eine halbe Stunde schon sitzt Papa mit der Gitarre auf dem Sofa. Wie jedes Jahr werden vor dem Abendessen Weihnachtslieder gesungen. Mama nimmt auf dem Sessel ihm gegenüber Platz, eine

Sekunde später springt Shanti auf ihren Schoß und schiebt Mama ihren Kopf unter die Hand. Sie möchte gestreichelt werden, was Jay aus sicherem Abstand ganz lustig findet. Ich lasse mich in den zweiten Sessel fallen. Jay steht verloren im Wohnzimmer herum und schaut ein wenig fragend drein.

»Du kannst dich neben mich setzen«, bietet Papa ihm an und klopft auf den freien Platz auf dem Sofa. Veronika und Wolfgang haben sich Stühle aus der Küche geholt. Dann schlägt Mama das Gesangsbuch auf und setzt zum ersten Ton von *Fröhliche Weihnacht überall* an. Papa zupft die Saiten seiner Gitarre, um den Gesang meiner Mutter zu begleiten. Aber es ist die falsche Tonart. Mama bricht ab.

»Du spielst doch viel zu tief! Spiel höher! In C-Dur!«

Also noch mal von vorne: »Frö-hö-li-che Weih-nacht ü-ber-all, tö-net durch die Lüf-te fro-her Schall« – die einzige Textzeile, die ich von Weihnachtsfest zu Weihnachtsfest nicht vergesse. So muss ich schon beim dritten Vers abbrechen, brummele aber weiter irgendetwas vor mich hin. Jay bewegt die Lippen und lässt den Blick skeptisch zwischen Mama und Papa schweifen. Mama singt mit glockenklarer Stimme eine um die andere Strophe, während Papa sich anstrengt, nicht die falschen Akkorde zu spielen.

»Ich habe noch nie in meinem Leben mit meinen Eltern zusammen gesungen. Ich finde das komisch. Aber auch lustig«, stellt er anschließend beim Abendessen fest.

Wie immer gab es im Vorfeld Diskussionen darüber, was das diesjährige Weihnachtsessen sein soll. Papa und ich waren für Käsefondue, weil das nicht viel Aufwand bei der Vorbereitung bedeutet. Mama findet, dass an so einem Feiertag »Besseres« auf den Tisch kommen sollte. Mit anderen Worten: Es muss mehr Arbeit anfallen. Ihre Wahl fiel auf Fleischfondue, zu dem sie jede Menge Salate und Soßen vorbereitet. Deswegen reihen wir uns auch dieses Jahr um den Topf mit heißer Brühe und tunken Huhn- und Lammstücke hinein.

»Das ist ein bisschen wie zu Hause. Viele Dinge in vielen kleinen Schüsseln«, findet Jay, »nur der Reis fehlt. Ich dachte ja nicht, dass man mehrere Tage hintereinander Gerichte ohne Reis essen kann. Ihr habt mich eines besseren belehrt!«

Wir müssen lachen. Es erfüllt mich mit großem Glück zu sehen, wie er mit uns gemeinsam am Tisch sitzt, und es kommt mir fast ein bisschen so vor, als hätte er schon immer mit uns Weihnachten verbracht.

»Es ist schon acht. Kommt, lasst uns jetzt Bescherung machen. Die Nachspeise gibt's danach«, reißt mich meine Mutter aus den Gedanken.

Besonders viele Pakete liegen für mich nicht unter dem Baum. Mama drückt mir einen goldenen Umschlag in die Hand. »Dir kann man nur Geld schenken, weil dir ja nie was gefällt.«

»Geht alles drauf fürs nächste Flugticket! Weißt ja doch, was mir am besten gefällt!«

Jay überreicht sie ein schweres Paket, eingewickelt in funkelndes Geschenkpapier, dessen Glitzer an den Händen kleben bleibt oder noch bis Ostern durchs Wohnzimmer flirren wird. Er packt vorsichtig aus.

»Mach schneller, reiß einfach auf!« Ich will sehen, wie er auf das Geschenk reagiert.

Hinter dem Glitzerpapier kommt eine dicke Ausgabe der *Buddenbrooks* auf Englisch zum Vorschein.

»Woher wusstest du, dass ich das Buch schon lange haben wollte?«, fragt er mich strahlend und fällt mir so stürmisch um den Hals, dass ich dabei fast zu Boden gehe.

»Du hast irgendwann einmal geschrieben, dass du Thomas Mann magst und dass du schon immer die *Buddenbrooks* lesen wolltest.«

»Dass du dich daran noch erinnerst!«

»Ja, ich fand deine Leidenschaft für Thomas Mann ein wenig absurd und wollte dich eigentlich auch immer fragen, wie du überhaupt auf ihn gekommen bist.«

»Ich habe im Goethe-Institut in Chennai den Film *Tod in Ve-*

nedig gesehen, und so habe ich Thomas Mann für mich entdeckt. Dann habe ich im Internet gesucht und bin auf *Der Zauberberg* gestoßen. Mir hat bis jetzt aber der Roman gefehlt, mit dem er den Nobelpreis gewonnen hat. Den wollte ich immer lesen.«

»Und hier ist noch ein kleines weiteres Geschenk«, mischt Mama sich ein. »Los, mach schon auf!«

»Wör-ter-buch Ba-ye-risch-eng-lisch«, liest Jay Silbe für Silbe vor.

»Such mal Leberkässemmel, bei L!«

Er blättert stirnrunzelnd in dem weiß-blauen Büchlein mit Maibaum, Maßkrug und Brezen auf dem Umschlag und wird fündig.

»Ah, meat loaf bread, jaa, Le-ber-käs-sem-mel!«

Meine Eltern bringen ihm noch die Verabschiedungsfloskel »Pfiat di« bei, wir alle lachen gemeinsam mit Jay über seine holperige Aussprache. Ich bin so glücklich, dass mein Freund schon fast ein bisschen Teil unserer Familie zu sein scheint.

»Sag mal, Jay«, wendet sich jetzt Wolfgang an ihn. »Wie lange bist du jetzt schon in Deutschland?«

»Naja, zwei Tage erst. Aber es ist sehr interessant.«

»Ja, interessant ist gut. Das ist sehr diplomatisch ausgedrückt. Zum ersten Mal in Deutschland, und dann gleich bei den Schönenbergers Weihnachten feiern ... das ist mal ein Kulturschock. Meinen Respekt«, lacht Wolfgang.

»Naja, wir sind halt schon eine laute, aber doch eine herzliche Familie«, mischt sich jetzt meine Schwester leicht beleidigt ein und wirft ihrem Freund einen bösen Blick zu.

»In meiner Familie ist das ähnlich. Meine Mutter hat sieben Schwestern, wenn die uns besuchen kommen, geht es bei mir zu Hause richtig zur Sache. Und alles endet meistens mit einem großen Streit. Hier sind alle nett«, rettet Jay die Situation.

Satt und zufrieden sitzen wir später auf dem Sofa, die Spülmaschine rauscht, und Papa hantiert am Kachelofen. Shanti liegt auf meinen Füßen und schnarcht leise.

»Jetzt stimmt's, Shanti ist wirklich shanti«, flüstert er mir zu.

Ich mag diese Weihnachtsabende, wenn der Baum glitzert, das ganze Haus nach Glühwein riecht und das Holz im Kachelofen knistert. Es herrscht Friede im Wohnzimmer, und der Friedensengel in diesem Jahr ist Jay. Mit leicht glasigen Augen und einem seligen Lächeln hält er seine Glühweintasse mit spitzen Fingern und nippt daran.

»Du hast ja schon ausgetrunken!« Papa nimmt ihm den Becher aus der Hand und füllt ihn wieder auf.

»Ich habe noch nie in meinem Elternhaus Alkohol getrunken«, sagt Jay. »Das ist wirklich komisch, ein eigenartiges Gefühl! Gut, dass Amma das nicht weiß.« Sein Lächeln wird breiter und wandelt sich zu einem verschwörerischen Grinsen. Dann nimmt er die wieder volle Tasse und trinkt einen großen Schluck.

7

Zur Hochzeit gibt es Gemüse und Reis

Zur Hochzeit gibt es Gemüse und Reis,
das ist das Gastgeschenk meines Bruders,
das ist genug für mich.

Hast du überhaupt etwas anzuziehen?«

»Nein, ich wollte eine Hose und ein Hemd anziehen. Was sonst?«, sagt sein Bild auf meinem Monitor, und mir geht der Gedanke durch den Kopf, dass er vielleicht noch vorher zum Friseur gehen sollte.

In ein paar Tagen ist die Hochzeit meiner Schwester, zu der Jay wieder nach Deutschland kommen wird. Dieses Mal war es eine Sache von wenigen Telefonaten, für ihn ein Visum zu bekommen, und auch die Flugbuchung ging völlig ohne Diskussion. Zwar liegen momentan immer noch 6328,58 km Luftlinie zwischen mir und Jay. Ich habe recherchiert, dass man laut Google Maps zu Fuß 1482 Stunden brauchen würde, um nach Mumbai zu laufen – unter Vermeidung von Afghanistan, dafür mit Iran-Durchquerung. Aber unsere gefühlte Distanz ist viel kleiner geworden. Ein Problem gibt es dennoch: Weder Jay noch ich haben etwas Passendes anzuziehen. Vorgestern habe ich einen grauenhaft langen Tag mit Mama in der Münchner Innenstadt auf der Suche nach einem passenden Kleid verbracht. In allem, was ich anprobiert habe, kam ich mir wie eine dicke Wurst in ihrer Pelle vor.

Also beschließe ich, einen Sari zu tragen. Das Problem ist nur, der Passende muss noch besorgt werden. Und zwar am besten direkt in Indien, denn bei deutschen Internethändlern werde ich nicht fündig. Damit Jays Outfit zu meinem Sari passt, schlage ich ihm vor, einen Sherwani zur Feier anzuziehen. Das ist ein langes, gerade geschnittenes Hemd in Cremefarben oder Gold mit Stehkragen und Knöpfen bis zum Kehlkopf. Meistens ist das Hemd mit Stickereien verziert, dazu trägt man einen Seidenschal und bei Hochzeiten manchmal sogar einen Turban. Zum Sherwani gibt es eine leggingsähnliche Hose im gleichen Farbton. Eine Weste aus Samt oder Seide, auch mit Stehkragen, ergänzt das Outfit. Ich kenne diese Kombination aus Bollywood-Filmen, und vor allem bei Hochzeiten tragen die Männer oft Sherwani, aber im Alltag trifft man auf niemanden, der so angezogen ist.

»Jay, stell dir vor, du mit Turban!!«

»Spinnst du, ich laufe doch nicht wie in einem Kostümfilm herum!«

»Ach komm! Ich schicke dir einen Link mit einem Bild, so etwas kaufst du dir dann!«

»Franziska, selbst hier zieht doch niemand Sherwani an, nicht einmal zur eigenen Hochzeit!«

»Och, bitte, tu mir den Gefallen! Ich gehe auch im Sari!«

»Nein! Keine Diskussion! Schluss jetzt!«

»Na gut, wie wäre es mit einer Nehru-Jacke stattdessen?«, schlage ich vor.

Dieser Typ Jacke ist nach dem ersten indischen Ministerpräsidenten Jawaharlal Nehru benannt, der sie immer getragen hat. Und seitdem gehört sie zum guten Ton indischer Mode wie bei uns der Frack. Sie geht bis zum Oberschenkel, ist vorne geknöpft und hat einen Stehkragen.

»Das ist doch total altmodisch!« Jay sträubt sich auch gegen diesen Vorschlag. »Wo kauft man so was überhaupt? Das gibt's doch gar nicht in normalen Geschäften!«

»Natürlich gibt es das, ich habe Nehru-Jacken schon in Läden gesehen, außerdem kannst du sie dir auch maßschneidern lassen, dann passt sie wenigstens ordentlich.«

Während er noch nach Gegenargumenten sucht, recherchiere ich einen Schneider in Mumbai und schicke ihm die Adresse.

»Das ist am anderen Ende der Stadt!«, entgegnet er aufgebracht. »Dorthin muss ich stundenlang Taxi fahren!«

»Ja, aber der ist bestimmt sehr gut, er hat super Online-Bewertungen. Und ich bräuchte noch einen Sari, und der Schneider ist ganz nah bei dem Sariladen, wo wir mal zusammen waren.«

Jay lacht. »Aha! Du willst mich also nicht ganz uneigennützig ans andere Ende Mumbais schicken!«

»Ja, bitte, ich habe wirklich nichts anzuziehen!«, versuche ihn zu überreden. »Aber ich kann doch keinen Sari für dich aussuchen. Das ist doch Unsinn!«

»Naja, du könntest doch einfach Fotos schicken, oder noch besser: Wir skypen einfach!«

»Im Laden? Das ist doch peinlich …«

»Biiiittttteeee, sei so lieb, ich habe wirklich sonst nichts anzuziehen.«

»Na gut, das wird sich schon irgendwie einrichten lassen«, murmelt er.

Drei Tage später sind wir wieder auf Skype verabredet. Jay sitzt diesmal nicht wie sonst zu Hause in seinem Schlafzimmer. Auf dem Bildschirm sehe ich ihn, und im Hintergrund steht ein kleiner Mann mit schwarzem Schnurrbart in einem Laden mit deckenhohen Regalen. Dieser grinst in meine Richtung. Die Kontraste auf dem Skype-Bild sind schlecht, ich sehe verschwommen sein dunkles Gesicht, aus dem eine weiße Zahnreihe leuchtet.

Hinter ihm liegen hohe Stapel zusammengefalteter Stoffstücke in allen nur erdenklichen Farben.

»Hallo, ich bin jetzt im Sari-Geschäft, sag bitte mal, welchen du willst.« Das Bild wackelt, Jays Gesicht taucht wieder auf. »Hallo!«, ruft er und winkt. Er wendet die Kamera dem Verkäufer zu, der ein Stoffpaket nach dem anderen aus dem Regal zieht und vor den Monitor hält. »Den schwarzen oder den dunkelblauen? Du musst dich schnell entscheiden, Franziska, ich habe noch eine Ewigkeit im Taxi vor mir!«

»Ist deine Jacke überhaupt schon fertig?«, frage ich, um Zeit zum Nachdenken zu gewinnen.

»Nein, ich habe mit dem Schneider telefoniert, und er hat mich immer wieder vertröstet. Jetzt soll ich heute Abend kommen. Da muss ich noch hin.«

»Du fliegst doch schon morgen früh! Hoffentlich passt sie dann auch! Was, wenn sie nicht fertig wird?«

»Dann komme ich eben doch in Jeans und Hemd.«

Ich entscheide mich schließlich für den schwarzen Sari mit den kleinen Strasssteinen. Spät am Abend meldet sich Jay noch einmal. Über seiner Jeans trägt er eine perfekt sitzende lange Jacke.

»Schau, meine Nehru-Jacke«, sagt er nicht ohne Stolz in der Stimme und dreht sich vor der Laptop-Kamera. »Sie ist tatsächlich fertig geworden!«

»Gibst du zu, dass sie gut aussieht?«, frotzle ich.

»Ja, das gebe ich zu … Bis morgen! Ich freue mich!«

Wie eine Prinzessin schwebt sie dem Altar entgegen. Meine Schwester Veronika hat ihren Traumprinzen schon vor Jahren gefunden, und seit Monaten hängt ihr glitzerndes Kleid mit der langen Schleppe im Schrank. Gleich Anfang des Jahres, kurz nachdem Wolfgang ihr in den verschneiten bayerischen Alpen einen

Heiratsantrag gemacht hat, ist sie mit Mama und mir aufgebrochen und hat sich das feenhafteste Kleid gekauft, das sie finden konnte. Elfengleich schreitet sie an Papas Arm zu den Klängen der Titelmelodie des Films *Ever After. A Cinderella Story* über den Steinboden der Stiftskirche in Berchtesgaden. Vor dem Altar wartet schon ihr Zukünftiger im schwarzen Anzug, mit einem kleinen Blumensträußchen im Knopfloch und dem stolzesten Gesicht der Welt. Noch stolzer als Mama, die sich mit ihrem großen Hut auf dem Kopf immer wieder verstohlen ein paar Tränen von den Wangen wischt.

»Sie ist so wunder-wunder-wunderschön. Alles ist so schön!«, hat sie den ganzen Morgen wiederholt und wieder und wieder am Schleier meiner Schwester oder an Papas Sakkokragen gezupft. Die ganze Hochzeitsgesellschaft inklusive Kirchendekoration glänzt in Pastell, nur Jay und ich tragen dezentes Schwarz.

»Jetzt hat sie es tatsächlich vor mir geschafft«, denke ich mir im stillen, während meine strahlende kleine Schwester das Ehegelübde ablegt. Sie kann es natürlich auswendig. Ich bin dreißig, unverheiratet, immer noch Studentin und in einer komplizierten Fernbeziehung. Was ist bei mir schiefgelaufen? Ich werfe einen blick auf Jay, während vorne Veronika ihr »Ja« flüstert, Mama schluchzt, Papa schwitzt und nicht weniger gerührt ist.

Ich bin nachdenklich: Ich bin vor meiner Schwester in die Schule gekommen, habe als Erste meine Periode bekommen und wurde auch als Erste von uns beiden von einem Jungen geküsst. Nur das mit dem Heiraten gelingt ihr jetzt vor mir. Ich weiß, dass ich Jay liebe und mir vorstellen kann, mit ihm mein Leben zu verbringen, aber das Thema Hochzeit haben wir bisher ausgespart.

»Ihr könnt ruhig alles machen, wenn ihr bloß nicht gleich heiratet«, hat meine Mutter von Anfang an klargestellt. Sie hatte Angst, dass ich mich Hals über Kopf in etwas stürze, das ich dann vielleicht bereuen würde.

»Wohnt erst mal ein Jahr zusammen und entscheidet dann«,

das war der ergänzende Vorschlag meines Vaters. Manchmal träume ich von einer Hochzeit ohne weißes Kleid und Kirchenglocken. Ich stelle mir vor, wie ich am Tag unserer Trauung auf einem Elefanten zum Tempel reite. Ich trage einen roten, mit Goldfäden durchwirkten Seidensari, meine Hände sind über und über mit Henna mit Blütenmotiven bemalt und mit goldenen Reifen geschmückt. In meinen Haaren winden sich duftende Blumenketten aus weißem Jasmin …

»Großer Go-hott wir lo-ho-ben diiich« – ein seltsames Murmeln neben mir reißt mich aus meinem Tagtraum. Es ist Jay, der mit Hilfe des Liederheftes versucht mitzusingen. Eigentlich liest er mehr, als er singt. Und zwischendurch ist er ganz stumm, weil er vergeblich auf seinem Notenblatt mit den Augen nach der richtigen Zeile sucht. Ich zeige mit dem Finger auf die Stelle im Text und nehme seine Hand.

»Schön, dass du dabei bist«, flüstere ich, und er drückt sanft meine Finger.

»Jetzt schießt los, sie kommen!«, schreit meine Mutter mir zu. Wir stehen vor dem Kirchenportal Spalier, als das frisch verheiratete Paar unter Orgelmusik ins Freie tritt. Mama hat Seifenblasenmaschinen besorgt, die wie kleine Wasserpistolen aussehen. Auf ihr Signal hin fliegen die schimmernden Blasen durch die Luft und umschwirren die frisch Vermählten. Meine Schwester und ihr Bräutigam küssen sich innig vor dem Kirchenportal. Kameras werden in die Luft gestreckt, Veronika strahlt. Jay hat sich zwischen meinen Verwandten und dem Rest der Hochzeitsgesellschaft eingereiht. Er freut sich wie alle anderen über das Glück meiner Schwester. Es ist wunderbar, dass er so unkompliziert Teil meiner Familie geworden ist.

Dann nimmt er plötzlich meine Hand und flüstert mir ins Ohr: »Franziska, ich hab' dich lieb!«

Mein Herz macht einen Freudensprung. Jay spricht nicht oft über seine Gefühle, und gerade in diesem Moment ist es etwas ganz Besonderes für mich.

Mit lautem Hupkonzert fährt der Autokorso in Richtung Salzburg zum Schloss Hellbrunn, wo wir den restlichen Tag verbringen sollen. Der Oldtimer mit dem Brautpaar braust voran, und alle anderen Fahrzeuge der Gäste hinterher. An jeder Antenne weht fröhlich ein violettes Schleifchen im Wind.

Ich habe einen indischen Freund, der hinduistischer Priester ist und in München als IT-Fachmann für einen Autokonzern arbeitet. Er ist mit einer Brasilianerin verheiratet, die beiden haben sich im Deutschkurs kennengelernt. Als Überraschung für Veronikas Hochzeit habe ich ihn gebeten, heute eine kurze glücksverheißende Zeremonie für das Brautpaar abzuhalten. Am Fuß der Freitreppe, die zum Eingang des Schlosses führt, spricht er einen Segen für das Brautpaar. Während er die Jahrtausende alten Mantren zitiert und auch wieder und wieder Ganesha, den Gott für einen guten Anfang, anruft, werde ich nachdenklich. Mein Freund und seine brasilianische Frau stellen seit jeher ein ideales Paar für mich dar. Mein großer Wunsch ist es, dass Jay und ich einmal von ihm getraut werden.

Am heutigen Tag, an dem alle Menschen so überaus glückliche Gesichter haben, erscheint mir meine eigene Situation ziemlich aussichtslos. Ob Jay überhaupt an eine gemeinsame ferne Zukunft mit mir denkt? Wir sind so mit dem Hier und Jetzt beschäftigt, dass wir bisher noch nie richtig Gelegenheit hatten, darüber zu sprechen, wie wir uns die Zukunft konkret vorstellen. Und insgeheim habe ich auch ein wenig Angst davor, das Thema anzusprechen. Ich möchte mich nicht mit dem Gedanken auseinandersetzen, was wäre, wenn wir uns zum Beispiel nicht auf einen gemeinsamen Ort einigen können? Und selbst wenn wir auf einen Nenner kämen, habe ich keine Ahnung, ob seine Eltern mich jemals als Schwiegertochter akzeptieren würden. Das erste Treffen steht noch bevor, und ich habe große Bedenken.

Inzwischen ist der Priester bei einem Ritual angekommen, das bei einer hinduistischen Vermählung eine wichtige Rolle spielt. Er hat zwei aus Blüten gebundene Girlanden mitgebracht, die er jetzt Veronika und Wolfang reicht. Dann deutet er beiden an, sich die Blumenketten gegenseitig um den Hals zu legen. So ähnlich wie das Tauschen der Ringe in der Kirche, symbolisieren die Girlanden die ewige Verbundenheit des Paares. Anschließend rezitiert er wieder ein Mantra. Dieses beginnt mit den Worten »Om, Shanti, om«.

Ich spüre, wie der Hund meiner Schwester zu meinen Füßen nervös wird. Er tänzelt um die eigene Achse, wobei er sich mit den Vorderfüßen immer mehr in der Leine verheddert und mit jeder Umdrehung lauter winselt.

»Psst, Shanti, sitz, sitz!«, versucht Mama ihn zu beruhigen und seine Pfoten wieder aus dem Gewirr zu befreien.

Aber Shanti wird mit jedem »Om, Shanti, om« des Priesters nur noch nervöser. Jay beobachtet amüsiert den Kampf des Tieres gegen die Leine.

»Haha, der Hund könnte den Segen auch gut gebrauchen«, flüstert er und lacht.

»Ich wünsche euch viel Glück«, sagt der Priester zum Brautpaar und drückt beiden die Hand. Ich freue mich, dass meine Schwester immer noch über das ganze Gesicht strahlt. Die Überraschung war ein voller Erfolg: Jetzt hat die Ehe der beiden auch den Segen von Ganesha.

Nach dem Abendessen klopft Papa mit der Gabel an sein Glas. Die Hochzeitsgesellschaft sitzt satt und zufrieden auf den mit Hussen aus weißem Brokatstoff überzogenen Stühlen. Es gibt einen großen länglichen Tisch für das Brautpaar, die Trauzeugen und die Brauteltern, an dem auch Jay und ich Platz gefunden haben. Im Rest des Raums sind runde Tische für die übrigen Verwandten und Freunde verteilt. Jeder Tisch ist mit einem großen silbernen Kandelaber und mit magentafarbenen Gestecken aus Rosen und Orchideen geschmückt. Veronikas Liebe zu Detail und Extravaganz geht so weit, dass jedem zur Begrüßung ein Glas farblich abgestimmter Sekt mit Veilchenblüten gereicht wird. Ein Tütchen mit Schokolinsen, die mit dem Portrait von Braut und Bräutigam verziert sind, erwartete den Gast auf dem jeweiligen Platzteller. Wieder klopft mein Vater an sein Glas und die Gespräche im Saal verstummen. Er räuspert sich und beginnt mit seiner Rede, die er liebevoll und wohlüberlegt in den letzten Wochen verfasst hat.

»Liebe Hochzeitsgesellschaft! Laut Etikette sollte ich jetzt als Vater und Schwiegervater eine Ansprache halten. Das fällt mir natürlich gar nicht schwer, da ich viel und gern rede, wie ihr sicher wisst. Ich werde mich bremsen.« Papa hat tatsächlich eine Art Humor, die mich immer wieder an Jay erinnert. Denn eigentlich ist mein Vater kein Mann vieler Worte. Ich weiß, wie schwer es ihm fällt, heute vor so vielen Menschen zu sprechen. »Heute ist euer Tag, der schönste, wie viele sagen, oder auch der des schlimmsten Fehlers, wie manche meinen. Ich für mich bereue meinen Fehler auch nach einunddreißig Jahren nicht und bin immer noch sehr glücklich.« Er dreht sich zu meiner Mutter um, sie wirft ihm eine Kusshand zu. Die beiden haben es über so lange Zeit, trotz vieler Höhen und Tiefen, geschafft, ihre tiefe Verbundenheit zu bewahren. Meine Eltern sind zwar im Alltag oft unterschiedlicher Meinung, voneinander genervt oder streiten sogar heftig, aber dennoch haben sie nie den Glauben an ihre Liebe verloren.

Das wünsche ich mir auch für Jay und mich. Was ist ihr Geheimnis? Vielleicht ist es ihr gegenseitiges Vertrauen und Verständnis, das vielleicht am Ende noch wichtiger ist als die Liebe. »Wir wünschen euch Gottes Segen und hoffentlich erleben wir in einunddreißig Jahren noch, wie es euch dann geht!«, beendet Papa seine Rede schließlich, und Mama nickt wissend.

Die ersten Töne des Hochzeitswalzers erklingen. Meine Schwester wäre nicht sie, wenn es bei einem gewöhnlichen Walzer bleiben würde. Sie und ihr Angetrauter haben in den letzten Wochen lange Abende in der Tanzschule verbracht und mehr als nur Walzer tanzen geübt. Er wirbelt sie durch die Gegend, und die Fünf-Mann-Swing-Band zeigt, was sie draufhat.

»Komm, wir tanzen auch!« Ich stupse Jay an, der immer noch mit den Resten des Abendessens auf seinem Teller beschäftigt ist.

»Nein, ich schaue gerne von hier zu! Ich kann doch gar nicht so tanzen wie deine Verwandten!«

»Das macht nichts, wir denken uns einfach unsere eigenen Schritte aus!«

Er nimmt noch einen Schluck aus seinem Weinglas und schiebt den Stuhl zurück. So zögerlich er zunächst auf meine Aufforderung reagiert hat, so schnell dreht er jetzt auf. Und zwar in seinem eigenen Stil. Mit den Füßen tritt er im Rhythmus der Swing-Musik auf der Stelle und lässt dazu die Arme in der Luft kreisen. Er ballt die Hände zu Fäusten und wirft die Arme in die Luft, mit den Füßen immer noch im Rhythmus stampfend, und wackelt gekonnt mit der Hüfte. Ich bin auch schon dabei, das Ende meines Saris, das bisher über meine Schulter geschlagen war, im Takt durch die Luft zu wirbeln. Wenn es jetzt noch glitzerndes Konfetti regnen würde, wäre die Bollywood-Tanz-Szene perfekt.

»Ich glaube, sie mögen dich«, freue ich mich später, als wir völlig erledigt, aber mit einem glücklichen Gefühl im Bauch in unserem Hotelbett liegen. Jay streicht mir eine Haarsträhne aus dem Gesicht.

»Ja, ich mag deine Familie auch. Mittlerweile könnte ich mir wirklich vorstellen ganz zu dir nach Deutschland zu ziehen.«

»Das wäre so großartig! Vielleicht kannst du ja hier studieren, dann bekommst du leichter ein Visum und kannst erst mal länger hierbleiben.«

»Vielleicht ist das die einfachste Lösung, aber wie soll ich das meinen Eltern erklären, dass ich jetzt noch mal studieren will?«

8

Braut, Schwiegertochter, komm, komm

Braut, Schwiegertochter, komm, komm.
Tritt mit deinem rechten Fuß über die Schwelle und komm, komm.
Tugendhaftes Mädchen, komm, komm.
Die Tür zu unserem Tempel steht dir offen.

Mit seiner zweiten Reise nach Deutschland hat Jay Tatsachen geschaffen. Ich gehöre in sein Leben und er in meines. Natürlich wussten seine Eltern von seinem ersten Besuch an Weihnachten. Er hat sie auch ein paarmal angerufen. Zu diesem Zeitpunkt war meine Relevanz im Leben ihres Sohnes mit einigem Aufwand vielleicht noch zu leugnen. Jetzt aber, nach der Einladung zur Hochzeit meiner Schwester, konnten mich Amma und Appa nicht mehr so leicht ignorieren. Das war das Ende ihrer Vogel-Strauß-Taktik. Dennoch bin ich einigermaßen überrascht, als mir Jay kurz nach dem Hochzeitsfest erklärt, dass sein Bruder Arun mich in München besuchen kommen werde.

»Meine Eltern haben ihn gezwungen, als eine Art Vermittler aufzutreten. Sein Urteil über dich halten sie für unverfälscht«, erklärt er mir.

»Ah, also wird dein Bruder als Spion geschickt, um mehr über das mysteriöse deutsche Mädchen herauszufinden? Da bin ich ja mal gespannt.«

Wie Jay mir schon angekündigt hat, muss ich nicht lange warten. Noch am selben Abend finde ich eine E-Mail in meinem Postfach. Absender ist Arunkrishnan Subramanian: *Hallo Franziska, ich bin Jays Bruder. Ich komme am Wochenende nach München. Hast du Lust, mich zu treffen?* Er wohnt in Stuttgart und arbeitet dort als Controller bei einem Hersteller von Elektrogeräten. *Hallo Arun, ich freue mich, dass du dich meldest. Ich habe am Samstag Zeit, wann kommst du?*

Ein paar Tage später stehe ich unruhig am Hauptbahnhof und laufe unablässig den Bahnsteig auf und ab. Meine Garderobe zu dieser wichtigen Verabredung habe ich sorgfältig ausgewählt. Nicht zu schlicht, aber auch nicht zu auffällig. Ich habe mich für eine indigoblaue gemusterte Tunika und eine farblich passende weite Hose entschieden. Irgendwie bin ich bei dieser Begegnung ebenso nervös wie bei meinem ersten Treffen mit Jay im Einkaufszentrum. Oder vielleicht sogar noch mehr, weil ich nun weiß, was auf dem Spiel steht. Deshalb warte ich mit schwitzenden Händen am Bahnsteig, als der Zug einfährt. Die Türen gehen auf, und der Strom der Reisenden quillt heraus. Unter ihnen fällt mir ein kleiner Mann auf, der zielsicher auf mich zugelaufen kommt. Das muss Arun sein, denn die Ähnlichkeit mit meinem Freund ist nicht zu übersehen.

»Hallo Franziska, Jay hat mir ein Bild von dir gezeigt, gleich erkannt … Ich bin Arun.« Er lächelt und schaut mich an. »Und dann trägst du auch noch indische Kleidung, da bist du schwer zu übersehen.«

Während wir zusammen den Bahnsteig entlanglaufen, erzählt er mir, dass er in München Kollegen besuchen will, die er bei einer Schulung kennengelernt hat. Vor seiner Verabredung am Abend habe er noch ein paar Stunden Zeit. Vielleicht könnten wir ja irgendwo einen Kaffee trinken. Ich schlage vor, zum Schloss

Nymphenburg zu fahren und ein bisschen im Park spazieren zu gehen. Ganz im Gegensatz zu Jays Befürchtungen – er hat mir eingeschärft, dass sein Bruder sehr konservativ sei und nicht meinen Humor habe – verstehen wir uns blendend. Und wie sich herausstellt, liebt Jayakrishnans Bruder Nachspeisen genauso wie ich. Als ich Schokoladenmousse auf der Speisekarte des Schlosscafés entdecke, bestellt auch er eine große Portion beim Kellner. So verbringen wir einen entspannten Nachmittag zusammen. Wer hätte das vor ein paar Wochen gedacht?

Als wir die Rechnung bezahlen, sagt er dann aber plötzlich: »Amma ist auf der Suche nach einer Frau für meinen Bruder.«

Das Thema hat er den ganzen Nachmittag nicht angesprochen. Von einer Sekunde auf die andere ist die entspannte Atmosphäre dahin.

»Ja, ich weiß«, nicke ich bedrückt.

»Deswegen hat er meinen Eltern auch von dir erzählt, damit sie sich keine falschen Hoffnungen machen«, erwiderte Arun.

»Ich will ja auch nicht gleich heiraten. Zum Glück bin ich jetzt erst mal in Deutschland, und deswegen sucht meine Mutter noch kein Mädchen für mich. Mein Bruder ist aber der Ältere von uns beiden, traditionell muss er als Erster heiraten.«

»Und was kann ich jetzt machen? Deine Eltern wollen mich ja offenbar noch nicht einmal kennenlernen«, sage ich und schaue Arun hilfesuchend an. Er nickt nur und schweigt. Dann herrscht wieder diese bedrückende Stille.

»Mach dir keine Sorgen. Ich spreche mit meiner Mutter und werde sehen, was ich tun kann«, verspricht er mir schließlich zum Abschied.

Dass er sich an dieses Versprechen gehalten hat, verkündet mir Jay ein paar Tage später am Telefon.

»Meine Mutter hat angerufen. Sie will, dass du zu uns nach Hause kommst!«

»Waaas? Sie wollen, dass ich sie treffe? Ich? Sie wollten doch nichts von mir wissen!« Ich kann es nicht fassen.

»Aber jetzt finden sie, du sollst kommen. Mein Bruder hat ihnen einfach erzählt, dass ich entweder dich heirate oder keine. Da dachten sie wohl doch, dass sie sich dich mal ansehen.«

»Dann werden wir jetzt wohl tatsächlich bald in deinen Heimatort fahren.«

Mein Professor schaut mich ungläubig an, und seine Stirn legt sich nachdenklich in Falten. »Was für einen Film wollen Sie genau machen, Frau Schönenberger?«

Ich sitze in seinem Büro und versuche, ihm noch einmal in einem Satz zu erklären, was ich vorhabe: »Ich möchte meine erste Reise zu den Eltern meines Freundes nach Indien und die Begegnung mit ihnen filmen.«

»Und was genau haben Sie anschließend mit dem Material vor? Das klingt zunächst einmal wie ein Home-Movie für die Familienbibliothek! Aber wie daraus ein Dokumentarfilm werden soll, erschließt sich mir nicht ganz.«

Eigentlich war es nur eine spontane Idee. Nachdem Jay mir mitgeteilt hat, ich solle seine Eltern treffen, habe ich ihn kurzerhand gefragt, ob ich das erste Treffen mit ihnen filmen dürfe. Zu meiner Überraschung willigten sogar seine Eltern ein. Es schien für sie vor allem aus einem Grund eine gute Idee zu sein, wie mir Jay erklärte:

»Wenn die Kamera dabei ist, können meine Eltern den tatsächlichen Grund unseres Besuches perfekt tarnen. Denn den neugierigen Verwandten und Nachbarn dürfen sie ja nicht erzählen, dass du meine Freundin bist. Sie werden ihnen sagen, dass das Filmteam da ist, um einen Film über Bewohner ihres Ortes zu drehen.«

Auch für mich brachte diese eigentlich verrückte Idee bei genauerer Betrachtung nur Vorteile mit sich. So musste ich Amma und Appa nicht alleine gegenübertreten. Ich fragte meinen Kommilitonen Minsu, der in meinem Jahrgang Kamera studiert, ob er nicht Lust hätte, mit mir nach Indien zu fahren, um unsere Begegnung filmisch festzuhalten. Mit der Aussicht auf Dreherfahrung in Indien und ein Gratis-Ticket willigte er sofort ein.

Mit dieser Ausgangslage ist es jetzt also an mir, meinen Professor von der Idee zu überzeugen und sein Okay zu bekommen, um Technik-Equipment an der Hochschule auszuleihen. Aber ihm die Ernsthaftigkeit dieses Projektes nahezubringen, gelingt mir nicht richtig. Er sitzt mir mit immer ratloserem Gesichtsausdruck gegenüber.

»Wie haben Sie sich das genau vorgestellt?«

»Naja, ich möchte meinen ersten Besuch bei ihnen filmen, und dann noch einmal mit meinen Eltern nach Indien fahren, um sie meinen Schwiegereltern vorzustellen.«

»Ihre Eltern machen da mit?«, fragt er mich ungläubig.

Ich nicke. Tatsächlich habe ich gestern Abend mit Mama und Papa darüber gesprochen. Mein Vater sagte nur: »Ja, wir können da schon hinfahren, wenn es dir was hilft. Wir wollen die ja eh kennenlernen. Bist du dann auch schneller mit deinem Studium fertig?«

Dazu muss man sagen, dass ich meinen Eltern nach meinem Wechsel von Germanistik an die Filmhochschule versprochen habe, dass ich mit dem Studium in vier Jahren fertig wäre. Und die vier Jahre sind nun so gut wie verstrichen. Mama ist Feuer und Flamme, wieder gefilmt zu werden. Sie war schon bei meinem ersten Film meine dankbare Protagonistin. Niemand sonst wollte damals vor die Kamera.

»Für mich ist das kein Problem, ich spiele schon so lang Theater!«

Papa ist nun auch einverstanden, aber unter einer Bedingung: »Wenn ich mich schon vor der Kamera zum Deppen mache, müsst ihr beiden auch mitspielen!«

Und so ist entschieden: Jay und ich werden uns nicht nur hinter der Kamera aufhalten. Während meine Eltern sich schon mit dem Gedanken angefreundet haben, einen Teil des Sommers im heißen Südindien zu verbringen, ist es für meinen Professor ein noch befremdliches Gedankenexperiment.

Nach einer Stunde Gespräch lenkt er ein: »Die Hochschule ist ja schließlich ein Ort für Experimente. Nehmen Sie die Kamera mit und schauen Sie, was passiert.«

»In Kürze landen wir in Chennai, bitte stellen Sie Ihre Lehne in Normalposition und klappen Sie die Tische hoch«, tönt es aus dem Lautsprecher der Flugzeugkabine.

Auch Minsu wird in seinem Sitz wieder wach. Die ungewohnte Hitze und große Luftfeuchtigkeit der letzten Tage, die wir in Mumbai verbracht haben, machen ihm sichtlich zu schaffen. Vor Erschöpfung hat er den gesamten Flug geschlafen. Jetzt wischt er die Linse mit einem Tuch sauber und schaltet die Kamera ein, die bisher auf seinem Schoß geruht hat. Er richtet sein Objektiv aus dem Fenster und beginnt zu filmen. Vor unserer Abreise hatten er und ich vereinbart, er solle drehen, was ihm wichtig erscheint. Egal was passiert. Von seiner Anwesenheit erhoffe ich mir auch, dass Amma und Appa vielleicht weniger hart mit Jay und mir ins Gericht gehen. Mich beruhigt es, eine Art Verbündeten an meiner Seite zu haben, der Gedanke, einen Film zu drehen, vermittelt mir Sicherheit. Das Nachdenken über Kameraeinstellungen und Bildausschnitte ist zugleich etwas, an dem ich mich festhalten kann, etwas, das ablenkt und mir die Möglichkeit gibt, aus den Situationen herauszutreten, wenn sonst alles ungewiss ist. Je näher mein erster Besuch bei Jays Eltern rückt, desto mehr spüre ich den Druck, auf keinen Fall etwas falsch machen zu dürfen. Jetzt setzt das Flugzeug zur Landung an, und ich sehe unter mir die Ausläufer der Stadt. In der Nähe des Flughafens ist auch in Chennai ein Slum. Wieder Wellblechhütten und Plastikplanen.

»In Chennai wird der Flughafen umgebaut. Das Land, das für

die Erweiterung des Flughafens gedacht war, haben sich die Menschen geschnappt und ihre Hütten dort errichtet«, erklärt mir Jay.

Sehr viel mehr habe ich während des Flugs nicht von ihm gehört. Er ist auch sonst nicht der Gesprächigste, aber so stumm wie heute ist er selten. Es fühlt sich an, als würde seine Anspannung zwischen uns hängen wie eine undurchdringliche Wand. Ich weiß nicht, was mich jetzt erwartet, und mir ist es heiß unter meinen dicken Schichten Schminke, die ich in der engen Flugzeugtoilette aufgetragen habe. Mein Kopf surrt wie der Motor des kleinen Flugzeugs, das uns stark wackelnd nach Südindien gebracht hat.

»Gott sei Dank müssen wir noch drei Stunden Auto fahren«, sage ich zu Jay, der wie versteinert aussieht, während ihm die Schweißtropfen über die Wangen rinnen.

»Warum? Das ist eine kleine Straße mit vielen Schlaglöchern, die Autofahrt wird noch total anstrengend.«

»Aber dann haben wir noch ein bisschen mehr Zeit, bis ich deine Eltern treffen muss.«

Er nickt. Ein Hitzebrett schlägt mir entgegen, sobald sich die Flugzeugtüre öffnet, und als wir auf unsere Koffer warten, ist mein Rücken schon nass. Jedes Mal, und wenn ich mich noch so kurz in einem klimatisierten Raum aufhalte, überrascht mich, wie heiß die Luft hier ist, sobald ich nach draußen gehe. Jay steuert zielsicher auf ein Taxi zu, das in einer langen Schlange zerbeulter Autos vor dem Flughafen auf Fahrgäste wartet. Unser Kameramann packt zusammen mit dem Fahrer die letzten Gepäckstücke in den Kofferraum. Schnell geht es los, und ich bin froh, dem Gewusel von Kofferträgern und Indern mit riesigen Taschen erst einmal entkommen zu sein. Wir fahren auf etwas, das sich »Highway« nennt. Und auf diesem »Highway« bewegt sich alles vorwärts, was Räder hat – außer Handwagen und Ochsenkarren, die sind verboten, sagen mir die Schilder am Straßenrand. Was sicherlich auch verboten ist, viele aber nicht zu stören scheint: in die falsche Richtung zu fahren. Gegenüber Geisterfahrern ist man offenbar recht tolerant.

Das letzte Stück führt entlang einer von Bäumen gesäumten Landstraße. Immer wieder überholen uns in halsbrecherischen Aktionen andere Gefährte. Unser Fahrer hat ständig die Hand auf der Hupe. Minsu ist begeistert von der Action, und von seiner Müdigkeit ist nichts mehr zu spüren, er filmt alles, was ihm vor sein Objektiv läuft. Mir dagegen dröhnt der Kopf, und mir ist schlecht. Ich weiß nicht, ob der Fahrstil des Taxifahrers oder meine Angst vor dem, was in den nächsten Tagen passieren wird, schuld daran ist.

Was, wenn seine Eltern mich doof finden und uns verbieten zusammenzubleiben? Was, wenn sie ihn zwingen, eine Inderin zu heiraten? Worauf habe ich mich da nur eingelassen? Können wir nicht einfach nach Mumbai zurückfliegen? Oder besser gleich nach München! – solche Gedanken schwirren mir in Dauerschleife durch den Kopf.

Jay erklärt dem Fahrer: »Das grüne Haus am Ende der Straße ist meins.«

Als wir davor halten, sehe ich Appa auf dem Balkon stehen und winken. Er ist mittelgroß und trägt – wie könnte es bei einem Tamilen anders sein – einen Schnurrbart. Er sieht ein bisschen aus wie ein in die Jahre gekommener, geschrumpfter Clark Gable. Ich steige aus. Er ruft Jay etwas zu, das ich nicht verstehe. Ich nehme an, er heißt uns herzlich willkommen. Von wegen: Später erzählt mir Jay, er habe uns lediglich gewarnt, nicht in den Kuhfladen vor dem Eingang zu treten. Das Haus macht den Eindruck, als wären viele Schuhkartons in Apfelgrün in- und übereinandergestapelt worden. Es sieht so aus, als hätte es erst nur ein Zimmer gegeben, und dann wäre nach Belieben noch eines und noch eines angebaut worden. Es gibt keine einheitliche Fassade, die Fenster sind nicht in einer Reihe angeordnet, sondern versetzt und durchbrochen von Simsen und Absätzen.

Mit klopfendem Herzen steige ich die steinerne Treppe hoch. Drinnen ist es angenehm kühl, eine erste Erleichterung nach der langen Reise. Ich weiß nicht, was mich bei diesem Besuch erwartet, und befürchte, dass mein Gesicht von der kurven- und schlaglochreichen Autofahrt so grün ist wie die Wand im Flur. Im ersten Stock empfängt uns Amma, Jays Mutter. Sie trägt einen geblümten Sari und Blumen im Haar. Sie ist noch kleiner als ich, was mir sofort auffällt, denn bei meiner bescheidenen Körperhöhe passiert das nicht so oft. In ihrem Blick spüre ich eine Mischung aus Neugierde und Distanz. Sie funkelt mich durch ihre Brillengläser an.

»Hello! Welcome!«

Mehr sagt sie nicht. Ich halte ihr die Hand zur Begrüßung hin, sie aber ignoriert meine höfliche Geste. Im Wohnzimmer gibt es zur Begrüßung Kaffee in kleinen Silberbechern. Das Metall ist durch den Kaffee so heiß, dass ich den Becher beim ersten Anfassen vor Schreck fast fallen lasse, aber Jay flüstert mir gerade noch rechtzeitig zu: »Stopp, du verbrennst dich!«

Er und ich sitzen auf dem Sofa, das zum Schutz mit einem weißen Leintuch abgedeckt ist. Auf dem kleinen Klapptisch vor uns das Tablett mit den heißen Bechern. Amma und Appa haben uns gegenüber auf weißen Plastikstühlen Platz genommen. Erst jetzt bemerke ich wieder meinen Kommilitonen mit seiner Kamera. Er filmt tatsächlich jeden unserer Schritte. Keiner der Beteiligten hat ihm auch nur einen Augenblick Beachtung geschenkt. Alle – ich mit eingeschlossen – sind zu sehr mit sich selbst beschäftigt. Wenn ich nicht so angespannt wäre, würde ich mich über das Groteske dieser Situation vielleicht sogar amüsieren – vier Menschen in einem südindischen Wohnzimmer, die kaum miteinander kommunizieren können, und ein koreanischer Kameramann, der die nicht gerade wortreiche Szene filmt. Jay hat noch keine zehn Sätze gesprochen, seit wir hier angekommen sind. Ich merke, dass ich beginne, unruhig zu werden. Er muss doch eigentlich diese Situation in die Hand nehmen! Ich lächle, weil ich nicht weiß, was ich sonst tun soll.

Meine Absicht ist klar: Ich will Amma und Appa davon überzeugen, dass ich nicht nur irgendeine, sondern die perfekte Schwiegertochter bin. Wie, weiß ich aber noch nicht genau. Ich sitze hier mit zwei Menschen, die ich eben erst kennengelernt habe, und fühle mich ziemlich hilf- und auch sprachlos. In meinem Kopf suche ich nach den passenden Worten, um ein Gespräch zu beginnen. Doch was kann man fragen oder sagen, wenn man die Eltern seines indischen Freundes trifft, die ihn mit einem ganz anderen Mädchen verheiraten wollten? Für eine solche Situation gibt es keine Gebrauchsanleitung. Die Stille ist bedrückend. Mein Blick schweift durch den Raum, in dem wir sitzen. Er scheint zugleich Aufenthaltsraum zu sein und Ammas und Appas Schlafzimmer. Neben mir auf dem halbhohen Schrank steht ein Fernseher, überall liegen Dinge herum, nichts hat einen festen Platz, es sieht aus, als ob alles immer in Bewegung oder Gebrauch wäre: Zeitungen, Kämme, das Bügeleisen, das Telefon. Dann bricht Appa das Schweigen.

»Wie war deine Reise?«

Ich lächle ihn dankbar an und sage: »Es ist sehr schön hier, die Reise war sehr angenehm. Ich war noch nie vorher in Tamil Nadu. Ja, es ist wirklich sehr schön hier! Danke, dass ich kommen durfte!«

Appa deutet mit einem Kopfwackeln die wohlwollende Aufnahme meiner Äußerung an.

Ich fahre mit dem freundlichen Smalltalk auf Englisch fort: »Tamil ist eine der ältesten Sprachen der Welt. Und sehr schwer zu lernen.« Mit diesem Lexikon-Wissen will ich zeigen, dass ich mich natürlich auf die Begegnung vorbereitet habe.

Appa entgegnet mit einem Schmunzeln: »Naja, wenn man es kann, ist es leicht.«

Aber Amma meint: »Nein, so leicht ist es nicht.«

Jetzt sehe ich die Chance gekommen, sie anzusprechen und sage: »Sie sind ja auch Lehrerin für Tamil, richtig?«

»Alle Sprachen, nur kein Englisch.«

Ich muss lachen und hoffe gleichzeitig, dass es nicht allzu verzweifelt klingt. Denn »alle Sprachen« kann ich nicht, Englisch dafür schon. Hoffentlich finden wir irgendwie eine gemeinsame Art der Kommunikation, seine Eltern und ich.

»Jay, du musst mir helfen! Ich weiß nicht, was ich sagen soll!«, raune ich ihm zu.

Er sitzt mit vor der Brust verschränkten Armen neben mir, und ich merke, dass er sich genauso wie ich an einen anderen Ort wünscht. Einen Ort ohne prüfende Blicke und zwanghafte Gespräche. Wie immer in Situationen, in denen er sich nicht wohlfühlt, zieht er sich schweigend in seine innere Kapsel zurück. Und ich kann ihn verstehen. Denn was die Situation besonders schwierig macht, ist, dass er seinen Eltern noch niemals eine Freundin vorgestellt oder auch nur ein Mädchen mit nach Hause gebracht hat. In Indien werden immer noch neunzig Prozent aller Ehen arrangiert. Für Amma und Appa muss ich wohl so etwas sein wie die Rache der Götter. Naja, vielleicht nicht ganz so schlimm, aber ich weiß, dass sie sich eine andere Zukunft für ihren Sohn gewünscht hätten.

»Jay hat mir erzählt, dass du studierst. Was studierst du denn?«, fragt Appa in gebrochenem Englisch.

Eine Steilvorlage? Vielleicht kann ich mit meiner universitären Ausbildung bei Amma und Appa Eindruck schinden!

»Ich studiere Film. Regie. Davor habe ich ein Diplom in Fernsehjournalismus gemacht und dann Literatur studiert. Wie Amma.«

Doch statt beeindruckt zu nicken, sagt Appa mit einem breiten Grinsen: »Du studierst und studierst, wann willst du denn Geld verdienen?«

Mir fällt darauf nur ein: »Das fragen mich meine Eltern auch immer.«

»Alle Eltern sind gleich«, antwortet Appa.

Ich bekomme schon fast das Gefühl, nicht mehr bei Amma und Appa, sondern bei Mama und Papa im Wohnzimmer zu sitzen, bei einer unserer ständigen Diskussionen darüber, dass es doch angebracht wäre, mir langsam einmal ein sozialversicherungspflichtiges Arbeitsverhältnis zu suchen. Vielleicht sind sich in diesem Punkt einfach alle Mamas und alle Papas dieser Welt irgendwie ähnlich? Minsu hat inzwischen die Kamera beiseitegelegt und sich schwitzend auf einen Stuhl gesetzt. Bis jetzt hat er tatsächlich noch kein Wort gesprochen. Er streckt Amma und Appa die Hand hin und stellt sich vor. Dann erzählt er, dass auch seine Eltern ein Problem damit hätten, dass er viel zu lange studieren würde. Das lockert die angespannte Situation sehr auf, und ich bin einmal mehr froh, dass er an unserer Seite ist.

Appa erklärt, dass Jay zu studieren begonnen habe, als sein kleiner Cousin geboren wurde. Der Cousin mache nun bald seinen Schulabschluss, und Jay ist erst seit kurzem mit dem Studium fertig. Wenigstens ist nicht nur bei mir alles so unperfekt! Wir schweigen, und dann kommt die Frage, die bei jedem Familienbesuch eher früher als später fällt: Habt ihr schon gegessen? Wir schütteln den Kopf. Jays Mutter springt auf und geht in Richtung Küche. Sie ruft Jay zu, dass wir ihr folgen sollen.

In der Küche zerrt Amma ihren Sohn zum Kühlschrank und beginnt plötzlich, laut und streng auf ihn einzureden – in schnellem Tamil, dem ich nicht folgen kann. Ich sehe, wie sich Jays Stirn mehr und mehr in Falten legt. Irgendwas läuft hier schief. Endlich übersetzt Jay.

»Also, Amma hat viele Sachen gekauft. Für Appa und mich hat sie Fisch-Curry mit Tamarinde gekocht. Sie sagt, du kannst dir kochen, was du willst.«

Wie zur Bestätigung wühlt Amma im Kühlschrank und hält Jay eine Karotte hin. Die ist wohl für mich bestimmt?

Noch bevor ich mir überlegen kann, ob das jetzt ein Scherz ist, sagt Jay verlegen: »Es gibt Brot, es gibt Karotten. Du kannst dir kochen, was du willst. Das ist alles für dich!«

Was soll ich darauf antworten? Darf ich nicht mit der Familie essen? Ich bin völlig verwirrt und atme tief durch.

»Danke«, stammle ich. »Aber ich esse wirklich sehr gern mit euch.«

Wieder fangen Jay und seine Mutter an zu diskutieren. Ich

stehe mit eingefrorenem Lächeln daneben. Jay übersetzt: »Meine Mutter meint, ich soll kein dummes Zeug reden und sie nicht anlügen. Sie glaubt mir nicht, dass du alles isst, was sie kocht. Deswegen hat sie Arun angerufen. Und Arun hat ihr gesagt, die Deutschen mögen kein scharfes Essen und fassen Tamarinde nicht mal mit der Kneifzange an. Deshalb hat sie für dich extra eingekauft. Sie meint es nur nett!«

So sieht sie aber gerade nicht aus, denke ich mir, während ich ihre zusammengekniffenen Lippen und die gerunzelte Stirn betrachte. Aber so leicht kann sie mich nicht beeindrucken! Natürlich esse ich Tamarinde und auch scharfes Essen. Mein Ziel ist ja gerade, so indisch wie nur irgendwie möglich zu sein. Ich versuche, mir meine Anspannung nicht anmerken zu lassen, lächle extra freundlich und sage: »Nandri!« Das ist Tamil und bedeutet »danke«. Immer nett sein und mit dem Kopf von rechts nach links wackeln und damit uneingeschränkte Zustimmung symbolisieren, wie es Jay mir vor ein paar Tagen erklärt hat, das wird meine Strategie für die nächsten Tage sein. Es soll ja niemand denken, dass ich nicht zur perfekten Schwiegertochter taugen würde. Wollen wir doch mal sehen, wer hier am Ende wen weichkocht!

Was als Erstes weich gekocht wird, ist aber der Reis, den Amma mit Hilfe eines Bechers aus einem großen Sack in den Reiskocher schüttet. Diese Höllenmaschine gibt ein ohrenbetäubendes Pfeifen von sich, wenn sie den Dampf durch die Öffnung oben im Deckel ablässt. Sie könnte gut die Vertonung der Fabrikszenen in *Berlin – Die Symphonie einer Großstadt* übernehmen. Er klingt genau so, wie ich mir das Geräusch der Sirene vorstelle, die die Fabrikarbeiter zur Arbeit ruft.

Appa zupft mich am Ärmel und zeigt mir an, ich solle ihm folgen. Jay kommt auch mit, und Appa spricht lachend in meine Richtung: »Wir sind Pioniere im Umweltschutz. Wir bauen sogar unsere Teller selbst an!«

Ich nicke und bin gespannt, was jetzt folgt. Im Garten hinter dem Haus sieht es aus wie im Dschungel, hohe Pflanzen mit großen Blättern, dazwischen flache Büsche und eine Kokospalme. Wo bei meiner Mutter Tomaten wuchern, wachsen hier Mangos. Ich muss lange Schritte machen, um nicht im Matsch zu versinken, denn Appa scheint vor unserer Ankunft gründlich gegossen zu haben. Die schmalen Holzbretter, die als Wege durch den Gartendschungel dienen, sind kaum zwischen dem vielen bodendeckenden Grün auszumachen. Appa drückt Jay ein Messer in die Hand und zeigt auf eine der Bananenpflanzen.

»Da, schneid ab!«, sagt er und macht mit der rechten Hand eine Bewegung, als ob er mit der Handkante die Luft durchtrennen wollte. Jay kommt gerade so mit den Fingerspitzen an das Blatt, wenn er sich ausstreckt. Er versucht, den dicken Strunk des Blattes durchzuschneiden. Dabei ächzt und stöhnt er vor Anstrengung, Schweißperlen stehen auf seiner Stirn. Appa sieht ihm zu, schüttelt ungläubig den Kopf und nimmt ihm das Messer aus der Hand. Er ist zwar nur ein wenig größer als Jay, schafft es aber irgendwie, beim Bananenblattschneiden über sich hinauszuwachsen, denn mit einer schnellen Bewegung ist das Blatt abgetrennt. Jay macht sich auf den Weg zum Wasserhahn in der Gartenmauer, um dort das Blatt zu säubern, genauso wie die drei weiteren, die Appa kurzerhand kappt. »Das sind vollkommen recycelbare Teller«, erklärt er mir wiederholt, nicht ohne Stolz in der Stimme.

Wieder ist die Kamera unser stiller Begleiter. Ich wundere mich tatsächlich, dass mein Kommilitone nicht müde wird, alles aus verschiedenen Winkeln zu filmen. Aber andererseits hatten wir das ja so vereinbart, und er tut nur, worum ich ihn gebeten habe.

Jetzt sitzen wir wieder schweigend im Kreis auf dem Fliesenboden im Wohnzimmer. Mit einer Schöpfkelle serviert Amma mir Reis auf das Bananenblatt vor mir. Darauf legt sie frittierte Shrimps und eine Art Gemüsesoße aus einem großen Blechtopf.

»Das ist Sambar«, sagt Jay.

»Mag ich sehr gern«, nicke ich. Er schaut mich verwundert an.

»Aber wenn ich Sambar koche …«

»Psst, sei still!«, bremse ich ihn und hoffe, dass Amma nichts von unserer kurzen Unterhaltung mitbekommen hat. Ich will auf keinen Fall, dass sie denkt, ich würde ihr Essen nicht mögen. Appa ist schon dabei, mit der rechten Hand die drei Gerichte zu vermischen. Amma, Appa und Jay werfen sich mit allen fünf Fingern geformte Reis-Soße-Bällchen in den Mund. Dabei wird kein Wort gesprochen. Bei uns zu Hause ist es bei den Mahlzeiten grundsätzlich laut. Bei Amma und Appa ist es das genaue Gegenteil. Aber wenn ich es mir recht überlege, ist mir die Ruhe lieber, als über unangenehme Themen diskutieren zu müssen. Ob wir nicht bald heiraten wollen, zum Beispiel. Und wenn nein, warum nicht. Ich habe das Bedürfnis, mir die Hände irgendwo abzuwischen, aber der einzige textile Gegenstand, den es in meiner Nähe gibt, ist meine eigene Kleidung. Servietten gibt es nicht, hier wäscht man sich die Hände erst am Ende der Mahlzeit.

Jay unterdrückt ein Gähnen, und auch ich kann kaum mehr die Augen offen halten. Der Tag war lang und ereignisreich, und ich möchte eigentlich nur noch schlafen.

»Lass uns bald ins Bett gehen«, kündigt er an, und ich atme innerlich auf. Eine längere abendliche Unterhaltung würde ich heute nicht mehr durchstehen. Die Konversation mit seinen Eltern, die nur bruchstückhaftes Englisch sprechen, ist mühsam, und ich habe nicht den Eindruck, dass Jay noch viel Kraft und Lust hat, Dolmetscher zu spielen. Auch die Kamera ist inzwischen in die Tasche gepackt worden, und Minsu sitzt müde und zusammengesunken auf einem Stuhl im Wohnzimmer. Er kommt mir ein bisschen vor wie ein Geist, der uns den ganzen Tag über unsichtbar gefolgt ist. Amma und Appa haben zu meinem Erstaunen seiner Anwesenheit bislang keinerlei Beachtung geschenkt. Doch jetzt spricht ihn Appa direkt an.

»Das ist bestimmt sehr anstrengend. Mein Respekt, wie hart Sie arbeiten. Aber warum machen Sie überhaupt bei diesem Film mit? In Bollywood könnten Sie viel mehr Geld verdienen.«

»Aber ich bin doch noch Student«, Minsu lacht. »Bis Bollywood mich engagiert, muss ich noch ein bisschen warten.«

Jay nutzt den Moment und steht auf. »Komm, ich zeige dir dein Zimmer!« Er nimmt mich an der Hand und führt mich zu einer der beiden Türen, die vom Wohnzimmer abgehen.

»Was, wir schlafen nicht im selben Zimmer?« Ich sehe ihn erstaunt an. Er lacht auf.

»Nein, leider nicht. Wir sind nicht verheiratet, da wird Amma alles tun, um zu verhindern, dass wir im selben Bett landen.«

Bis jetzt hatten wir keine einzige Minute für uns, und nun wird mir auch diese letzte Hoffnung zunichte gemacht. »Mein« Zimmer ist mit einem Bett schon gut gefüllt. Ich sehe, dass hier auch schon mein Koffer steht, den ich am oberen Treppenabsatz zurückgelassen habe. Offenbar wurde er von Amma in das Zimmer gebracht, während wir unten im Garten mit den Bananenbäumen beschäftigt waren.

»Wo kann ich Zähne putzen«, frage ich Jay und wühle in meinem Gepäck nach dem Waschbeutel.

»In der Küche ist ein Waschbecken.«

Ich tapse in Richtung Küche, während Jay das Moskitonetz, das über meinem Bett zusammengeknotet war, über die Ecken des Bettgestelles zieht. Als ich zurückkomme, erklärt er mir: »Dein Zimmer ist das einzige im ganzen Haus, in dem es eine Klimaanlage gibt! Appa will nicht, dass du schlecht schläfst, weil es zu warm ist.«

Ich bin ein bisschen gerührt und habe die Hoffnung, diese Geste als Zeichen dafür sehen zu dürfen, dass sie mich nicht vollkommen schrecklich finden.

»Wo übernachtest du?«, frage ich ihn.

Er zeigt auf die Tür des Nebenraums, die jetzt halb offen steht. Dieses Zimmer ist noch kleiner. Darin stehen nicht nur ein Bett, sondern auch einen in die Jahre gekommenen Kleiderschrank und jede Menge Kisten und Körbe. Als ich wieder ins Wohnzimmer trete, sitzen Amma und Appa hinter uns auf dem Sofa und warten. Meinen Kommilitonen hat ein Taxi inzwischen ins Hotel gebracht. Eigentlich hätte ich auch lieber dort übernachtet, aber Jays Eltern haben darauf bestanden, dass ich die Nacht bei ihnen verbringe. Es sei viel zu gefährlich für ein Mädchen alleine in einem Hotel zu schlafen. Außerdem hätten sie ja auf jeden Fall genug Platz! Wobei ich mich nun frage, wo dieser ganze Platz denn sein soll, nachdem Jay mir alles gezeigt hat.

»Wo schlafen denn deine Eltern?«, flüstere ich ihm zu.

»Die legen sich immer irgendwo hin, hier, auf den Fußboden«, antwortet er und zeigt auf das Fleckchen beigen Fliesenbodens, das nicht mit Möbeln verstellt ist.

Amma öffnet eine Schranktür und zieht eine zusammengerollte Strohmatte heraus.

»Appa hier, ich da«, deutet sie mit Blick auf das Sofa an.

Ich sehe schon, dass sich Jay heute Nacht nicht in mein Bett schleichen können wird, denn Amma rollt ihre Schlafunterlage direkt zwischen unseren beiden Zimmertüren aus. Sie will anscheinend auf Nummer sicher gehen und unsere nächtliche Trennung wie ein Wachhund gewährleisten.

»Gute Nacht zusammen«, murmle ich und schließe die Türe hinter mir. Wie wohl die nächsten Tage verlaufen werden, überlege ich mir, während ich unter das Baumwolltuch krieche, das mir die nächsten Tage als Decke dienen wird. Ich glaube, dass Amma mir zugelächelt hat, als ich mich in »mein« Schlafzimmer verabschiedet habe. Das letzte Geräusch, das ich wahrnehme, ist das gleichmäßige Brummen der Klimaanlage.

Lautes Trommeln dringt in mein Bewusstsein. Ich weiß nicht genau, ob ich träume oder schon wach bin, und merke nur, dass das Getöse lauter und lauter wird. Vielleicht ist alles nur ein böser Traum, und wenn ich jetzt die Augen öffne, bin ich nicht in Jays Elternhaus, sondern wieder in meinem Bett zu Hause. Licht dringt durch den Stoff des Vorhangs direkt neben mir, als ich die Augen langsam öffne. Tatsächlich ist es das Fenster in dem Zimmer, in dem ich mich gestern Abend hingelegt hatte. Franziska, alles ist gut, ihr beide schafft das!, mache ich mir selbst Mut und schlüpfe schnell in Hose und Bluse, um zu sehen, wer oder was diesen Lärm da draußen verursacht.

»Komm, der Altar fährt gleich vorbei!« Jay steht in der halbgeöffneten Tür und zeigt in Richtung Fenster. Ich gehe an ihm vorbei ins Wohnzimmer, wo weder Ammas Matte noch Jays Eltern zu sehen sind. Als ob er wüsste, was ich gerade denke, sagt er: »Sie sind schon draußen«, und zieht mich hinter sich her die Treppe hinunter.

Minsu ist auch schon wieder aus dem Hotel zurück, er steht mit laufender Kamera auf der Straße und filmt den heranrollenden Altar. Ein großer Wagen nähert sich, auf den ein über und über mit Blumenketten dekoriertes Wesen montiert ist, das auf einer Art Sphinx mit zwei Köpfen reitet. Die Statue ist aus Holz geschnitzt, kunstvoll in allen Farben des Regebogens bemalt und teilweise mit Blattgold überzogen. Um ihre Heiligkeit zu unterstreichen und sie vor dem grellen Licht der indischen Sonne zu schützen, spendet ihr ein riesiger Schirm aus besticktem Seidenbrokat Schatten.

»Das ist Murugan, der Sohn Shivas, eine der wichtigsten tamilischen Gottheiten. Er steht für Jugendlichkeit und schützt gegen böse Kräfte«, ruft mir Jay zu. Das Getöse ist mittlerweile so laut, dass ich ihn kaum verstehe, obwohl er mir ins Ohr schreit.

»Wo ist Amma?«

»Dort vorne, beim Priester, sie kauft sich gleich ein Stück Seelenheil«, antwortet er und grinst. Amma steht mit zum Gebet gefalteten Händen neben dem in ein weißes Tuch gehüllten Mann mit dickem Kugelbauch und reicht diesem eine Schale mit Kokosnuss und Blüten. »Das ist ihr Opfer für die Gottheit.«

»Lass uns auch etwas spenden!«, rufe ich Jay zu, der nur mit den Schultern zuckt.

»Ach, komm, du hast doch nicht mehr oder weniger Glück, nur weil du dem Priester Geld gibst!«, entgegnet er nur und macht keine Anstalten meine Begeisterung für das morgendliche Ereignis zu teilen.

Ich bin sehr fasziniert von dem, was mich da aus dem Schlaf gerissen hat. Bei meiner allerersten Indienreise habe ich mich ja beim Getöse während des Ganesha Chaturthi in das Land verliebt, vielleicht ist das heute Morgen ja auch ein positives Zeichen dafür, dass doch alles gut gehen wird mit Jays Eltern und mir? Dass die Gottheit an meinem ersten Morgen bei meinen Schwiegereltern persönlich angerollt kommt, muss doch eine Bedeutung haben!

»Jay, bitte, ich glaube dieser Altar bringt uns Glück!«

Er zückt seinen Geldbeutel und wühlt einen Schein heraus, den er dem Priester in die Hand drückt. Dieser faltet die Hände vor der Brust und verneigt sich leicht vor uns, ehe er den Schein in das Beutelchen steckt, das an seinem Gürtel befestigt ist. Zwei Männer mit langen Stangen heben die Stromleitungen an, die quer über die Straße hängen, sodass der Tempel durchrollen kann. Bald sehen wir ihn nur noch von hinten, das Trommeln verhallt in der Ferne. Amma und Appa sind schon wieder im Haus verschwunden.

»Komm, wir frühstücken«, sagt Jay und öffnet das Gartentor.

»Was hat dir an Jayakrishnan am meisten gefallen?«, fragt mich Appa und sieht mir direkt in die Augen.

Diese Frage hätte ich nicht erwartet, und ihre Direktheit überrumpelt mich. Wir sitzen im Wohnzimmer, ich neben Amma auf dem Sofa, Appa und Jay auf den Plastikstühlen uns gegenüber. Ich wusste, dass wir uns früher oder später Fragen über unsere Zukunft stellen müssen. Schon bei Ammas Vorschlag, ob wir nach dem Frühstück noch einen Kaffee im Wohnzimmer trinken wollen, hatte ich das mulmige Gefühl, dass es jetzt so weit sein könnte. Ihr ernster Blick verhieß, dass das ein Vormittag der ernsteren Gespräche werden würde. »Was du heute kannst besorgen, das verschiebe nicht auf morgen«, hat mir auch meine Oma eingeschärft. Dieses Mal trinken wir nicht aus den heißen Metallbechern, sondern aus richtigen Tassen mit Henkeln. Auf einem der Keramikbecher ist ein Mann abgebildet, der seine Beine auf einen mit Akten vollgestopften Schreibtisch gelegt hat. Darüber steht auf Deutsch: *Mach mal 'ne Pause!*

»Die hat Jays Bruder aus Deutschland geschickt«, kommentiert Amma stolz, die meinen irritierten Blick bemerkt. Ja, eine Pause! Aber es ist doch noch gar nicht richtig losgegangen. Nichts wie an die Arbeit!

Appa sieht mich auffordernd an. Was hat mir an Jay am meisten gefallen? Ich will ja nicht wie ein kleines verknalltes Mädchen klingen. Die Kamera, die bis jetzt Appa im Fokus hatte, schwenkt auf mich. Mehr als die Kamera spüre ich die Blicke, die auf mich gerichtet sind. Ich atme tief ein.

»Zuerst habe ich seine Kunst entdeckt. Und dann sein Herz.« Ich merke, wie ich rot anlaufe und höre Appas Lachen.

Amma lacht nicht. Sie sagt nur entschlossen: »Als Erstes heiratet ihr!«

Mir war klar, dass ein Besuch bei den Eltern bedeuten kann, dass sie mit einer Hochzeit einverstanden sind. Aber wann und wie geheiratet wird, habe ich eigentlich für Jays und meine Entscheidung gehalten. Auch haben mir Mama und Papa vor meiner Abreise nochmals das Versprechen abgenommen, mich zu nichts drängen zu lassen und eine Heirat nicht zu überstürzen. Es sei meine Entscheidung, eine Entscheidung fürs Leben, eine Entscheidung, die man nicht leichtfertig trifft. In meinem Kopf wirbeln die Gedanken durcheinander. Was soll ich jetzt sagen? Um meine Antwort noch etwas hinauszuzögern, nehme ich noch einen Schluck Kaffee aus der Tasse und atme tief durch.

»Meine Eltern machen sich über die gleichen Dinge Sorgen wie ihr«, entgegne ich und werfe einen Blick zu Jay, der wieder seine versteinerte Haltung eingenommen hat.

»Wir werden schon heiraten«, presst er zwischen den Zähnen hervor.

»Wann?«, ist Ammas prompte Frage.

»Nicht gleich, gib uns noch ein bisschen Zeit! Wir kennen uns doch noch gar nicht so lange!«, entgegnet Jay.

»Nicht so lange – was soll das denn heißen? Hier kann ein Junge von Glück reden, wenn er seine Braut vor der Hochzeit überhaupt einmal sehen kann!« Amma ist sichtlich aufgebracht. Als hätte sie zu lange ihre Meinung bei sich behalten müssen, bricht es aus ihr heraus: »Wir sind sehr enttäuscht. Wir dachten, er würde mit seiner Frau zu uns ziehen und für uns sorgen. Wenn ihr beide in Deutschland seid und kein Geld verdient, seid ihr von deinen Eltern abhängig. Hier könntet ihr allein leben«, erklärt sie uns.

»Amma konnte nächtelang nicht schlafen, als du erzählt hast, dass du eine deutsche Freundin hast«, fügt Appa an. »Sie hat viel geweint deswegen! Sie hatte so gehofft, dass du zur Vernunft kommst und ein Mädchen heiratest, das wir für dich finden.«

Ich schaue Jay fragend an. Amma wiederum starrt herausfordernd auf mich.

»Meine Eltern würden euch gerne kennenlernen«, werfe ich in die Runde. Dass Mama und Papa natürlich nicht wollen, dass wir so schnell wie möglich heiraten, verschweige ich lieber und versuche das Thema in eine andere Richtung zu lenken. »Sie möchten euch besuchen und erfahren, wie ihr lebt und welche Ansichten ihr habt. Meine Eltern waren noch nie in Indien. Sie haben geplant, im August hierherzukommen. Leider geht das nicht früher, da meine Eltern arbeiten müssen.«

»Herzlich willkommen, sie dürfen gerne kommen! Wir würden uns freuen!«, sagt Appa, und auch Amma scheint etwas besänftigt. Sie sieht nicht mehr ganz so ernst aus wie eben.

»Dir fehlt ein Bindi«, sagt sie plötzlich und beendet ihr Schweigen. Sie schaut mir ins Gesicht. Sie steht auf, öffnet eine der vielen Schranktüren und wühlt im Inneren des Sideboards herum. »Komm her.« Sie winkt mich zu sich. Ich bin mir nicht so sicher, was jetzt kommt, und zögere. »Dir fehlt das dritte Auge.«

Ich weiß, dass das Bindi ein Glücksbringer ist, der Punkt zwischen den Augenbrauen wird im Hinduismus als das dritte Auge eines Menschen gesehen und gilt als der direkte Zugang zur Seele. Und wenn das Bindi auch noch rot ist, dann ist es der Heilsbringer schlechthin. Amma hält ein Blättchen mit rötlichen selbstklebenden Tropfen mit samtiger Oberfläche in der Hand, legt mir die linke Hand auf den Hinterkopf und klebt mit spitzen Fingern einen der Tropfen auf meine Stirn. Ich sehe sie nah vor mir, ihre Augen, die meine Stirn fixieren, die Fältchen in ihrem Gesicht, der konzentrierte Ausdruck um ihren Mund.

»Amma, geh ein bisschen zur Seite, sonst kann er das nicht so gut filmen«, höre ich Appa sagen und bemerke erst jetzt, dass das Objektiv der Kamera auf Jays Mutter gerichtet ist. Doch Amma weicht keinen Zentimeter zur Seite.

»So ein Unsinn! Ich mache das doch nicht für die Kamera!«

Erst als sie fertig ist, rückt sie ein Stück von mir ab, begutachtet mein Gesicht und nickt zufrieden. Ich bin sprachlos und muss mir Mühe geben, nicht gerührt in Tränen auszubrechen. Diese kleine, nach außen so kühle Frau hat mir gerade gezeigt, dass sie mir freundschaftlich gegenübertritt. So lege ich jedenfalls ihre Geste aus. Jay starrt uns an, und als er meinem Blick begegnet, lächelt er. Auch er weiß, dass jetzt alles gut werden könnte.

»Moment!«, sagt Amma und deutet mir an, mich nicht von der Stelle zu bewegen. Aus einer Schale auf dem Sideboard klaubt sie eine kleine pinke Rose und steckt sie mir hinter das rechte Ohr ins Haar.

»Danke«, presse ich hervor. Diesen Moment werde ich so schnell nicht vergessen.

»Lakshmi kommt!«, kündigt Appa an. Er späht über das Balkongeländer nach unten zur Straße. Dort knattert ein Moped heran, und kurz nachdem der Motor abgestellt wird, rumpelt es auch schon auf der Treppe, und zwei Personen stehen im Raum: eine ältere Frau, die wie Amma aussieht, und ein junger Mann Anfang zwanzig.

»Das ist Tante Lakshmi, eine von Ammas sieben Schwestern«, flüstert mir Jay zu. »Und das ist ihr Sohn Apu.«

»Oh, wusstest du, dass die beiden kommen?«, frage ich ihn.

»Nein, die tauchen immer mal wieder einfach so auf, wenn sie wissen, dass es etwas Spannendes zu begutachten gibt. Du bist ihre Attraktion des Monats!«

Lakshmi beäugt mich misstrauisch und zupft an meiner Kleidung, als wollte sie fühlen, ob tatsächlich ein Mensch darin steckt. Dann tätschelt sie mir mit zwei kurzen Klapsen den Arm und grinst mich an. Dennoch ist mir die Situation unangenehm. Auch wenn ich mittlerweile schon daran gewöhnt bin, in Indien angestarrt zu werden, stört mich diese Begutachtung von allen Seiten. Ich hatte angenommen, Minsus Kamera wäre die größere Attraktion für Jays Verwandte. Doch meinen Kommilitonen würdigt Lakshmi keines Blickes. Sie ist viel zu sehr damit beschäftigt, mich genau zu mustern. Ich komme mir ein bisschen vor wie eine Kuh auf dem Viehmarkt.

Dann steht Amma mit einem Tablett voller Tassen mit dampfendem Chai in der Tür und deutet mit einer Kopfbewegung an, dass die Gäste auf dem Sofa Platz nehmen sollen. Lakshmi lässt von mir ab und setzt sich. Jay und ich lassen den Neuankömmlingen den Vortritt und beobachten von der anderen Seite des Raumes aus das Geschehen. Ammas volle Aufmerksamkeit gilt jetzt Lakshmi und Apu. Ich bin heilfroh, dass unser Gespräch über das Heiratsthema so jäh unterbrochen wurde. Jay zupft mich am Ärmel.

»Komm, wir gehen raus!«, sagt er, und wir schleichen uns auf die Straße.

»Ich glaube, bisher ist alles ganz gut gelaufen, oder?«

»Ja, du schlägst dich super!«, antwortet er. »Ich glaube, Amma könnte sich darauf einlassen, dich eventuell zu mögen.«

»Meinst du, sie freundet sich mit dem Gedanken an, dass wir zusammen sind und nicht sofort heiraten wollen?«

»Ach ja, das wird sie einige Überwindung kosten, aber es bleibt ihr eigentlich nichts anderes übrig. Denn ich werde keine andere heiraten! So viel steht jedenfalls fest.«

Von oben ist Appas Stimme zu hören: »Da seid ihr ja!« Er steht auf dem Balkon und beobachtet uns wie von einem Wachposten.

»Komm, wir gehen wieder rein.« Jay drückt kurz meine Hand, bevor er mich sanft durch den Hauseingang schiebt.

Im Wohnzimmer ist ein reges Gespräch auf Tamil im Gang, das so schnell vor sich geht, dass ich kein Wort verstehe. Ich bekomme nur mit, dass mehrmals mein Name fällt, und ich spüre, dass Amma und Lakshmi mich aus der anderen Ecke des Raumes begutachten. Mir ist heiß, der Schweiß rinnt mir von der Stirn, und ich habe dunkle Flecken unter den Armen.

»Über was sprechen die beiden?«, will ich von Jay wissen, der hinter mir im Türrahmen lehnt. Er druckst herum. »Sag schon. Ich habe doch meinen Namen gehört!«

»Franziska, das ist wirklich nicht wichtig!« Ich schaue ihm ins Gesicht. Er beginnt zögerlich zu sprechen: »Tante Lakshmi findet, dass du nicht gerade schlank bist, das hat sie zu Amma gesagt.«

Ich bin sprachlos und fühle mich wieder ein bisschen so, als hätte man mich auf den Viehmarkt geführt. Gleichzeitig kommen mir die Gespräche zwischen Amma und Appa in den Sinn, die im Lauf des gestrigen Abends in schnellem Tamil geführt und nicht von Jay übersetzt wurden. Wer weiß, was hier sonst noch hinter meinem Rücken besprochen wird! Mein Gesicht wird noch heißer, und ich habe Mühe, die Tränen zurückzuhalten. Ich wünsche mir nur, einfach mit meinen Schwiegereltern am Tisch zu sitzen und dabei nicht das Gefühl haben zu müssen, dass sie mich doof oder hässlich finden. Ich höre Appas Stimme hinter uns, wische mir mit beiden Händen durchs Gesicht und drehe mich um.

»Amma hat ein Geschenk für Franziska, kommt!«, eröffnet er

uns strahlend. Er schiebt uns in Richtung Sofa, wo sich Lakshmi, Apu und Amma aufgereiht haben. Amma hält ein Päckchen in der Hand, das sie mir entgegenstreckt.

»Für dich, Franziska. Willkommen in unserem Haus!«, verkündet Amma mit fast feierlichem Unterton.

»Ist das für mich? Wirklich?«

»Hier, nimm. Nur für dich.« Amma drückt mir das Bündel in die Hand. Ein paar sehr hübsche, goldene Ohrringe liegen auf einem dunkelbraunen Sari mit Blättermuster. Ich merke, dass mich vier Augenpaare erwartungsvoll anstarren, und weiß nicht, wie ich reagieren soll. Erst die Geste mit dem Bindi und der Blume, die Amma mir ins Haar steckte, dann dieses Geschenk. Das ist zu viel für diesen Moment, in dem alle Anspannung der letzten Tage, all das Auf und Ab in einer großen Welle über mir zusammenschlägt. Ich breche in Tränen aus und falle Amma um den Hals.

»Nandri, Amma, nandri!«, schluchze ich in ihren Sari.

Und wieder hält die Kamera diesen Moment für die Ewigkeit fest: Ich werde in diesem Haus offiziell willkommen geheißen. Das hätte ich mir noch vor zehn Minuten nicht erträumt. Vielleicht ist ja alles viel, viel weniger schlimm, als ich es mir ausmale. Vielleicht können Jay und ich zusammenbleiben und selbst entscheiden, wo und wie wir leben wollen, und sind endgültig Ammas Versuchen, die richtige Frau für ihn zu finden, entkommen? Ich sehe mich ab jetzt als die zukünftige deutsche Schwiegertochter, im braunen Sari, mit goldenen Ohrringen. Ich werde um mein Glück kämpfen. Zusammen mit meinem Freund, der neben mir steht und zufriedener und stolzer denn je den Blick über seine Eltern und mich schweifen lässt.

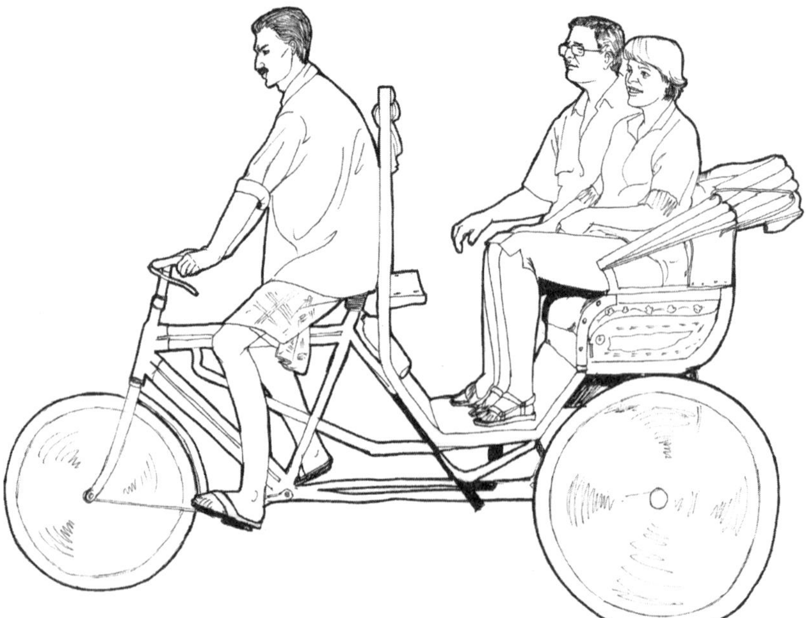

9

Lass mich deine Mutter sein

Lass mich deine Mutter sein,
sei du mein Kind.
Was auch immer passiert,
lass mich deine Tränen trocknen
und lass uns glücklich sein.

Papa kriecht auf allen vieren auf dem Speicher über unserer Garage umher und versucht, seinen riesigen Koffer hinter den Kartons mit den Strohsternen und Krippenfiguren hervorzuzerren.

»Wer hier immer herumräumt, möchte ich wissen!«, schimpft er lautstark vor sich hin. Er klingt jetzt schon genervt. Während er sich eher um gewissenhaftes Packen bemüht, ist meine Mutter mit den Gastgeschenken beschäftigt. Was wiederum Papa überhaupt nicht interessiert. Mama war in den letzten Wochen auf Beutezug, hat unter anderem Kaffee und dunkle Schokolade besorgt. Außerdem hat sie sich in den Kopf gesetzt, Amma und Appa Lebkuchenherzen mit Zuckerschrift mitzubringen. Was drei Monate vor dem Oktoberfest gar nicht so einfach ist. Schließlich hat sie nach einiger Recherche einen Stand auf dem Viktualienmarkt aufgetan und dort die Herzen in Auftrag gegeben. Stolz kehrte sie mit ihren Schätzen nach Hause zurück.

»Die bröseln doch beim Transport auseinander, wie willst du die heil nach Indien bringen?«, kommentiert Papa.

»Ach was, das geht schon. Ich wickle sie in Luftpolsterfolie ein, dann halten sie einiges aus … Welche Lederhose willst du eigentlich einpacken?«, fragt sie ihn, während sie beginnt, im Kleiderschrank zu wühlen.

Ich habe meine Eltern gebeten, ihre Trachten mit nach Indien zu nehmen, um Amma und Appa mit ihrem Traditionsbewusstsein zu beeindrucken.

»Willst du echt die lange Hose mitnehmen, nicht die kurze Braune?«, schreit sie ein Stockwerk nach oben zu Papa. »In der schwitzt du dich zu Tode!«

»Ich nehm' trotzdem die mit dem Futter!«

»Ach, das ist doch keine richtige Trachtenhose!«

»Warum fragst du mich überhaupt, dann nimm halt die andere mit!«

Wie Ping-Pong-Bälle werfen Mama und Papa sich die Themen durchs Treppenhaus zu. Das Reisefieber steigt. Mama fällt gleich ein weiterer Punkt von der Vorbereitungsliste ein.

»Warst du eigentlich schon bei der Apotheke? Wir müssen unbedingt noch die Medikamente durchschauen!«

»Ich sag doch die ganze Zeit schon, dass wir uns unbedingt noch um die Apotheke kümmern müssen!«

»Ja, gut, dann machen wir das jetzt! Die Hose finden wir auch nachher noch«, ruft Mama wieder nach oben, und wenig später sitzen die beiden in der Küche. Vor ihnen türmt sich ein großer Haufen Tablettenschachteln, Blister und Fläschchen.

»Was hast du da eingepackt?«, fragt Mama.

»Elektrolytpulver!«, antwortet Papa, der wie immer die Herrschaft über die Reiseapotheke übernommen hat. So geordnet wie er Koffer packt, stapelt er auch die Tabletten und Tröpfchen in eine Minikühltasche. »Hier, das Durchfallmittel nehmen wir auch mit! Und die Tabletten gegen Übelkeit und Erbrechen.«

Papa plant immer schon eine Woche vor Abreise, was er einpacken wird, und legt sich alle Dinge fein säuberlich zurecht. Mama ist das komplette Gegenteil. Sie wirft am Abend vor dem Abflug einfach eine bunte Auswahl in den Koffer. So hat sie das für heute auch vor. Als spät am Abend der Hartschalenkoffer immer noch nicht abfahrbereit im Flur steht, platzt Papa der Kragen. Er ist schon lange fertig mit Packen, doch meine Mutter ist sich keiner Schuld bewusst. Neben wichtigen Überlebensutensilien wie seinem Taschenmesser hat er sogar noch den Diaprojektor, die dreißig Jahre alten Hochzeitsdias und den Grillrost eingepackt.

»Man weiß ja nicht, ob wir vielleicht mit Jays Eltern auch mal grillen wollen. Und außerdem können wir ihnen mit den Hochzeitsbildern zeigen, dass auch bei uns Tradition wichtig ist!«

»Die Packerei hat außerdem nur länger gedauert, weil wir ständig gefilmt wurden. Sonst wäre ich schon längst fertig.«

»Na, das kann ja heiter werden, wenn jetzt immer die Kamera dabei ist«, brummt Papa genervt, der offenbar schon vor unserer Abreise bereut, sein Einverständnis gegeben zu haben, bei meinem Film mitzuwirken. Bereits während der letzten Tage ist Minsu meinen Eltern fast überall hin gefolgt. Während Mama es ziemlich gelassen nimmt, steigert die ständige Beobachtung bei Papa den Stresspegel erheblich. Aber er hat zugestimmt, deswegen muss er da jetzt durch. »Fehlt nur noch, dass er mit aufs Klo kommt! Ich mach das nur für dich, Franziska. Damit das ewige Herumstudieren bald ein Ende hat!« Wütend schaut er mich an.

»Jetzt reg dich nicht so auf. Später bist du dann nämlich stolz. Du wirst sehen«, mischt sich Mama ein, um mir Beistand zu leisten.

»Papa! Ich bin so froh, dass du mitmachst!«, füge ich schnell hinzu, umarme ihn und drücke ihm einen Kuss auf die Wange. Er gibt sich geschlagen.

»Ist schon recht! Jetzt lass die Mama fertig packen.« Meine

Mutter ist immer noch dabei, Kleidungsstücke auf dem Bett aufzuhäufen. »Beeil dich, Christine. Ich will dann ins Bett.«

Meine Mutter nickt nur und klappt tatsächlich wenig später den Koffer mit einem selbstsicheren »Fertig!« zu.

Als mein Vater vor dem Schlafengehen noch den Koffer ins Erdgeschoss schleppt, höre ich wieder Getöse im Treppenhaus.

»Was hast du denn alles eingepackt? Der hat garantiert Übergewicht! Ich bin damit fast die Treppe runtergefallen!« Tatsächlich verknackst er sich beim Versuch, das Gepäck meiner Mutter ins Erdgeschoss zu wuchten, den Knöchel. Jetzt kann ihn nichts mehr besänftigen, und so bleibt mir nur die Hoffnung, dass seine Laune bis zu unserer Ankunft bei Amma und Appa wieder einigermaßen hergestellt ist.

Doch auch im Flugzeug am nächsten Tag wird es nicht besser, denn wegen seines Knöchels, der über Nacht angeschwollen ist, kann sich mein Vater nur noch humpelnd fortbewegen. Für ihn ist es jetzt doppelt anstrengend, sich mit seinem Kabinengepäck durch den engen Gang des Airbus zu schieben. Jedes Mal, wenn er an einem der Sitzreihen hängen bleibt, verzieht er sein Gesicht vor Schmerz. Als beide dann endlich ihren Platz gefunden haben, sinkt er sichtlich erleichtert in seinen Sitz. Er hat den Platz am Gang gewählt, um sein Bein besser ausstrecken zu können. Doch dann bittet Minsu Papa – ohne Rücksicht auf den geschwollenen Knöchel und den allgemeinen Frieden –, mit meiner Mutter nochmals den Sitz zu tauschen. Das Bild wäre so einfach schöner. Papa seufzt und setzt sich in die Mitte. Ich sehe ihm an, wie sehr er sich wünscht, dass dieser Filmdreh schon vorbei wäre.

Er grummelt immer noch, als das Flugzeug auf der Landebahn des Flughafens in Chennai aufsetzt. Jetzt schiebt er humpelnd seinen Koffer durch das Terminal und beschwert sich: »Die ganze

Zeit hat mein Fuß so wehgetan, dass ich kein Auge zugetan habe. Und was habt ihr gemacht? Geschnarcht!«

»Ich hab' dir doch gesagt, du hättest dir Ohrstöpsel und eine Schlafmaske mitnehmen sollen, aber du warst ja der Meinung, so was brauchst du nicht!«, antwortet meine Mutter ungerührt. Was dazu führt, dass Papa sich weigert, sich mit uns am selben Einreiseschalter anzustellen.

Als ihm schließlich nach einer gefühlten Ewigkeit der Beamte seinen Pass mit einem lauten Knallen abstempelt, spricht Papas mit Schweißperlen überzogenes Gesicht Bände. Mama, Minsu und ich stehen schon lange auf der anderen Seite unseres Einreiseschalters und warten auf ihn. Natürlich ist seine Stimmung jetzt noch mehr im Keller. Ich halte mich an einer Weisheit meiner Oma fest: »Wenn du denkst, es geht nicht mehr, kommt von irgendwo ein Lichtlein her.« Mein Silberstreif am Horizont ist an diesem Morgen sowieso Jay, der jetzt nur noch wenige Meter von mir entfernt auf uns wartet. Wir schieben den Gepäckwagen durch die Drehtür.

»Da ist er!«, ruft Mama und fuchtelt mit den Armen in der Luft. Jay sieht uns und läuft auf uns zu. Wir fallen uns in die Arme. Papa steht verloren inmitten von Koffern, kreischenden Menschen und hupenden Autos. Sein Gesicht ist unter seinem großen Strohhut kaum zu sehen, das karierte Hemd färbt sich dunkel vor Schweiß.

»So heiß hab ich mir das hier wirklich nicht vorgestellt«, sagt er, als ich ihn frage, ob alles in Ordnung sei.

Jay übernimmt den großen Koffer: »Da drüben wartet unser Taxi, es hat Klimaanlage, und bis zum Hotel ist es nicht weit.« Er versucht, meinen Vater mit der Aussicht auf eine bequeme Unterkunft aufzuheitern.

Dort sollen sie sich erst mal ein paar Tage in Ruhe eingewöhnen. Das war eine Idee von Jay. Nach den Schwierigkeiten unserer Anreise bin ich ihm jetzt extrem dankbar dafür. Wir beide werden morgen gleich zu Amma und Appa weiterfahren. Sie bestehen darauf, dass ich selbst überprüfe, ob alles für den Besuch meiner Eltern bereit ist, bevor diese nachkommen.

Appa ist gerade dabei, einen großen Karton in das kleine Zimmer neben der Küche zu wuchten. Anschließend legt er ihn auf den Fußboden und stochert mit einem Messer an den Klammern herum, die das Paket verschlossen halten. In der flachen Kiste ist der neue Tisch. Sie zu öffnen, ist die erste Schwierigkeit, die es zu überwinden gilt.

»Sei vorsichtig, sonst verkratzt du noch etwas«, sagt Amma zu Appa. »Lass mich mal, so musst du das machen!«

Sie nimmt ihm das Messer aus der Hand, setzt es in einem Spalt in der Verpackung an und hebelt mit einem geschickten Ruck die Verklammerung auf. Der offene Karton liegt vor uns, darauf die Tischplatte und vier Tischbeine. Appa liest die Aufbauanleitung vor.

»Legen Sie die Platte mit der Oberfläche nach unten auf einen glatten Untergrund.« Mit einem Blick auf den Boden stellt er fest: »Liegt schon richtig, sehr gut.«

»Hier sind die Schrauben«, sagt Amma und hält ihm ein Plastiktütchen mit Metallteilen hin. »Das passt hier, und diese Schraube gehört dort hin.«

»Soll ich euch helfen?«, fragt Jay.

»Nein, lass uns, wir wollen das alleine schaffen, für Franziskas Eltern.« Appa lächelt mich an. Amma hat schon das erste Tischbein in eine Lücke zwischen dem Unterbaurahmen und einer metallischen Stütze platziert.

»Durch das Loch im Metall muss die Schraube, darunter legt man das hier«, sagt Amma und hält Appa eine Unterlegscheibe entgegen. »Halt mal das Tischbein, ich befestige es mit der Schraube.« Sie werkelt am Gewinde herum. »Jetzt musst du die Schraube richtig festziehen«, weist sie Appa an, der mit dem Schraubenschlüssel in der Hand auf seinen Einsatz wartet. »Steig nicht auf die Tischplatte! Mach sie nicht schmutzig!«, herrscht sie ihn wenig später an.

Der Raum ist allerdings zu klein, um sich noch frei bewegen zu können, die Tischplatte reicht fast von Wand zu Wand, sodass Jays Vater, auf einem Fuß balancierend, mit einem großen Schritt darübersteigt. Mit dem Rücken an die Wand gepresst, kniet er nun und schraubt. Die Anstrengung steht ihm ins Gesicht geschrieben.

»Komm endlich hierher, ich halte schon das zweite Bein!« Amma sitzt ungeduldig in der ihm gegenüberliegenden Ecke und dreht die Schraube in das Gewinde. »Sei vorsichtig, jetzt wärst du beinahe schon wieder darauf gestiegen«, sagt sie missbilligend. Und so geht es noch eine Weile hin und her.

»Willst du die Stühle auch noch heute montieren, oder machen wir das lieber morgen früh?«, fragt Appa.

Amma beugt sich über die vier Pakete, die noch in der Ecke stehen. Den Tisch haben sie mittlerweile in der Mitte des Raumes im Erdgeschoss platziert, der bisher als Eingangshalle diente und den sie letzte Woche in einem hellen Rosa gestrichen hatten. »Ich lege mich lieber hin. Lass uns das morgen machen.« Amma gähnt, während Appa noch unter dem neuen Tisch kniet und ein letztes Mal kontrolliert, ob die Schrauben auch wirklich fest genug angezogen wurden.

»Das mit den Stühlen können wir doch erledigen«, meint Jay.

Amma weiß, was sie will, und der gutmütige Appa kennt es anscheinend nicht anders. Ich bin immer wieder überrascht, wie emanzipiert Jays Mutter ist und wie gleichberechtigt ihre Ehe auf mich wirkt. Sein Vater holt sogar jeden Morgen die Zeitung für seine Frau, die sie dann liest, während er mit den Vorbereitungen für das Mittagessen beginnt. Für indische Verhältnisse ist das eine sehr ungewöhnliche Rollenverteilung. Aber Amma hat sich auch als Einzige von sieben Schwestern gegen ihren Vater durchgesetzt und durfte studieren. Als Jay mir davon erzählte, hat mich das wirklich beeindruckt. Umso eigenartiger kommt mir ihr Beharren auf einer arrangierten Ehe vor, wenn ich genauer darüber nachdenke. Eine Stunde später stehen auch die Stühle. Jetzt können meine Eltern kommen!

Am nächsten Morgen ist die Anspannung zu spüren, ohne dass sie ausgesprochen werden muss. Als ich ins Wohnzimmer komme, ist Appa gerade mit seiner Riesendose *Hit Mosquito Spray* zugange. Er schaut unter Schränke und Betten, durchsucht alles, wo es Ungeziefer zu vernichten geben könnte, und sprüht in jedes potenzielle Moskitonest eine kräftige Ladung des Insektengiftes. Amma bürstet und schrubbt währenddessen jeden Winkel. Vor allem widmet sie der neuen Toilette, die sie erst vor kurzem einbauen ließen, ihre gesamte Aufmerksamkeit.

»Benutzt ihr die überhaupt?«, fragt Jay.

»Nein, wir sind an die alte gewöhnt«, Amma lacht. »Ich brauche keine westliche Toilette.«

Amma und Appa geben sich so viel Mühe, um den Besuch für meine Eltern so angenehm wie möglich zu machen, dass ich wirklich gerührt bin. Schließlich sind Mama und Papa zwei völlig fremde Menschen, die zusammen mit mir in ihr Leben eindringen und es auf den Kopf stellen. Papa brachte irgendwann in den letzten Tagen die Situation folgendermaßen auf den Punkt: »Wenn ich nur an diese Treffen denke, habe ich heute schon Magenschmerzen. Das wird wie die Begegnung zwischen einer Maus und einem Elefanten werden.«

Und meine Mutter fügte hinzu: »Hoffentlich haben wir uns etwas zu erzählen und müssen nicht die Zeit damit verbringen, uns anzustarren und Tee zu schlürfen.«

Das ist auch meine Hoffnung.

Jays Eltern sind schweigsam und in eine hektische Geschäftigkeit vertieft. Der Einzige, der entspannt zu sein scheint, ist mein filmender Kommilitone, dessen Anwesenheit wieder und wieder in Vergessenheit gerät. Amma stellt sogar gedankenverloren nur zwei Tassen auf den kleinen Tisch vor den Fernseher. Wir alle sehen der heutigen Begegnung mit sehr gemischten Gefühlen entgegen, auch wenn das niemand laut ausspricht. Appa räumt Dinge von rechts nach links und stopft Zeitungen und anderen Papierkram hinter Schranktüren.

»Jetzt ist alles ordentlich.« Amma wirft einen prüfenden Blick auf den Zustand des Raumes. »Ich kümmere mich noch um das Rangoli«, sagt sie und verschwindet im Erdgeschoss.

Zu Ehren der Gäste will sie das Ornament aus farbigem Reismehl, mit dem sie jeden Morgen den Absatz der Eingangstür dekoriert, heute besonders groß und prächtig gestalten. Sie sitzt in der Hocke auf dem Pflaster und streut konzentriert die Umrisse einer Blume neben der anderen auf den Boden, den sie vorher fein säuberlich mit einem Handbesen gereinigt hat. Die weißen Konturen füllt sie mit feinem farbigem Sand aus, den sie zwischen Daumen und Zeigefinger auf den Boden rieseln lässt.

»Ein bisschen kleiner hätte auch genügt!«, höre ich Appa von oben, der sie vom Balkon aus beobachtet. Er möchte die Stimmung etwas auflockern, und ich bin ihm sehr dankbar dafür. Das fertige Rangoli mit seinen prächtigen Farben schmückt schließlich wunderschön den Eingangsbereich.

»Wie sollen wir die Eltern eigentlich begrüßen?«, fragt Amma schließlich, zu Appa gewandt, als beide eine Stunde später in Erwartung meiner Eltern auf dem Balkon stehen und die Straße hinabschauen.

»Vielleicht ›Willkommen‹?«

»Ich finde ›vanakamp‹ am besten, das ist neutral und freundlich.« ›Vanakamp‹ heißt schlicht ›Guten Tag‹, und Amma beschließt kurzerhand: »Ich werde ›Willkommen und Guten Tag‹ sagen!«

»Ist es schon wieder vorbei mit der vierspurigen Straße?«, bemerkt Papa vom Rücksitz. Er und Mama sitzen auf den roten Plüschpolstern des weißen Hindustan Ambassador, ein indisches Automodell, das sich seit Jahrzehnten optisch nicht verändert hat und ein bisschen aussieht wie ein Mercedes-Oldtimer. Gespannt beobachten beide, wie der junge Fahrer, der fast hinter dem großen Lenkrad verschwindet, hupend einen vollbesetzten Bus überholt, aus dessen Türen auch noch Menschen hängen. Jay und ich haben uns zu zweit neben den Fahrer gesetzt. Dieser ist so dünn, dass wir beide auf der vorderen Sitzbank Platz haben. Mama blättert in ihrem Sprachführer *Tamil Wort für Wort*. Ich habe ihn ihr vor der Abreise geschenkt.

»Nan-dri«, buchstabiert Mama.

»Das heißt ›Danke‹«, sagt Papa.

Das Auto bremst scharf, knapp hinter einem Bus, der vor uns plötzlich zum Stehen kommt und genauso ruckartig wieder anfährt. Mama entfährt ein kurzer Entsetzensschrei.

Wenig später biegen wir in die enge, mit Schlaglöchern übersäte Straße ein und holpern die letzten Meter bis zum Haus von Jays Eltern. Amma und Appa beobachten unsere Ankunft vom Balkon aus. Beide winken zur Begrüßung. Wir steigen aus dem Auto. Als wir durch das Gartentor treten, stehen sie vor uns.

Meine Mutter faltet die Hände und sagt mit einer leichten Verbeugung: »Namaste!«

»Vanakamp«, erwidert Amma und legt ihr vorsichtig eine kleine Limone in die Hand, die Mama ein wenig verwundert zwischen den Fingern hält. Auch Papa bekommt eine Frucht überreicht und schüttelt Appa die Hand.

»Es freut mich wirklich, Sie kennenzulernen!«

»Die Freude ist ganz auf unsere Seite«, antwortet Appa auf Englisch und strahlt über das ganze Gesicht. Es scheint ihn froh zu machen, meine Eltern in seinem Haus willkommen zu heißen. Die Erleichterung ist seinem Gesicht anzusehen. Mein Vater ist ihm offensichtlich wirklich sympathisch. Amma dagegen lächelt zwar freundlich, aber als ihr Papa die Hand schütteln will, faltet sie diese vor ihrer Brust und verbeugt sich. Einen fremden Mann mit Handschlag zu begrüßen, das wäre gegen ihre Tradition.

»Was ist das?«, flüstert Mama mir währenddessen zu und dreht die Frucht in ihrer Hand.

»Eine Limone aus dem Garten. Die bringt Glück!«, antworte ich, während wir hinter Amma und Appa die Treppe ins Obergeschoss hochsteigen.

»Vorsicht, nicht den Kopf anstoßen!«, warnt Jay meine Eltern am oberen Treppenabsatz, wo die Decke so niedrig ist, dass große Menschen sich leicht eine Beule holen können. Bei Amma und Appa besteht keine Gefahr, sie sind beide nicht viel größer als ich, aber Mama mit ihren knapp eins achtzig muss den Kopf einziehen, um unbeschadet ins Wohnzimmer zu gelangen. Papa wischt sich den Schweiß von der Stirn. Es tut ihm gut, endlich in einer etwas kühleren Umgebung zu sein. Er lässt sich dankbar auf das Sofa fallen, als Amma ihm anbietet, sich zu setzen.

»Hier ist Kaffee!« Sie stellt ein Tablett mit den kleinen Metalltassen, an denen ich mir schon bei meinem ersten Besuch die Finger verbrannt habe, auf dem Couchtisch ab und nimmt auf einem Stuhl gegenüber dem Sofa neben Appa Platz.

»Nandri«, sagen Mama und Papa gleichzeitig.

Jays Eltern lächeln beide, und Mama greift nach einem der silbernen Becher.

»Oh, das ist ja heiß!«, erschrickt meine Mutter, als sie den Kaffeebecher in die Hand nimmt und dann schnell wieder zurück auf das Tablett stellt. Doch der Schreck war nicht allzu groß, sie kramt schon wieder in ihrer Tasche. Kaffee, das scheint jetzt der perfekte Anknüpfungspunkt für eine Unterhaltung zu sein. Sie zieht die in München bei Dallmayr sorgfältig ausgewählten Dosen mit Pulverkaffee heraus und hält sie Amma entgegen: »Echter deutscher Kaffee!«

Appa springt auf und nimmt mit beiden Händen die schwarzen

Dosen entgegen. »Vielen Dank, so viele Geschenke, das hätte nicht sein müssen!«

Amma und Appa halten je eine Kaffeedose im Arm, und auf Mamas besorgte Frage, ob sie überhaupt Kaffee trinken, sagt Appa: »Ja, wir trinken zweimal täglich Kaffee! Einmal morgens, einmal abends.«

Mama nickt, sichtlich zufrieden. »Das war noch nicht alles, wir haben noch etwas sehr Lustiges für euch!« Vorsichtig zieht sie die beiden Oktoberfest-Herzen aus der Handtasche. Inmitten weiß-blauer Girlanden aus Zucker windet sich der Schriftzug *Ois Guade!* in geschwungenen Buchstaben auf dem Lebkuchen, umrahmt von Bierkrug und Radi aus Zuckerguss. »Da steht ›Ois guade!‹«, erklärt sie. »Das heißt ›Gute Gesundheit!‹«, und hängt Amma und Appa je ein Herz um den Hals. Wir alle müssen lachen. Damit ist das Eis endgültig gebrochen. Mama lacht am herzlichsten, denn sie freut sich sehr darüber, wie gut ihre Geschenke ankommen.

»Ist es aus Kunststoff?«, fragt Amma, mit zwei Fingern vorsichtig ihren Halsbehang befühlend.

»Das Herz ist aus Lebkuchen! Ein Gebäck, das wir zu Weihnachten essen, mit speziellen Gewürzen.«

Amma nickt anerkennend. Die weiß-blaue Verzierung auf dem Lebkuchenherz passt perfekt zu ihrem hellblauen Sari. Amma und Appa sitzen lächelnd auf ihren weißen Kunststoffstühlen, jeweils mit einem Lebkuchenherz um den Hals und einer Dose Kaffee auf dem Schoß. Meine Mutter steht mit dem stolzen Gesichtsausdruck eines Zeremonienmeisters neben ihnen, als hätte sie eben die Ehre gehabt, zwei Olympiasiegern die Medaillen um den Hals hängen zu dürfen, und strahlt. Ein besseres Schlussbild für diese Szene hätte Minsu nicht finden können. Wir lachen gemeinsam über ihr gelungenes Gastgeschenk. Auch Jay scheint extrem erleichtert, dass sich alle so sympathisch sind.

Appa wendet sich wieder an meine Eltern: »Wollen Sie vielleicht den Rest des Hauses und den Garten sehen?«

»Oh ja, sehr gerne!« Mama steht auf. »Vielleicht geht draußen ein bisschen Wind«, flüstert sie Papa zu.

Dieser nickt nur und schiebt die Unterlippe vor, sodass er sich unauffällig Luft ins Gesicht pusten kann, denn die Abkühlung im Wohnzimmer hat nicht lange angehalten.

»Hier haben wir fünf Bananenbäume.« Appa macht eine weitausladende Bewegung über den Garten hinweg. Mama sucht nach einem Taschentuch und tupft sich über die Oberlippe. »Das hier ist eine Heilpflanze. Sie hilft zum Beispiel bei Erkältung. Sie heißt Tulsi.«

»Darf ich probieren?« Meine Mutter zupft ein Blättchen ab.

»Natürlich, bitte, probieren Sie!« Appa freut sich sichtlich über das Interesse seiner Gäste. Er steht neben Papa, ihre Oberkörper sind halb zwischen den tiefherabhängenden Blättern des Bananenbaums verschwunden. Es sieht aus, als hätten beide große Blatthalskrausen um die Schultern gelegt.

»Das hier, ist das eine Blume?«, fragt Papa, auf einen Busch mit großflächigen Blättern vor seinen Füßen deutend.

»Nein, das ist Kurkuma!«, lacht Appa. »Das können Sie zum Kochen verwenden!«

»Ah, ein Gewürz!«, sagt Papa.

Amma winkt uns zu sich. »Manaktakali heißt diese Pflanze.« Sie hält uns ein Blättchen entgegen. »Sie ist gut für den Magen, bei Geschwüren.«

»Das möchte ich auch gerne probieren!« Meine Mutter will begeistert zugreifen.

»Nein, bitte nicht! Dann müssen Sie sich übergeben!« Appa nimmt Mama vorsichtshalber das Blättchen aus der Hand.

Ich muss schmunzeln, wenn ich an das Medikamentekühltäschchen im Hotelzimmer meiner Eltern denke. Bei Amma und Appa ist gegen jede Art von Krankheit ein Kraut gewachsen, meine Eltern haben die Kräuter in Tablettenform bei sich – für alle Fälle gewappnet zu sein, ist ihnen allen wichtig. Am Ende der Runde durch den Garten streckt sich Appa und beginnt mit einem Messer ein großes Bananenblatt abzuschneiden.

»Sie stutzen den Baum?«, fragt Papa erstaunt.

»Nein. Wir essen hier von den umweltfreundlichsten Tellern, die es gibt! Wollen Sie versuchen, eines abzuschneiden?«, fragt Appa ihn. »Meine Frau hat für Sie gekocht, wir werden gleich zusammen essen.«

Appa drückt Papa das Messer in die Hand, dieser streckt sich, stellt sich auf die Zehen und schafft es, mit nur einem Schnitt ein Blatt abzutrennen. Der Schweiß rinnt ihm von der Stirn.

»Hier, ist das gut so?« Stolz hält er sein Bananenblatt in die Höhe.

Appa nickt anerkennend.

»Bitte, nehmen Sie Platz!« Amma deutet auf die beiden Stühle am neuen Esstisch, den sie mit frischen Blüten festlich dekoriert hat. Mama ist völlig von den roten Hibiskusblüten begeistert, die Amma in eine kleine Schale mit Wasser gelegt hat. »Ich habe auch einen Hibiskus im Garten, mit blauen Blüten. Ich mag ja Blumen wahnsinnig gerne. Und hier wächst auch alles so gut. Sie haben wirklich einen schönen Garten«, sagt meine Mutter, während Appa mit den sauberen Bananenblättern durch die Tür kommt und sie auf den vorbereiteten Tisch legt.

Jetzt ist alles fertig, und Amma verschwindet in die Küche, um die vorbereiteten Speisen zu holen. Meine Eltern warten gespannt, was man ihnen wohl servieren wird.

»Das ist Vathal.« Amma reicht kleine weiße Waffeln. »Franziska mag sie besonders gern«, ergänzt sie mit einem Seitenblick auf mich.

»Aus welchem Mehl wird das gemacht?« Mama greift nach einer der Waffeln.

»Das ist Reismehl. Mögen Sie Omelette?«, fragt Amma, und legt, ohne eine Antwort abzuwarten, zwei große Omelettes auf die Bananenblattteller meiner Eltern. »Hier ist noch Sambar.« Jays Mutter schöpft die gelbliche Soße aus einem kleinen Topf neben die Omelettes.

»Vorsicht! Das läuft über den Rand!« Mama hält instinktiv eine Hand an die Tischkante, als müsste sie die Flüssigkeit abfangen.

»Nein, keine Angst! Nichts wird passieren!« Amma lacht.

Appa erklärt meinen Eltern, wie sie Soße und Reis mit den Fingern zu einer Masse vermischen sollen. Dazu macht er Klammerbewegungen mit der rechten Hand, die andeuten sollen, wie die einzelnen Gerichte zu kleinen Klößchen geformt werden.

Genauso habe ich damals von Jay gelernt, mit den Fingern zu essen. Wie lange das schon her zu sein scheint! Meine Eltern befolgen Appas Anweisungen genau: vermischen, Klößchen formen, aufheben und diese in den Mund werfen. Mamas langjährige Erfahrung mit im Essen pantschenden Händen macht sich bemerkbar. Sie ist Kindergärtnerin.

»Im Kindergarten sage ich den Kindern: Nicht mit den Fingern essen! Und hier mache ich es selbst!« Sie amüsiert sich, als sie sieht, wie Papa mit Hilfe des Omeletts geschickt die Soße aufdippt und zum Mund manövriert. Als wäre er sein Leben lang ohne Besteck ausgekommen! Ich bemerke, wie Appa die beiden bewundernd beobachtet.

Dann schreit Amma plötzlich auf: »Nein, nein, nein!« Und auch Appa wird laut. Mama und Papa schauen sich an. Papa denkt, verstanden zu haben, weshalb Jays Eltern so entsetzt reagieren, und tippt mit seiner Hand, die nicht soßenverschmiert ist, auf Mamas Linke, in der sie noch die Portion hält, die sie sich gerade in den Mund schieben wollte.

»Nein, nein, nein!« Amma zeigt ebenfalls auf Mamas Hand. »Machen Sie das nicht!«

In dem Moment fällt Mama offenbar ein, was Jay ihr beigebracht hat: Gegessen wird mit rechts, auf dem Klo benutzt man die Linke. Dumm nur, dass sie Linkshänderin ist. Sie starrt auf ihre linke Hand, auf die sich aktuell fünf Augenpaare richten, und schaut dann entschuldigend zu Amma und Appa. Doch die linke Hand ist gar nicht der Auslöser der ganzen Aufregung.

»Sie sollen das nicht essen! Die Schale ist giftig!«, erklären Amma und Appa gleichzeitig, sehr laut und durcheinander suchen sie nach den richtigen englischen Worten für diese Warnung. Meine Mutter hat eine Frucht, die Amma ihnen als Beilage serviert hat, samt Schale in den Mund gesteckt hat. Schließlich versteht Mama und zieht die Schale der halbzerkauten Frucht zur Erleichterung von Jays Eltern wieder aus dem Mund.

Ein wenig später sitzen Mama und Papa vor leeren Bananenblättern und Schüsseln und strecken ihre Finger weit gespreizt von sich. Mama versucht, mit ihrer linken auch nicht soßenfreien Hand ein Taschentuch unter ihrer Bluse hervorzuholen, was ihr aber nicht so unauffällig gelingt, wie sie es gerne hätte. Als wüsste Appa, was meinen Eltern gerade auf der Seele liegt beziehungsweise zwischen den Fingern klebt, deutet er ihnen an, aufzustehen und ihm zu folgen.

»Hier geht es lang.« Amma weist meinen Eltern den Weg in Richtung des neuen Badezimmers, wo fließendes Wasser auf sie wartet. »Gleich trinken wir im Wohnzimmer Kaffee!«

Während Mama und Papa mit der Säuberung ihrer Fingerzwischenräume beschäftigt sind, klappert Amma in der Küche mit dem Kaffeefilter. Dieser sieht aus wie eine längliche metallische Kapsel mit einem Scharnier in der Mitte. Im oberen Teil des Behälters wird Kaffeepulver mit Wasser aufgegossen, der Kaffee tropft durch eine Metallplatte mit Löchern in das untere Behältnis. Amma schüttet die braune Flüssigkeit zwischen zwei Töpfchen hin und her: »Damit Sie sich nicht wieder die Finger an den Tassen verbrennen«, und fühlt dabei sorgsam mit der Handfläche an der Außenseite des Topfes die Temperatur. Nach mehrmaligem Hin- und Herschütten ist sie zufrieden.

Ich suche Jay und finde ihn hinter dem Haus. Er hat gerade noch den Tisch sauber gemacht und ist nun dabei, die Bananenblätter wegzuwerfen. Ich habe ein bisschen das Gefühl, es ist ihm eine willkommene Gelegenheit, der elterlichen Überwachung für einen kurzen Moment zu entkommen. Ich überlege, ob er vielleicht sogar heimlich eine Zigarette geraucht hat, denn während des Essens schien er ziemlich angespannt zu sein. Aber das wäre wohl zu riskant. Er ist verschwunden, um kurz durchatmen zu können. Auch ich war froh, als Appa mich bat, Jay im Garten zu holen.

»Gleich gibt es Kaffee! Ich bin nicht so gerne alleine mit all den Eltern. Kommst du dann auch bitte?«

»Ja, warte kurz. Das ist alles ziemlich anstrengend. Aber ich bin froh, dass sich alle verstehen. Meine Eltern scheinen deine zu mögen. Meine Mutter hat sich wirklich gefreut, dass es den beiden geschmeckt hat.«

Jetzt hören wir beide Amma von oben. Sie steht am Küchenfenster, das in den Garten gerichtet ist, und ruft nach Jay.

»Jetzt sollten wir aber wirklich gehen. Das schaffen wir schon zusammen.«

»Okay, auf in den Kampf!«, seufzt Jay.

Ich nehme seine Hand und ziehe ihn hinter mir ins Wohnzimmer. Appa hat meine Eltern in der Zwischenzeit gebeten, wieder auf dem Sofa Platz zu nehmen. Jay und ich setzen uns auf den Boden und warten. Ich ahne, was nun bevorsteht, und schaue unsicher zu Mama hinüber. Sie nickt mir wohlwollend zu. Jetzt ist der Moment der Wahrheit gekommen. Alle Geschenke und Freundlichkeiten sind ausgetauscht. Alle haben sich beschnuppert, aber das eigentliche Thema, der Grund für den Besuch von Mama und Papa, ist bis jetzt nicht zur Sprache gekommen. Egal wie sympathisch die Eltern sich sein mögen, so unterschiedlich sind dennoch ihre Ansichten. Mein Herz pocht, und ebenso scheint es Jay zu gehen. Er bemerkt meine Anspannung und ich seine. Wir können aber nur abwarten.

Mama fragt unbedarft in die Stille: »Wie läuft so eine arrangierte Hochzeit eigentlich ab?«

Schweigen. Jay und ich trauen uns nicht, etwas zu sagen. Und es dauert lange Minuten, bevor Amma schließlich zu sprechen beginnt.

»Wenn wir von einem geeigneten Mädchen erfahren, dann besuchen wir sie und ihre Familie«, erklärt sie. »Dann sprechen wir mit ihnen über eine Hochzeit.«

Papa nickt.

»Wir lassen unseren Söhnen große Freiheiten. Sie können aus mehreren Vorschlägen auswählen«, fügt Appa hinzu.

Wie überaus großzügig, denke ich mir und habe das Bild des Mädchens wieder vor Augen, das sie auf der Matchmaking-Seite für Jay gesucht haben.

»Wenn ein Mädchen ausgewählt ist, wird ein Horoskop erstellt und über die Mitgift gesprochen.«

»Ein Horoskop?«, fragt Papa.

»Der Geburtsstern ist ausschlaggebend«, erklärt Amma. »Wenn die Sterne von Braut und Bräutigam zusammenpassen, ermittelt das Horoskop einen günstigen Termin für die Hochzeit. Es ist aber natürlich auch wichtig, dass die Braut aus der richtigen Kaste kommt und gebildet ist!«, betont sie.

»Aber das ist doch nur bei den Hindus so. In Indien gibt es ja auch Christen. Und in der Bibel steht doch auch, vor Gott sind alle gleich, egal aus welcher Kaste sie stammen!«, sagt Mama.

»Es gibt hier auch für Christen verschiedene Kasten: Krieger-Christen, Grundbesitzer-Christen, Priester-Christen. Das ist ähnlich wie das Kastensystem der Hindus«, erklärt Amma gestikulierend.

»Wenn ein Junge ein Mädchen aus einer anderen Kaste heiratet, was passiert dann? Bringt das Unglück? Oder warum ist das nicht erlaubt?«, fragt Papa.

»Das größte Unglück ist eine Liebesheirat«, fährt Amma dazwischen.

Dass das Wort »Liebesheirat« im Zusammenhang mit katastrophenähnlichen Zuständen fallen würde, war mir klar. Aber ich war mir auch sicher, ihr mittlerweile schon so nah zu sein, dass sie unsere Beziehung nicht länger als »größtes Unglück« bezeichnen würde. Entsprechend schmerzhaft trifft mich diese Aussage jetzt. Mama wirft mir einen Blick zu, in dem ich lese, dass sie meine Gedanken in diesem Moment teilt. Sie lenkt das Gespräch auf ein vermeintlich unverfänglicheres Thema.

»Wie sieht denn die Mitgift einer Braut aus?«

»Mitgift ist alles, was für den Haushalt benötigt wird. Zum Beispiel ein Ofen, Geschirr, Schränke, ein Bett, ein Fernseher, ein Sofa, Esstisch, Töpfe, ein Motorrad oder ein Auto.«

Meine Eltern sehen sie schockiert an.

»Und was ist, wenn eine Familie fünf Töchter hat?« Mama hält die geöffnete Hand fragend nach oben.

»Mein Großvater hatte fünf Töchter«, wirft Jay ein, der bisher schweigend und regungslos neben mir gesessen und sich wie ich nicht am Gespräch beteiligt hat.

»Nein! Das ist falsch! Acht!«, korrigiert Amma ihn sofort. »Ich habe sieben Schwestern! In Tamil Nadu gibt es ein Sprichwort: Bei fünf Töchtern wird der König zum Bettler.« Sie lacht, und Mama stimmt ein.

Durch das Gelächter dringt ein Klingeln und Rasseln, das sich aus der Ferne nähert. Mir ist dieser Lärm vertraut. In wenigen Minuten wird ein fahrender Tempel am Haus vorbeirollen und eine kleine Spende an das göttliche Wesen, das auf dem Wagen thront, wird zu einer Extraportion Glück verhelfen. Ich springe auf und laufe zum Balkon. Meine Mutter folgt mir.

»Was ist denn das für ein Krach?« Sie macht große Augen, als sie den hellerleuchteten Wagen am Ende der Straße sieht, der mit großem Tamtam näher kommt. Ein Trommler schlägt schnelle Rhythmen, und ein Mann bläst mit einer Art Schalmei eine Tonfolge, die er endlos wiederholt. Der Altar, der das Götterbild beherbergt, ist auf einem Karren angebracht und wird von grellen Scheinwerfern angestrahlt. Drei Männer schieben den Wagen von hinten, und zwei ziehen vorne. Ein Mann geht ihnen voran und hebt mit einer Mistgabel die herabhängenden Stromleitungen in die Höhe, damit das riesige Gefährt hindurchfahren kann, ohne sich zu verheddern.

»Die sind genau im richtigen Moment gekommen«, flüstert mir Mama ins Ohr. »Ich hätte jetzt auch nicht gewusst, was ich noch weiter fragen darf oder sagen kann. Das ist wirklich eine schwierige Situation. Aber fürs erste Treffen haben wir das doch bisher ganz gut gemacht, oder?« Ich nicke. Jetzt wendet sie sich an Jay, der inzwischen mit den anderen neben uns steht. »Was ist das jetzt für ein Gott?«

»Das ist Gott Murugan, der Sohn von Shiva, der auf einem Pfau reitet.«

Jetzt erkenne ich den Tierkopf auf dem vorderen Teil des Wagens, der meiner Meinung nach eher einem Pferd als einem Pfau ähnelt. »Und wer sind die beiden Gestalten rechts und links?«, will Mama wissen.

»Das sind Devasena und Valli, seine beiden Ehefrauen«, erklärt Jay weiter.

»Aha«, sagt mein Vater leise zu ihm gewandt, sodass Amma und Appa es nicht hören können, »Götter dürfen also zwei Frauen haben. Ob sie sich diese wohl selbst aussuchen durften?«

Jay lacht. »Murugan ist der populärste Gott in Tamil Nadu.«

»Welche Bedeutung hat er?«, fragt Mama.

»Er kämpft gegen böse Kräfte und ist der Gott des Sieges.«

»Na, den können wir jetzt brauchen!« Papa grinst. »Vielleicht müsst ihr beiden ihm mal eine Kokosnuss opfern.«

Jay schaut Papa dankbar an. Auch wenn er nichts sagt, weiß ich, was er denkt. Wir sind beide froh, meine Eltern als unsere Verbündeten zu wissen.

Schon in Deutschland haben meine Eltern mir versprochen, Jay und mich mit vereinten Kräften darin zu unterstützen, seine Eltern von unserer Liebe zu überzeugen. Und da Liebe – vielleicht auch die Liebe zur Schwiegertochter in spe – nach Mamas Aussage oft durch den Magen gehe, haben sie sich vorgenommen, bei ihrem Besuch auch einmal für Amma und Appa zu kochen. Nach längeren Diskussionen darüber, welches Gericht auf den Tisch kommen solle, kamen sie auf die Idee, einen Grillabend zu veranstalten. Weil Papa sich nicht sicher war, ob in Indien überhaupt ein Grillrost aufzutreiben war, hat er kurzerhand seinen eigenen in den Koffer gepackt.

Nun fehlen lediglich die geeigneten Zutaten für einen eindrucksvollen deutschen Grillabend. Und so knattern wir alle zusammen am nächsten Morgen in einer Motorrikscha durch die verwinkelten Gassen des kleinen Städtchens Cuddalore in Richtung des vierzig Minuten entfernten Pondicherry, wo wir auf dem Markt alles Nötige für das Abendessen einkaufen wollen.

»Hier muss irgendwo der Eingang sein.« Jay dreht sich zu uns um. Er hat sich gemeinsam mit dem Fahrer der Rikscha auf die Vorderbank gezwängt, während Mama, Papa und ich hinten in der Fahrgastkabine Platz gefunden haben. Normalerweise ist so eine Rikscha mit drei Passagieren schon voll besetzt, aber Jay meinte, zur Not sei auch für sechs Personen Platz. Wir sollten uns mal keine Sorgen machen.

Papa beäugt amüsiert den vorbeiströmenden Verkehr, und Mama lässt sich den Fahrtwind durch die Haare wehen. Nach ein paar Tagen auf indischen Straßen stresst die beiden das Gewusel nicht mehr so wie bei ihrer Ankunft. Plötzlich muss die Rikscha abbremsen, weil ein Ochsenkarren vor uns auf die Straße eingebogen ist. Auf dem Karren sind so viele Holzscheite und Baumstämme gestapelt, dass die beiden Ochsen, deren Rippen man durch das Fell sehen kann, mit ihren rot angemalten Hörnern wie kleine Spielzeugfiguren wirken. Mich erinnern sie an Ameisen, die riesige Rindenstücke auf ihrem Rücken tragen. Sie mühen sich schnaubend damit ab, die schwere Last hinter sich herzuziehen.

Papa ist begeistert: »Wenn die noch einen Baumstamm mehr draufgelegt hätten, würde der Wagen nach hinten Übergewicht bekommen, und die armen Viecher würden in der Luft hängen und mit den Beinen strampeln.«

Mamas Antwort ist ihr typisches schallendes Lachen, mit dem sie es sogar schafft, den Lärm des kleinen Zweitaktmotors zu übertönen. Heute ist meine Stimmung gelöster als gestern, da dieser Marktbesuch uns allen etwas Zeit zum Durchatmen und Nachdenken verschafft. So erreichen wir nach einiger Fragerei durch die Gassen der Stadt die Markthallen.

Den ganzen Tag lang tobt hier das Leben. Mütter erledigen mit einem Kind auf dem Rücken, einem an der Hand und der Einkaufstasche in der anderen Hand ihren Tageseinkauf. Schlaksige Männer rauchen an den Teeständen ihre Morgenzigarette, Fischverkäufer preisen in lautem Singsang ihren frischen Fang an. Ein langer Gang ist für Gemüse reserviert, ein anderer für Obst, ein dritter für Blumen, ein vierter für Tee. Überall liegen die feilgebotenen Waren in kunstvoll übereinandergestapelten Bergen: reife, leuchtende Früchte, aromatische Kräuter, Blüten in den verschiedensten Farben. Kommt man früh morgens, duften die Markthallen herrlich nach frischen Lebensmitteln, ab Mittag siegt die Hitze, und der Geruch von ungekühltem Fisch und Fleisch mischt sich mit dem von verrottendem Gemüse.

Natürlich zieht unsere kleine Gruppe sofort die Aufmerksamkeit aller Umstehenden auf sich. Ein Fischer vergisst sogar, seinen Kunden weiterzubedienen. Papa geht zielsicher auf eine kleine dunkle Frau zu, deren Gesicht mich an einen verschrumpelten Apfel erinnert. Er hat gesehen, dass sie frische Garnelen verkauft, die bestens für die geplanten Grillspieße geeignet wären. Was meine Eltern bei ihrer Idee nicht bedacht haben, ist, dass man hier nirgends Schaschlikspieße finden würde. Papa beugt sich zu der alten Frau hinunter und fragt: »Wie viel kosten die denn?«

Aber die kleine Frau versteht ihn nicht. Sie kann wahrscheinlich keine weitere Sprache außer Tamil. Sie deutet mit ihrem dünnen runzligen Finger zu einem jungen Mann mit Schnurrbart, der neben ihr im Schneidersitz hockt und Papa mit großen Augen anstarrt.

Mein Vater fragt noch einmal auf Deutsch: »Wie viel kosten die Garnelen?«

Der junge Mann hat wohl verstanden, obwohl er ganz sicher kein Deutsch kann. »Hundertsiebzig Rupien das Kilo.«

Ich muss mir wirklich das Lachen verkneifen. Papa scheint gar nicht gemerkt zu haben, dass ihm seine Frage auf Englisch beantwortet wurde, so eifrig ist er, seinen ersten Einkauf erfolgreich abwickeln zu können. Er dreht sich zu Mama um: »Also dann nehmen wir ein Kilo?« Papa zieht ein Bündel Geldscheine aus der Tasche seiner Outdoor-Hose. Als er nach der Warenübergabe dem jungen Mann mit einem freundlichen »Nandri« zunickt, hält dieser seinen Daumen in die Luft.

Wir setzen den Gang über den Markt fort. Meine Mutter hat sich vorgenommen, Jays Eltern mit Kartoffelsalat zu bewirten, und sucht mit den Augen die Stände ab.

»Wir brauchen Kartoffeln, Zwiebeln, Paprika und vielleicht noch Huhn«, zählt sie auf.

»Und Tomaten! Und Baguette!«, ergänzt Papa, der seit Tagen davon spricht, wie sehr er sich auf Mamas Tomatensalat mit Zwiebeln und richtig viel Essig freut, weil ihm der tägliche Reis jetzt schon aus dem Hals heraushängt.

»Hier sind die Zwiebeln! Die sind ja riesig!« Meine Mutter stoppt vor einem hohen Berg großer weißer Knollen, die pyramidenförmig aufgestapelt sind. Wenn man eine von unten herausziehen würde! »Jetzt haben wir Shrimps und Zwiebeln, da vorne gibt es Tomaten.«

Mama zeigt auf einen Stand schräg gegenüber, wo gerade auf einer riesigen Waage das Gewicht eines großen Bündels Karotten bestimmt wird. Papa strahlt. Er drückt mir die Tüte mit den Zwiebeln in die Hand und ist schon dabei, mit beiden Händen die schönsten und prallsten Tomaten auf die Waage zu stapeln. Das wird ein Tomatensalat, wie ihn Indien noch nicht gesehen hat!

»Paprika habe ich noch keine gesehen, die Auberginen sind alle so winzig … Dann schauen wir uns mal nach Fleisch um.« Mama lässt suchend den Blick schweifen.

»Riechst du es noch nicht?«, frage ich sie.

»Nein, was meinst du?«

»Dieser gammlige Geruch, der kommt von dort vorne.« Ich zeige in die Richtung, aus der der Gestank herübergeweht kommt.

»Aber hier stinkt's doch überall!« Und sie marschiert, ohne sich beirren zu lassen, in Richtung meines ausgestreckten Zeigefingers. Kaum ist sie unter über dem Durchgang dicht nebeneinander hängenden Kupfertöpfen durchgetaucht, bleibt sie abrupt stehen. Wir sind in dem Teil des Marktes, in dem Hühner in vielen winzigen, aufeinander und nebeneinander gestapelten Käfigen auf ihr Ende als Suppeneinlage warten, während gleich daneben die Köpfe und Beine frisch geschlachteter Federtiere in der Hitze vergammeln. »Nein, da kann ich nichts einkaufen«, entfährt es ihr. Sie ist sichtlich entsetzt über das, was sie da sieht.

Unmittelbar vor ihr wird gerade einem Huhn, das noch kraftlos mit den Flügeln flattert, der Kopf abgehackt. Blut schießt aus der Schnittwunde, und der Schlachter wirft den Kopf in hohem Bogen auf den Haufen neben dem Käfigstapel, und der Hühnerkörper kommt in eine Zentrifuge, aus der er federlos wieder ausgespuckt wird. Mama ist erschüttert.

»Unter solchen Umständen verzichte ich lieber auf das Fleisch. Das kann ich nicht mit ansehen!«

Wir halten nach Alternativen Ausschau. Da Rindfleisch nicht infrage kommt, Huhn ab sofort auch ausgeschlossen ist und Schweinefleisch weit und breit noch nicht in Sicht war, kommt Mama auf die Idee, es mit Lamm zu probieren. Am nächsten Gemüsestand fragt sie das Männlein, das in der Hocke hinter seinen Gemüsebergen versteckt ist: »Wo können wir Lamm kaufen?«

Als der Mann sie nur unverständig ansieht, schiebt sie ihrer Frage ein lautes »Määh« hinterher, woraufhin sich das schnurrbärtige Gesicht des Männleins zu einem Grinsen verzieht. Er zeigt vage in eine Richtung, was meine Eltern mit einem lauten »Nandri« kommentieren.

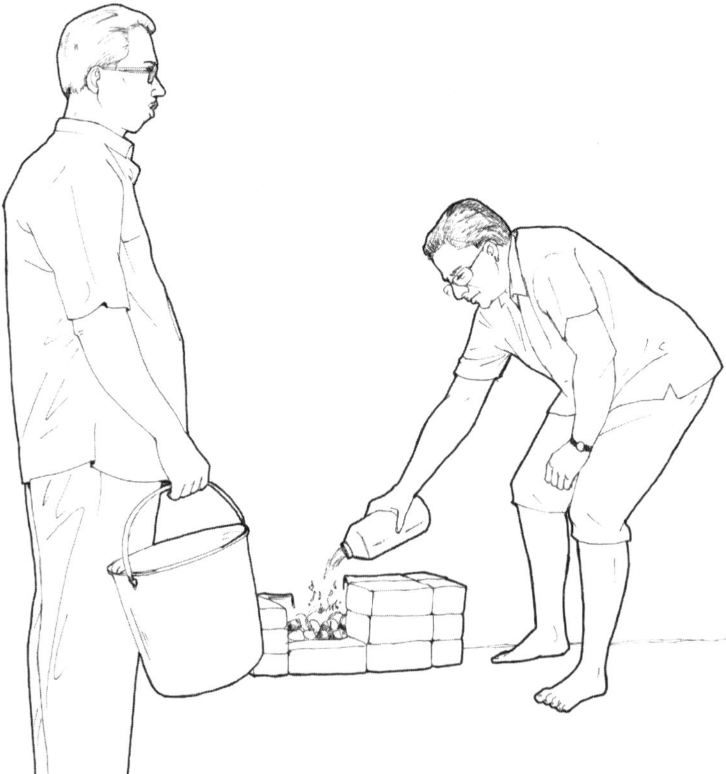

10

Familie ist wie eine Blumenkette

Familie ist wie eine Blumenkette,
sie hat so viele verschiedene Farben.
Jeden Tag so viel Verwirrung
mit tausend Gedanken.
Der Mann hat eine Meinung,
die Frau hat eine andere,
die Kinder eine dritte,
so ist der Lauf der Zeit.

Mama kauert mit überkreuzten Beinen zusammen mit Amma am Boden der Küche und zeigt auf die kleinen violetten Knollen, die neben ihnen in einem Schüsselchen liegen.

»Das sind Zwiebeln, oder?«

Amma nickt, schiebt eine Art senkrecht stehendes Messer, ein quadratisches Stück Metall mit einer extrem scharfen Kante, das auf einen Holzklotz geschraubt ist, unter ihr Knie und beginnt blitzschnell, die Zwiebeln daran entlang zu bewegen und so in hauchdünne Scheiben zu schneiden. Während Mama Amma dabei fasziniert zusieht, nimmt diese gleich die nächste kleine

Knolle zur Hand. Sie hält sie mit beiden Händen fest und zieht sie erneut vorsichtig, aber geübt, über das Messer. Mamas Blick ruht auf Ammas Händen.

»Ich schneide Zwiebeln immer mit einem normalen Messer«, sagt sie, »aber ich bin damit lange nicht so schnell.«

Amma hält inne und schaut Mama ratlos an: »Mit Messer und Brett habe ich es noch nie versucht. Da wäre ich sicher auch viel langsamer.« Sie zieht kurzerhand den Holzklotz unter ihrem Knie hervor. Aufmunternd nickt sie Mama zu: »Wollen Sie es mal versuchen?«

Mama lacht nur verlegen. Da hat Amma ihr schon den Holzklotz zugeschoben und legt ihr eine der Zwiebeln in die Hand. Meine Mutter nimmt vorsichtig die Knolle in beide Hände, zieht sie langsam über die Klinge von Ammas indischem Schneidegerät und teilt sie in zwei Hälften. Amma ist begeistert: »Das ist es! Genau so, Sie haben den Dreh raus!«

Mama muss lachen. Fürs Zwiebelschneiden ist sie in ihrem Leben noch nie so gelobt worden.

Währenddessen holt Papa seine Einkäufe vorsichtig – fast wie Schätze – aus den dünnen Plastiktüten. Appa steht daneben und betrachtet die Waren, die auf der Anrichte in der Küche liegen. Als das Baguette zum Vorschein kommt, zieht er eine Augenbraue hoch.

»Wo haben Sie das denn gefunden? Auf dem Markt habe ich noch nie solches Brot gesehen.«

Papa seufzt bedeutungsvoll. Denn tatsächlich sind wir lange durch Pondicherry gefahren, bis endlich die Bäckerei, die uns auf unsere Frage nach Baguette empfohlen worden war, am Straßenrand auftauchte. *Baker Street Pondicherry* stand auf dem Ladenschild, und im kalt klimatisierten Inneren offenbarte sich eine süße Welt aus Törtchen, Pain au Chocolat, Croissants und belegten Brotköstlichkeiten, die wir hier nie vermutet hätten. Pondicherry ist eine ehemalige französische Kolonie, und vom kolonialen Erbe sind neben französischen Straßennamen auch ein paar Leckereien übrig geblieben. Appa ist sichtlich beeindruckt von der Mühe, die sich meine Eltern mit der Essensvorbereitung geben. Mama muss nur noch ihre Salate zubereiten. Zwiebeln in hauchdünnen Streifen und gewürfelte Tomaten liegen bereit, und ebenso die Kartoffeln, die in dem großen Dampfkochtopf weich gekocht wurden.

Jetzt ist wieder Zeit für den Nachmittagskaffee, den Jays Eltern niemals auslassen. Und so fühlt es sich fast an wie ein Déjà-vu, als wir ein wenig später wieder im Wohnzimmer sitzen: Amma und Appa auf ihren Plastikstühlen, Mama und Papa nebeneinander auf dem Sofa, Jay und ich auf dem Boden. Schließlich räuspert sich mein Vater, nachdem er den letzten Schluck aus dem kleinen silbernen Kaffeebecher genommen hat.

»Wir finden, dass die Hochzeit der beiden noch Zeit hat. Es ist nicht einfach, dass Franziska einen Inder heiratet. Also jemanden mit dunkler Hautfarbe. Verstehen Sie, was ich meine? In Deutschland gibt es Leute, die Probleme mit Ausländern haben«, beginnt er nun das Gespräch.

Es ist ihm sichtlich unangenehm, die Tatsache so direkt ansprechen zu müssen. Aber genauso wie Jay und mich quälen meine Eltern die gleichen unausgesprochenen Sorgen und Probleme, die in jedem Moment spürbar sind. Appa scheint fast erleichtert, dass er nicht den Anfang machen muss. Heftig nickend stimmt er zu: »Ja, genau!«

So fährt mein Vater fort: »Das könnte wirklich ein Problem sein, wenn die beiden nach Deutschland kommen. Es gibt Leute, die große Vorurteile gegen Ausländer haben, vor allem mit dunkler Hautfarbe. Vielleicht gäbe es sogar dasselbe Problem in Indien, wenn Franziska hier als Weiße leben würde?«

Jetzt gibt es für Appa kein Halten mehr, noch heftiger nickt er, eine große Last scheint dabei von ihm abzufallen: »Ich hatte schon nach einer passenden Heiratskandidatin für meinen Sohn gesucht. Aber er sagte nur, er möchte Franziska heiraten. Wir waren beide sehr schockiert.«

Wieder wird heftig genickt, diesmal ebenfalls auf der Seite meiner Eltern, während Appa weiterspricht.

»Unsere Verwandten werden hinter unserem Rücken mit dem Finger auf uns zeigen, wenn Jay eine Ausländerin heiratet. Deswegen hat meine Frau nächtelang nicht geschlafen. Sie hat nur geweint. Sie war so aufgebracht.« Amma blickt zu ihm und knetet unaufhörlich ihre Hände. »Und ich sagte Jay, dass nicht nur die unterschiedliche Hautfarbe, die Kultur und Sprache ein Problem wären, sondern auch die Lebensgewohnheiten. Sie werden Alkohol trinken, aber wir trinken keinen Alkohol. Ich hasse Alkohol. Wie sollen wir damit fertigwerden?« Appa schaut meine Eltern fragend an.

Doch Mama und vor allem Papa sind verwirrt. Mit einer solchen Wendung des Gesprächs haben sie nicht gerechnet. Es scheint, als würden Jays Eltern Hautfarbe oder Religion nur vorschieben. Tatsächlich ist es der Alkohol, der ihnen wirklich Sorgen bereitet. Nach einigen Momenten der Ratlosigkeit fängt Papa sich wieder und ergreift das Wort.

»Ich denke, in Deutschland ist es in Ordnung, Alkohol zu trinken. Das ist meine Meinung. Aber nur ein bisschen, natürlich, kontrolliert. Man muss damit verantwortungsvoll umgehen. Ich trinke nur ein Glas Wein oder Bier, und dann höre ich auf.«

Mama wirft unterstützend ein: »Bei uns ist das Tradition, Bier ist ein Nahrungsmittel, ähnlich wie Brot, wissen Sie.«

Jetzt versucht Jay, meinen Eltern zu Hilfe zu kommen: »Sie wissen in Deutschland, dass Alkohol ein Problem sein kann und dass manche Leute davon abhängig werden. Sie verlieren ihre Arbeit, zerstören ihre Familien und enden mittellos unter der Brücke. Aber das ist doch nur ein kleiner Teil der Menschen in Deutschland!«

»Das ist wahr, das ist wahr!«, mischt sich mein Vater wieder ein.

Nachdem mir Jay den Grund erzählt hat, weshalb seine Eltern das Trinken so verteufeln, finde ich es schon fast rührend, wie sehr sie sich um ihn sorgen. Jays Eltern sind die Einzigen in der Familie, die nicht trinken. Alle sieben Ehemänner von Ammas Schwestern sind Alkoholiker, die ihre Frauen schlagen, wenn sie zu viel getrunken haben. Von diesen verheerenden Auswirkungen abgeschreckt, haben sie beschlossen, nie einen Schluck zu trinken.

»Jay, ich habe dich immer vor dem Alkohol gewarnt, schon als du an der Kunsthochschule studiert hast«, platzt es aus Amma heraus. »Im Filmgeschäft ist es noch schlimmer, die Leute betrinken sich ständig, und dann immer diese leichtbekleideten Frauen! Aber obwohl du jetzt selbst beim Film arbeitest, hast du dich bisher nicht verändert – und wir hoffen, dass das so bleibt!« Ammas eindringlicher Blick ruht auf Jay, der versucht, so unschuldig wie nur möglich auszusehen.

Ich kenne diese Diskussion schon, Jay hat öfter bemerkt, wenn er gerade ein Glas Bier in der Hand hielt, dass seine Eltern das nicht gutheißen würden. Es sei besser, wenn sie nicht erfahren würden, dass er im Haus meiner Eltern Alkohol trinkt. Außerdem muss ich gerade die ganze Zeit an die Flasche Gin im Hotel denken, die meine Mutter im Duty Free Shop gekauft hat und aus der sie jeden Morgen ein Stamperl zu sich nimmt. Eine Freundin hat ihr erzählt, der Alkohol würde sämtliche Durchfallbakterien abtöten.

»Sehen Sie, da ist ein Stock!«, sagt Appa und deutet auf ein kleines Hölzchen, das er für meinen Vater als Schürhakenersatz bereitgelegt hat.

»Ja, danke, ich habe es gesehen!«, antwortet Papa, ohne von seiner Tätigkeit aufzublicken.

Inzwischen haben wir uns alle auf dem Dach des kleinen grünen Hauses der Familie Subramanian versammelt. Nur Mama und Amma fehlen. Sie hantieren noch in der Küche herum, oder besser gesagt, meine Mutter hantiert, und ihr indisches Pendant schaut zu. Jays Mutter ist völlig fasziniert davon, welche seltsamen Speisen die Deutsche in ihrer Küche zubereitet. Schon alleine vom Zusehen scheint es ihr mulmig zu werden. Appa weicht nicht von der Seite meines Vaters, der den Grill aufbaut. Sorgsam hat er bereits aus Ziegelsteinen eine quadratische Feuerstelle gebaut. Appa hatte ihm vorher geholfen, die Briketts auf das Dach zu tragen, und ihm erklärt, dass er es mit Kokosnussschalen als Grillanzünder versuchen solle. Jetzt sitzt Papa mit dem Schürhakenstöckchen vor dem kleinen Feuer, bläst mit gespitzten Lippen hinein, und langsam züngeln kleine gelbe Flammen zwischen den dunkelbraunen Kokosnussschalen hervor. Aber meinem Vater geht es nicht schnell genug. Immer wieder erlischt die spärliche Flamme, und so sehr er auch pustet, sie will nicht größer werden und auf die Kohlen überschlagen. Schließlich greift er nach der Plastikflasche mit Benzin, die Jay auf dem Markt besorgt hat. Mit Schwung kippt er einen Teil des Flascheninhaltes auf die sacht glimmende Feuerstelle, und schon lodern die Flammen hoch auf.

»Wir sollten einen Eimer Wasser bereitstellen!« Appa ist der Feuerzauber meines Vaters nicht geheuer. Mit einem Blick, der verrät, dass seine Angst, der deutsche Gast könnte sein Haus abfackeln, mit jedem Benzinspritzer wächst, wiederholt er nochmals eindringlicher seine Anweisung an Jay: »Hol sofort einen Eimer Wasser!« In seiner Stimme glaube ich sogar ein bisschen Panik herauszuhören, obwohl Appa versucht, so ruhig wie möglich zu wirken.

Im selben Moment kommt Mama mit einem riesigen Kochtopf die Treppe herauf. »Wir haben keine Salatschüssel gefunden, aber es geht ja um den Geschmack«, erklärt sie lachend. In Ammas Topf befindet sich nun der berühmte Kartoffelsalat meiner Mutter, vermutlich der erste Kartoffelsalat, der in diesem Haus je serviert wurde. Mama deckt den Tisch. Amma schaut ihr dabei zu. »Wollen Sie mal Kartoffelsalat probieren?« Ohne auf eine Antwort zu warten, schaufelt meine Mutter mit der Schöpfkelle, die sonst nur bei Ammas indischer Linsensuppe zum Einsatz kommt, eine große Portion Kartoffelsalat auf die Teller.

»Bitte nur ein bisschen … das ist zu viel.« Amma fuchtelt meiner Mutter mit den Händen vor dem Gesicht herum, um zu verhindern, dass noch mehr Salat auf dem Teller landet.

»Für zwei Personen ist die Portion genau richtig!«

»Jetzt ist es zu spät!«, sagt Appa, der beherzt zugreift – allerdings nicht mit der Gabel, sondern mit der Hand. Als seine Finger das Kartoffel-Zwiebel-Gemisch berühren, hält er inne. »Oh, das ist ja kalt?!?«

Papa kommt an den Tisch. In der einen Hand hält er das Schürhakenstöckchen, in der anderen einen Spieß, auf den Garnelen aufgereiht sind. Die Spieße hatten wir doch noch in einem staubigen Eck in einem kleinen Laden gefunden, der eigentlich nur glänzende Kerzenhalter und Öllämpchen verkauft. Vorsichtig serviert mein Vater die gegrillten Meerestiere, wobei er mit großem Interesse beobachtet wird.

»Wollen Sie ein Stück Brot dazu?«, fragt Papa und hält den beiden immer verwirrter dreinblickenden Indern das Weißbrot entgegen.

»Wann isst man das genau?«

»Wann immer Sie möchten. Essen Sie das einfach alles zusammen«, erklärt Papa dem heftig nickenden Appa.

»Sie essen wohl Brot so wie wir Reis?« Er fasst sich ein Herz und greift nach dem Brot. Allerdings ist das Baguette vom langen Liegen in der Sonne schon sehr zäh geworden. Als er versucht davon abzubeißen, zieht es sich wie ein Gummiband auseinander. Trotz heftigen Reißens schafft er es nicht, ein Stück abzutrennen. Amma kann sich nicht mehr halten vor Lachen, prustend und glucksend schlägt sie sich die Hände vor den Mund, während ihr Mann immer noch vergeblich mit dem französischen Gebäckstück kämpft.

»Versuch's doch mit dem Messer!« Dann dreht sie sich zu

meiner Mutter um: »Sagen Sie, wie funktioniert das genau mit Messer und Gabel?«

Mama ist voller Eifer: »Nehmen Sie das Messer in die rechte Hand und die Gabel in die linke. Etwa so.«

Nachdem meine Mutter die Handhabung des Bestecks vorgeführt hat, versucht Amma es alleine. Zuerst will sie das zähe Brot schneiden, das Appa nicht gelungen ist zu zerbeißen, doch auch sie hat kein Glück.

»O nein, das Brot können Sie so nicht schneiden. Das ist zu zäh. Versuchen Sie es mal mit den Garnelen«, meint Mama, als sie Ammas vergebliche Versuche bemerkt. Meine Mutter ist sichtlich in ihrem Element: Menschen die elementaren Handlungen des Lebens beizubringen, hat sie jahrelang als Erzieherin geübt. Vorsichtig spießt Amma nun mit der Gabel eine Garnele auf und zerschneidet sie mit dem Messer.

»Ha, geschafft!«, ruft sie aus.

»Du bist eine Frau, du lernst eben schneller«, sagt Appa verschmitzt. »Du warst schon immer intelligenter als ich.«

»Können Sie gut sehen?« Mein Vater legt seine Hand auf die Schiebefunktion des Diaprojektors, er ist der Herr über den Lichtkegel, den die Lampe auf ein weißes Laken wirft. Appa hat es am Wassertank auf dem Dach befestigt.

Wir sitzen im Dunkeln in einem Halbrund aufgereiht auf unseren Plastikstühlen. Amma und Appa in der ersten Reihe, meine Mutter, Jayakrishnan und ich in der Reihe dahinter. Gespannt blicken die indischen Eltern auf die Leinwand, ohne eine blasse Ahnung davon zu haben, was sie erwartet.

Meinen Eltern ist es wichtig, Amma und Appa verständlich zu machen, dass für sie Brauchtum und ihr christlicher Glaube eine wichtige Rolle spielen. Und dass in Deutschland nicht der totale Sittenverfall herrscht. Meine Eltern wollen klarstellen, dass, auch wenn eine Ehe aus Liebe geschlossen wird, sie natürlich auf den richtigen moralischen Werten basieren kann. Von nicht weniger als dem für uns so selbstverständlichen Konzept der Liebesheirat gilt es nun Amma und Appa zu überzeugen.

Als ich meinen Vater dabei beobachte, wie er das erste Dia in den Lichtstrahl des Projektors schiebt und das Bild meiner jungen, frisch verheirateten Eltern auf dem Weiß des Lakens erscheint, berührt es mich, wie sehr sie sich für Jays und mein Glück ins Zeug legen.

»Hier sehen Sie unsere christliche Hochzeit. Da kommen wir gerade aus der Kirche! Die Kinder vom Kindergarten haben für uns Spalier gestanden.«

»Sie haben Ihnen ein herzliches Willkommen bereitet.« Appa nickt verständig und fügt zu seiner Frau gewandt hinzu: »Amma, kannst du alles gut sehen?«

»Oh ja, die schönen Blumen!«, sagt sie nur.

Mit einem Klick-Klack schiebt mein Vater das nächste Dia in den Schlitz des Lichtstrahles.

»Das ist einen Tag vorher. Unsere standesamtliche Hochzeit. Hier sind auch meine Mutter und mein Vater«, fährt er fort, mit dem Finger auf die rechte Seite der Leinwand deutend. »Und hier sind die Eltern meiner Frau.«

Das letzte Mal habe ich das Hochzeitsdirndl meiner Mutter mit dem passenden Diadem bewundert, als ich etwa zwölf war und Papa an Weihnachten den bislang letzten Diaabend der Familiengeschichte veranstaltet hat. Später hatte er sich eine kleine Digitalkamera gekauft, und der alte schwarze Projektor mit dem melodischen Summen war aus unserem Leben verschwunden. Umso seltsamer kommt es mir nun vor, hier, auf dem Dach eines tamilischen Hauses, mit der indischen Familie meines Freundes zu sitzen und seltsam vergilbte Erinnerungen vorbeiziehen zu sehen. Es hat etwas aus der Zeit Gefallenes – und in diesem Punkt passt es wiederum sehr gut, denn so wirkt Indien oft auf mich. Hier scheinen verschiedene Zeitebenen direkt nebeneinander zu existieren oder sich sogar zu überlappen. Und das tun sie auch gerade für mich: Vielleicht können die Dias aus der Vergangenheit meiner Eltern über meine Zukunft entscheiden …

Plötzlich reißt mich laute Musik, begleitet vom Knattern eines Generators, aus meinen Gedanken. Das Getöse kommt näher und näher.

»Da ist auch eine Hochzeit«, sagt Amma, während meine Mutter aufspringt und zum Rand des Daches läuft.

»Sie bringen die Braut zu ihrem Bräutigam«, erklärt Appa. »Das ist bei uns so Tradition. Das Mädchen wird in der Nacht vor der Hochzeit, begleitet von der ganzen Familie, auf einem Wagen zu ihrem zukünftigen Mann gebracht. Sie wird ihm sozusagen übergeben.«

Der Zug wird von einem Jeep mit Anhänger angeführt, auf dem die Braut Platz gefunden hat, dahinter laufen Musiker mit mehreren Trommeln und einer Schalmei. Etwa hundert Menschen ziehen nun am Haus von Amma und Appa vorbei. Die Braut selbst sitzt mit versteinerter Miene auf einer Art Thron. Sie trägt einen schimmernden violetten Seidensari, und ihr Haar ist mit Blumen geschmückt. Um ihren Hals sind mehrere schwere Goldketten gelegt, die durch die Dunkelheit funkeln. Hinter ihr befindet sich eine Holzwand, auf der man Hunderte bunter Glühbirnen befestigt hat. Diese sind in den Farben des Regenbogens sortiert und blinken im Rhythmus der Klänge, die von den Trommeln geschlagen werden.

»Die Braut ähnelt einem bunten Pfau, der sein Rad schlägt«, findet Mama, die ein Foto nach dem nächsten macht. Dann lacht sie und nimmt mich in den Arm. »Ich bin gespannt, wie du als Braut aussiehst.«

Ein gemeinsames Foto soll als Erinnerung an den Besuch meiner Eltern bleiben, so haben es Amma und Appa beschlossen.

Deswegen finden wir uns in einem kleinen, ein bisschen in die Jahre gekommenen Fotostudio direkt an der Hauptstraße wieder. *Happy Moments* steht über dem Eingang des kleinen Ladens, dessen Außenfassade eine bunte Collage aus indischen Familienerinnerungen ist: Fotos einer jungen Braut im mintgrünen Sari, die schüchtern in die Kamera blickt, dahinter ihr Bräutigam im lila Seidenhemd, der selbstsicher lächelt, ein kleines Mädchen mit großen Augen und geflochtenen Zöpfen in Schuluniform, ein wohlgenährtes Baby in den Armen seiner Mutter, ein Ehepaar, dessen hohes Alter in den Falten ihrer Gesichter zu lesen ist. Direkt neben dem Eingang sitzen zwei junge Mädchen hinter einem angestaubten Tresen aus Plexiglas, sie stecken kichernd die Köpfe zusammen, als unsere Gruppe das Geschäft betritt. Während Amma einen geschmackvollen pfirsichfarbenen Sari ausgewählt hat und Appa einen traditionellen weißen Vesti trägt, haben meine Eltern sich für ihre Tracht entschieden: Mama in ihrem grünen Dirndl mit der pinken Schürze und Papa mit der braunen Kniebundhose und dem rotweiß-karierten Hemd. Ein kultureller Kontrast, ich muss innerlich schmunzeln. Schon auf Münchens Straßen ist Tracht kein alltäglicher Anblick – aber in dieser Kombination!

»Herzlich willkommen bei Happy Moments!« Aus dem hinteren Teil des Ladens kommt uns ein kleiner, etwas untersetzter Mann mit einer Kamera um den Hals entgegen. »Familie Subramanian, richtig?«, lächelt er freundlich und schüttelt uns allen der Reihe nach die Hand. Dann bittet er uns, kurz zu warten, und deutet mit einer einladenden Geste auf ein paar Klappstühle. »Gita!«

Eines der beiden Mädchen, die von ihrem Platz am Tresen interessiert das Geschehen beobachten, läuft auf einen Wink des Fotografen herbei. Während sich die beiden Elternpaare setzen, verschwindet der Fotograf im hinteren Teil des Ladens, der offensichtlich als Lager dient. Nach ein paar Minuten kehrt er mit zwei rostigen Stativen zurück, die er mit Hilfe der Assistentin aufbaut. Das zweite Mädchen kommt mit einem Tablett und serviert uns süßen Tee. Inzwischen ist der Fotograf dabei, zwei große Scheinwerfer auf den Stativen zu befestigen. Dann steckt Gita deren Kabel in die Steckdose, und der Raum ist plötzlich mit gleißend hellem Licht erfüllt. Die hintere Wand des Studios ist mit einem großen dunklen Stoff abgedeckt, den der Fotograf entfernt. Durch die Luft flirrt aufgewirbelter Staub, und ein handgemalter Fotohintergrund kommt zum Vorschein: blauer Himmel, eingerahmt von hellgrünen Büschen und einer Hügellandschaft. Im Vordergrund sehe ich eine angedeutete Säule, auf der eine Nachttischlampe steht.

»Die Eltern sitzen vorne, die jungen Leute stehen dahinter!« Der Fotograf fordert uns auf, vor der gemalten Landschaft Aufstellung zu nehmen. Während er die Eltern auf vier Stühle setzt, platziert er Jay und mich mittig hinter ihnen. »Gita, Objektivwechsel!«

»Bereit?«, ruft der Fotograf in unsere Richtung. »Jetzt bitte recht freundlich!«

Im selben Moment bricht ein Blitzlichtgewitter los, das eigentlich nur Filmstars gebührt. Schließlich lässt der Fotograf seine Kamera wieder sinken und sieht sich auf dem Display sein Werk an. Doch je mehr Fotos er betrachtet, desto unzufriedener wird sein Gesichtsausdruck, und er schüttelt enttäuscht den Kopf. Denn während Mama, Papa und ich auf jedem Bild über das ganze Gesicht strahlen, sitzen die indischen Eltern mit versteinerter Miene da.

»Warum schauen Sie denn immer so traurig?«, wendet er sich an Amma und Appa und hebt die Kamera für einen letzten Versuch. »Über die Rechnung können Sie sich später Gedanken machen! Smile!«

Wieder Blitzlichtgewitter und dann ein sorgenvoller Blick auf das Display. Jetzt nickt der kleine Mann. Er ist zufrieden. Und tatsächlich: Als wir anschließend die Bilder gemeinsam ansehen, lässt sich auf dem letzten Bild der winzige Hauch eines Lächelns auf den Gesichtern von Jays Eltern erkennen. Ansonsten: Sechs Menschen vor blau-grüner Wand, die drei dunklen Gesichter immer ernst, die helleren lachend. Sechs Menschen, die der Zufall zu einer Familie gemacht hat.

Unsere Liebe hat das Leben unserer Eltern auf seltsame Weise verbunden, das machen diese Bilder umso deutlicher.

»Schau mal, Jay, ich finde, das sieht aus, als wären wir fast schon eine Familie!«, raune ich ihm zu.

»Ja, vielleicht hat dir ja dein Schicksal eine indische Familie geschenkt«, antwortet er und lächelt.

Am nächsten Morgen herrscht schon früh im ganzen Haus große Geschäftigkeit. Jays Mutter hat noch vor Sonnenaufgang den Eingang gekehrt, dann mit Wasser gesäubert und mit großer Akribie ein farbenprächtiges Rangoli auf die Türschwelle gezaubert. Jetzt hockt Amma auf der kleinen Terrasse, die in den Garten hinter dem Haus mündet. Sie schrubbt kupferfarbene Teller. Ich schaue ihr über die Schulter.

»Das sind die zeremoniellen Gegenstände, die meine Eltern mir zur Hochzeit geschenkt haben. Sie waren Teil meiner Mitgift.«

Öllämpchen, zwei hohe Kerzenständer, ein kleines Kännchen und die Gebetslampe, die jede Braut zu ihrer Hochzeit bekommt, stehen an die Hausmauer gelehnt zum Trocknen aufgereiht. Am 19. August ist der 35. Hochzeitstag von Amma und Appa. Dieses Glück verheißende Datum soll gefeiert werden. Es wird später eine Zeremonie mit einem Priester geben, zu der auch meine Eltern und ich offiziell eingeladen sind. Mama hat sich für diesen Anlass extra noch einen dunkelroten Sari mit goldenen Stickereien gekauft und eine dazu passende Bluse anfertigen lassen. Und auch ich werde einen Sari tragen.

»Gleich kommt der Priester, wir müssen uns beeilen!«, ruft

Amma Appa zu, der nun im Türrahmen erscheint. »Hast du das Obst bereitgelegt? Und die Steine für die Feuerstelle auch?«

Während Appa nur nickt und wie immer eine große Ruhe ausstrahlt, ist Amma die Anspannung sichtlich anzumerken. Alles muss perfekt sein an diesem wichtigen Tag. Denn heute werden Jays Eltern symbolisch ihre Hochzeitszeremonie wiederholen. Jay und mir haben sie die Aufgabe zugeteilt, uns um den Priester und seine Frau zu kümmern.

Dieser Priester ist nicht irgendjemand, sondern der Bruder meines Bekannten aus München, der zur Hochzeit meiner Schwester das hinduistische Überraschungsritual gehalten hat. Als Amma davon sprach, dass sie auf der Suche nach einem Geistlichen sei, der die Hochzeitszeremonie zum 35. Jahrestag wiederholen könne, fiel mir ein, dass mein Münchner Freund schon öfter von seinem Bruder erzählt hatte. So kam dieser Bruder extra aus dem vierhundert Kilometer entfernten Bangalore angereist, um Jay und mich zu unterstützen – ein weiterer geheimer Verbündeter bei dieser nicht ganz einfachen Familienzusammenführung. Unser Freund aus München hatte vorher seinem Bruder am Telefon erklärt, dass er bei Jays Eltern ein gutes Wort für unsere Liebe einlegen solle, denn das Urteil eines heiligen Mannes hat in Indien großes Gewicht. Jay hat auch vor, bei meiner Mutter offiziell um meine Hand anzuhalten. Er möchte seinen Eltern damit zeigen, dass er es wirklich ernst meint. Amma und Appa werden diese Tatsache dann nicht mehr so leicht ignorieren können. So weit steht unser Plan! Die Anwesenheit eines geistlichen Komplizen kann sicher auch nicht schaden.

Als wir später am Vormittag mit der gesamten Priesterfamilie bei Amma und Appa ankommen, sind meine Eltern auch schon da. Mama steht erwartungsvoll vor der Eingangstür, als ich aus der Rikscha steige. Sie hält die Schachtel mit ihrem neugekauften Sari in den Händen und ist sichtlich verzweifelt.

»Ich habe den ganzen Vormittag versucht, diesen Sari anzuziehen. Aber es klappt einfach nicht«, sagt sie und schaut hilflos in die Runde.

Die Frau des Priesters hat die missliche Lage meiner Mutter sofort verstanden und nimmt Mama vorsichtig bei der Hand. So verschwinden die beiden Frauen im Haus. Der Priester und sein Assistent beginnen sofort mit den Vorbereitungen für das Ritual. Die beiden Männer stapeln zunächst auf dem Wohnzimmerboden Backsteine zu einer quadratischen Feuerstelle auf, in der später das heilige Feuer brennen soll. Ich schaue kurz zu meinem Vater, und ich bin mir sicher, dass er das Zündeln im Wohnzimmer für keine so gute Idee hält. Aber er hält sich zurück.

Amma trägt einen Stapel bunter Teppiche herbei, die sie auf dem Boden um die Feuerstelle auslegt. Sie ist in einen glänzenden Sari gekleidet, und um ihren Hals funkelt eine mit Edelsteinen besetzte Halskette. »Seid ihr noch gar nicht umgezogen?«, fragt sie Jay, der noch in kurzen Hosen im Zimmer steht. »Die Zeremonie beginnt doch gleich!«

Die beiden heiligen Männer sind inzwischen dabei, unzählige Schalen und Tabletts, die mit Kokosnüssen, kleinen Bananen und vielen frischen Blüten dekoriert sind, um das Backsteinquadrat herum zu drapieren, das nun das Zentrum des Raumes bildet. Dieser Altar ist der rituelle Mittelpunkt der Zeremonie und wird aus Tradition festlich mit frischen Blumen und Früchten geschmückt. Das Obst dient dabei als Geschenk für die Götter, und die Blütenblätter werden dem heiligen Feuer geopfert, um dieses zu nähren. Sein Rauch soll mit den Gebeten und Segenswünschen direkt zu den Göttern aufsteigen.

Und so stehen wir ein wenig später hinter Amma und Appa aufgereiht, die dem Priester gegenüber auf dem Boden sitzen. Er läutet ein Glöckchen und entfacht dann das heilige Feuer, während er mit lauter Stimme das Mantra zu Ehren Ganeshas zu rezitieren beginnt.

»Om, Gam, Ganapataye Namaha, Om, Gam, Ganapataye Namaha.«

»Ehrerbietung dem Herrn der Scharen, dem Ewigen und Unendlichen«, flüstere ich für meine Eltern leise mit.

Dann erneuern Amma und Appa ihr Eheversprechen und hängen sich gegenseitig eine Blütenkette aus dunkelroten und weißen Rosen um den Hals. Es folgen Segenswünsche, und der Priester bittet um Glück und ein langes Leben für das gefeierte Paar. Dann wendet sich Appa an meine Eltern und zieht zwei weitere Blumengirlanden aus einer Schachtel hervor.

»Wir haben eine Überraschung für Sie. Auch Sie sollen weiterhin miteinander glücklich sein und gesegnet werden.«

Mamas Augen werden feucht. Papa blinzelt, aber nicht nur vor Rührung. Das Feuer, das mitten im Raum lodert, verbreitet beißenden Rauch. Es ist heiß, und ich versuche möglichst flach zu atmen, um nicht zu viel von dieser stechenden Luft in die Lungen zu bekommen. Jay wischt sich unauffällig mit Hilfe seines Ärmels die Schweißtropfen von der Stirn. Mama und Papa stehen sich gegenüber.

»Zuerst legen Sie ihr die Kette um den Hals«, weist der Priester Papa an. »Und dann Sie ihm.«

Er nickt Mama zu. Mama beugt den Kopf und lässt sich von Papa mit der Blumenkette schmücken.

»Wie lange sind Sie denn schon verheiratet?«, fragt der Priester.

»32 Jahre!«, antwortet Mama und strahlt in meine Richtung.

Jetzt haben auch meine Eltern mit Ganeshas Segen ihr Eheversprechen erneuert. Wir setzen uns auf die Stühle, die an der Wand des Zimmers entlang aufgereiht sind. Ich merke, wie erschöpft ich von der Zeremonie, der Hitze und der schlechten Luft im Raum bin.

»Ich komme gleich wieder«, flüstert Jay mir zu und verschwindet in Richtung Küche.

»Wohin geht er?«, wundert sich Papa.

»Vielleicht holt er etwas zu trinken ...« Ich versuche so ahnungslos wie möglich zu wirken. Denn ich weiß ja, was Jay vorhat.

Als er wieder in den Raum kommt, hat er seine Hände hinter dem Rücken versteckt und läuft zielsicher auf meine Mutter zu. Mein Herz schlägt mir bis zum Hals. Mama schaut überrascht zu ihm hoch, als Jay direkt vor ihr stehen bleibt. Sie ist gerade dabei, gegen die Schweißtropfen zu kämpfen, die in ihre Augen zu fließen drohen. Es kommt mir in diesem Moment ein wenig so vor, als würde ich durch einen Schleier schauen.

»Darf ich Ihre Tochter heiraten?«, höre ich Jay wie aus der Ferne sagen und nehme kaum wahr, wie er meiner Mutter einen kleinen Blumenstrauß entgegenhält.

Seine Stimme hallt in meinen Ohren wider. Er hat es tatsächlich gemacht! Mamas Lachen durchdringt den Schleier, den die Hitze in meinem Kopf verursacht.

»Ja, ja, natürlich darfst du sie heiraten!«, sagt Mama gleichzeitig lachend und schluchzend. »Natürlich!«

Sie zieht ein Taschentuch unter ihrem Sari hervor und trocknet sich die Augen. Auch Papa nutzt die Situation, sich nicht nur die Tränen aus den Augenwinkeln zu wischen, sondern gleich das ganze Gesicht von seiner Schweißschicht zu befreien. Mama fällt mir um den Hals.

»Jetzt wird alles gut werden!«, flüstert sie mir ins Ohr.

Jay tritt zu Mama und Papa und bittet sie, sich eines der kleinen kugelförmigen Gebäckstücke aus der Schale zu nehmen, die er jetzt in den Händen hält. Papa schaut mich fragend an.

»Das sind Laddus, du kannst sie ohne Bedenken essen, sie schmecken gut!«, erkläre ich ihm. »Ganesha hat immer Laddus dabei. Er ist der Gott für den guten Anfang.«

Jay bietet seinen Eltern auch welche an. Die beiden sehen ein bisschen überrumpelt aus, ich kann ihre Gesichter nicht wirklich deuten.

»Wisst ihr schon, wann ihr heiraten wollt?«, schaltet sich der Priester ein.

Jay zuckt mit den Schultern, und zu meinem großen Erstaunen ergreift seine Mutter das Wort.

»Es muss natürlich ein Glück verheißendes Datum sein!«, sagt sie mit fester Stimme, und ihr Blick ist dabei auf uns beide gerichtet.

»Ende August wäre möglich. Da stehen die Sterne gut«, mischt sich der Priester ein.

»Dann soll die Hochzeit sein!«, stimmt Appa zu.

Mama schaut mich aufmunternd an. Natürlich hat sie mein Gefühlschaos bemerkt. Die ganze Autofahrt zu ihrem Hotel über haben wir wenig gesprochen. Jeder hängt seinen Gedanken nach. Die Geschehnisse der vergangenen Stunden gehen mir nicht mehr aus dem Kopf. In mir streiten Vorfreude und Sorge. Wie wird es jetzt weitergehen? Amma und Appa haben zwar unsere gemeinsame Zukunft akzeptiert, aber der Gedanke, so bald zu heiraten, macht mir Angst. Schließlich ist es wieder Papa, der das Schweigen bricht. Obwohl er sonst meistens das Sprechen meiner Mutter überlässt, ist er im Laufe dieses Besuchs zu einer Art Diplomat in Sachen Familienzusammenführung geworden. Ohne meine Eltern hätten Jay und ich vielleicht irgendwann aufgegeben.

»Franziska, wir haben getan, was wir konnten, aber wir wollen das jetzt nicht bis zum großen Krach durchstreiten. Ich verlange von dir und Jay, dass ihr deutlich sagt, was ihr wollt, und selbst entscheidet, wo und vor allem wann eure Hochzeit ist.«

Mama pflichtet ihm bei: »Also entweder ein Kompromiss, oder ihr beide beharrt auf eurem Standpunkt und sagt: So machen wir das. Wenn ihr nicht gleich heiraten wollt, ist das eure Entscheidung. Dazu kann euch keiner drängen. Uns wäre es sowieso lieber, ihr wartet noch ein bisschen damit.«

Sie scheint meine Gedanken zu lesen. Es geht mir alles zu schnell. Und Jay auch.

»Es ist klar, was meine Eltern wollen«, sagt Jay, »nämlich dass wir jetzt so schnell wie möglich heiraten. Ein Zusammenleben ohne Hochzeit ist für sie undenkbar. Ich weiß auch nicht, was wir noch weiter machen sollen, damit sie uns die Zeit geben, die wir eigentlich gern hätten.« Er wirkt niedergeschlagen.

»Es ist eure Ehe«, stellt meine Mutter noch einmal klar, »es ist eure Zukunft, und ihr müsst miteinander klarkommen. Und alles andere, was wir als Eltern uns jetzt wünschen oder durchsetzen wollen, steht hinten an.«

In Jays Gesicht zeigt sich mehr und mehr seine Ratlosigkeit.

»Ich werde morgen noch mal versuchen, mit deinen Eltern zu sprechen.« Papa legt ihm eine Hand auf die Schulter.

»Da lässt sich sicher noch eine Lösung finden«, sagt Mama. Sie war schon immer eine unerschütterliche Optimistin, und das ist glücklicherweise oft ansteckend. »Ihr habt jetzt schon so viel zusammen geschafft, da meistert ihr das auch noch.«

Ammas Hände zittern, und ihre Stimme ist brüchig, als sie das Wort ergreift. Wieder sitzen wir am nächsten Tag alle im Wohnzimmer. Wie am Abend vorher versprochen, haben sich Mama und Papa vor ihrer Abreise zu einem letzten Vermittlungsversuch entschlossen. Seit mehr als einer Stunde versuchen sie unermüdlich, Sorgen und Ängste zu zerstreuen. Es wurde über die Planung der bevorstehenden Hochzeit gesprochen. Doch jetzt, als Jay sein Vorhaben, bald nach Deutschland umzuziehen, zur Sprache bringt, ist Amma den Tränen nahe.

»Jeden Tag stehe ich vor Sonnenaufgang auf, putze vorm Eingang und male ein Rangoli auf die Schwelle. Manchmal, wenn ich mich unwohl fühle, was immer häufiger vorkommt, stehe ich spät auf. Dann komme ich erst dazu, wenn alle anderen schon fertig sind. So haben mir die Leute geraten, Jay rasch zu verheiraten, damit ich eine Schwiegertochter habe, die sich um alles kümmert«, sagt Amma und unterdrückt ihr Weinen. »Du verlässt uns. Du gehst einfach so. Dreißig Jahre lang war ich überzeugt, mein Sohn bleibt bei mir. Die Leute hier sagen, es ist ein großes Glück, wenn man Söhne hat. Sie bleiben bei den Eltern. Ihre Eltern werden dagegen kein Kind verlieren«, sagt sie, an meine Eltern gewandt. »Wenn du mich jetzt plötzlich verlässt, wie soll ich es nur ertragen?« Lange sieht Amma ihren Sohn an, der wie ein Häuflein Elend zusammengesunken neben mir auf dem Boden sitzt. Doch noch bevor er antworten kann, wendet sie sich an meine Eltern. »Eure Tochter lebt bei euch und mein Sohn auch, das macht mich wirklich traurig.« Amma nimmt ihre Brille ab und wischt sich mit einem Zipfel ihres Saris die Tränen aus den Augen, die ihr nun über das Gesicht rinnen. Sie kann nicht weitersprechen.

»Ja, meine Frau ist sehr traurig, dass jetzt bald beide Söhne in Deutschland leben. Deswegen nimmt sie das alles so sehr mit«, versucht Appa die Gefühle seiner Frau zu erklären. Auch er scheint mit der Situation überfordert zu sein.

»Ich kann ihre Gefühle gut verstehen. Ich wäre auch sehr traurig, wenn Franziska nach Indien ziehen würde«, sagt Mama mitfühlend.

»Das sind die Gefühle einer Mutter«, schaltet sich mein Vater ein. »Aber ich kann Ihnen versprechen, dass wir auf Jay gut aufpassen werden. Und wir werden uns auch um Sie kümmern. Sie müssen sich keine Sorgen machen.« Wieder füllen sich Ammas Augen mit Tränen. »Aber es ist einfach so, dass die beiden sich verliebt haben und wir diese Situation nicht ändern können.«

»Ja sicher, wir wollen nur das Beste für unseren Sohn. Wir haben ihm nie eine Szene gemacht, nie gesagt ›Raus aus dem Haus‹ oder ›Wir wollen dich nie wieder sehen‹. Irgendwie haben wir diese Beziehung akzeptiert, wir haben uns angepasst, und natürlich wollen wir auch, dass die beiden glücklich werden«, sagt Appa, als Jay aufsteht und ein paar Schritte auf seine Eltern zugeht.

»Bitte macht euch nicht so viele Sorgen. Ich verspreche euch, dass ich regelmäßig zu Besuch komme. Und ihr könnt ja auch nach Deutschland reisen!«

II

Komm, komm, Schwiegersohn

Komm, komm, Schwiegersohn,
hör gut zu.
Unsere Tochter ist eine großartige Frau.
Du hast an sie dein Herz verloren,
jetzt wirst du sie heiraten.

Seit geschlagenen zwanzig Minuten drehen wir Runde um Runde um den Block. Der Schriftzug *Standesamt München* zog schon einige Male am Autofenster vorbei, und mit jeder Minute werde ich nervöser. Um zwölf Uhr werden die Türen des Standesamtes schließen, und wir finden keinen verdammten Parkplatz!

»Da! Da vorne kannst du parken!« Jay fuchtelt mit beiden Händen in der Luft. »Schnell, fahr zurück!«, ruft er und lässt die erspähte Lücke am Straßenrand nicht aus den Augen.

Ich lege den Rückwärtsgang ein. Der Motor heult auf. Ich sehe, wie hinter mir ein anderes Auto in Parkplatzsuchgeschwindigkeit heranschleicht und bin mir sicher: Diesmal werde ich siegen. Kurz bevor der andere uns die einzige Parklücke weit und breit vor der Nase wegschnappt, manövriere ich aus voller Rückwärtsfahrt hinein. Wir laufen im Eiltempo zum Eingang. Langsam steigt der Druck von allen Seiten, unsere Hochzeit nicht weiter hinauszuschieben. Jedes Mal, wenn Jay mit seinen Eltern spricht, endet das Gespräch mit derselben Frage: »Wann heiratet ihr endlich?« – was bei ihm verständlicherweise zu einem gewissen psychischen Stress führt. Außerdem ist sein Studentenvisum nur auf ein Jahr begrenzt. Mit einer Hochzeit würde eine unbefristete Aufenthaltsgenehmigung zum Greifen nah sein. Unser Leben würde von einem Provisorium in einen dauerhaften Status überführt werden. Meine Eltern sind inzwischen auch einverstanden, denn wir haben unsere Beziehungstestphase in den letzten sechs Monaten, die seit dem Besuch meiner Eltern bei Amma und Appa vergangen sind, unter ihrem Dach gemeistert. Die einzigen Probleme sind, dass ich nicht jeden Tag Reis essen will und Jay nicht gerne die Spülmaschine ausräumt.

Zwanzig Minuten haben wir noch. Ich suche den Schilderwald, der in einen unendlich scheinenden Gang mündet, nach dem Wort *Eheschließung* ab.

»Hier rechts!«

Wir laufen einen Flur mit unzähligen Türen entlang und erreichen schließlich den Wartebereich zur Anmeldung von Eheschließungen. Hier hängt ein kleiner Kasten, über dem unübersehbar der Hinweis *Hier Nummer ziehen* hängt. *Vor Ihnen warten 9 Personen* steht auf dem kleinen Zettel, den der Kasten ausspuckt. Und dann geht alles erstaunlich schnell. Noch bevor wir richtig auf einer der Sitzgelegenheiten Platz genommen haben, leuchtet schon unsere Ziffer auf der Leuchttafel auf, und wir betreten den angezeigten Raum. Ein paar Minuten später sitzen wir vor einer blonden Sachbearbeiterin, die Jay und mir über ihren Schreibtisch hinweg ein freundliches Servicelächeln zeigt.

»Was kann ich für Sie tun?«

»Wir würden uns gerne über die Möglichkeiten einer Eheschließung in Deutschland informieren. Welche Papiere man braucht und wie lange das dauert.«

»Woher kommen Sie denn?« Die Sachbearbeiterin schaut Jay an.

»Aus Indien.«

»Puuh, das wird schwierig!« Ihr Blick wandert zwischen uns und der Wanduhr hin und her. »Indien ist sehr kompliziert.«

»Wieso kompliziert?«, will er wissen.

»Indien ist ein Land des unsicheren Urkundenwesens«, setzt sie zu einer Erklärung an, und allein beim Wort »Urkundenwesen« rutscht mir der Kloß, den ich bisher nur im Hals gespürt habe, auch in den Bauch.

»Was bedeutet das, unsicheres Urkundenwesen?«

»Indische Urkunden entsprechen nicht dem deutschen Standard. Das bedeutet – kurz gefasst –, dass jeder Vorgang lange dauert, viel Geld kostet und am Ende vielleicht nicht einmal zum gewünschten Ergebnis führt.«

Jay sitzt regungslos auf dem Stuhl neben mir.

»Welche Dokumente oder Urkunden brauchen wir denn überhaupt?«, hake ich nach. »Im Internet bin ich nicht so richtig schlau geworden.«

»Also, es ist so: Für eine Eheschließung benötigen Sie ein Ehefähigkeitszeugnis.«

»Und woher bekommen wir das?«

»Bei uns in München können Sie das einfach bei der Meldebehörde beantragen. Aber so etwas gibt es vermutlich in Indien nicht …« Sie lächelt Jay an, der nach wie vor unbeweglich auf seinem Stuhl sitzt.

»Was muss denn in so einem Ehefähigkeitszeugnis drinstehen?«, frage ich.

»Für eine Verehelichung müssen wir sicher sein, dass Ihr Verlobter unverheiratet ist. Normalerweise wird so ein Zeugnis vom Einwohnermeldeamt ausgestellt. Oder von der Gemeindeverwaltung.«

»Gibt es bei euch ein Einwohnermeldeamt?«, frage ich Jay.

»Einwohner-was?«

»Einwohnermeldeamt, dort meldet man sich an, wenn man umzieht. Und es stellt zum Beispiel Pässe aus.«

Jay schüttelt den Kopf. »Nein, so etwas habe ich in Indien noch nie gesehen. Vielleicht in Chennai, aber in Cuddalore bei meinen Eltern gibt es das nicht.«

»Wo geht ihr hin, wenn ihr einen neuen Pass braucht?«

»Zum Passamt!« Das ist schlüssig, hilft aber bei unserem Problem nicht weiter.

»Sollten Sie keine Möglichkeit finden, die Ehefähigkeitsbescheinigung zu bekommen, reicht ein Antrag auf Befreiung von der Vorlagepflicht der Ehefähigkeitsbescheinigung, die bekommen Sie beim bayerischen Oberlandesgericht. Dafür brauchen sie aber auch eine eidesstattliche Erklärung vom Bürgermeister der Heimatstadt ihres Bräutigams, die seine Ledigkeit bestätigt. Diese wiederum muss von der Botschaft des Bundesstaates bestätigt werden.«

Mir sausen die Ohren. Als hätten wir es bis hierher nicht schon kompliziert genug gehabt. Die Beschaffung all der Unterlagen erscheint mir gerade genauso unwahrscheinlich wie Schnee in Mumbai.

»Ich glaube, wir müssen in Chennai jemanden finden, der uns diese Erklärungen ausstellt. Das kann doch nicht so schwer sein!«, denke ich laut.

Wir haben alle Widrigkeiten bezwungen und sogar die Distanz zwischen unseren Familien überwunden. Amma und Appa haben unsere Beziehung akzeptiert. Jay wohnt und studiert nun schon seit fast einem halben Jahr in Deutschland, und auch Mama und Papa sind dafür, dass wir heiraten. Unser Ziel von einer gemeinsamen Zukunft ist schon zum Greifen nah. Trotzdem macht sich in mir langsam Verzweiflung breit – hören die Schwierigkeiten denn niemals auf?

»Ich muss ergänzen, dass, egal ob Sie das Ehefähigkeitszeugnis besorgen können oder nicht, Mehrkosten auf Sie zukommen«, fährt die Beamtin fort.

»Wie hoch sind denn diese Mehrkosten? Wofür müssen wir da noch extra bezahlen?«

»Die deutsche Botschaft in Indien wird einen Anwalt in den Heimatort ihres Mannes schicken und Nachforschungen anstellen, ob die Dokumente echt sind und ihr Inhalt wahr ist. Das kostet ungefähr 1500 Euro.«

Ich finde auf meinem inneren Notizzettel schon fast keinen Platz mehr für all diese Informationen. Irgendwie wächst mir diese Hochzeitsplanung gerade gehörig über den Kopf.

»Was? Was soll denn das? Wofür macht man sich denn die Mühe, diese Zeugnisse zu besorgen, wenn sie danach eventuell für ungültig erklärt werden?«

»Es kann natürlich sein, dass das passiert, ich würde aber nicht davon ausgehen«, antwortet die Dame nach wie vor geduldig. Wir sind vermutlich nicht das erste heiratswillige Paar, das ähnliche Komplikationen mit sich bringt.

»Ach, was ich völlig vergessen habe: Bei einer Heirat in Deutschland müssen Sie eine Unterhaltsverpflichtung vorlegen, also den Nachweis, dass Sie Ihren Partner finanzieren können.«

Ich sehe die Felle endgültig davonschwimmen. Denn das kann ich allein auf keinen Fall leisten. Das Geld, das ich im Monat verdiene, reicht gerade so für unseren Lebensunterhalt, aber sicher nicht für eine Unterhaltsverpflichtung.

»Wie lange dauert denn so eine Prüfung durch den Anwalt überhaupt?«

»In der Regel sechs Monate.«

Ich schlucke. Ammas glückverheißenden Termin im August können wir also vergessen.

»Gibt es denn irgendeine andere Lösung?«, frage ich mehr mich selbst als mein Gegenüber.

Jay schweigt. Er scheint das Problem noch nicht so richtig begriffen zu haben, denn seine momentanen Sprachkenntnisse reichen noch nicht, um dieses Behördendeutsch zu verstehen. Er hat zwar in Indien beim Goethe-Institut ein Deutsch-für-Anfänger-Zertifikat erworben und feilt auch hier fleißig an seinem Wortschatz, aber »Unterhaltsverpflichtung« und »Ehefähigkeit« tauchen in seinem Lehrbuch nicht auf.

»Ich kann Ihnen noch einen Rat geben. Das würde die ganze Prozedur erheblich vereinfachen. Probieren Sie es in Dänemark!«

Dänemark? Was sollen wir in Dänemark?

»Aber da kann Oma nicht dabei sein …«, ist die einzige Antwort, die mir in den Sinn kommt.

»Dort brauchen Sie kein Ehefähigkeitszeugnis und sparen sich die Anwaltskosten!«

»Wird das denn hier anerkannt?« Ich kann kaum glauben, dass man woanders heiraten kann und es dann genauso viel wert sein soll wie eine Hochzeit in Deutschland, obwohl die Hälfte der Unterlagen fehlt.

»Das haben schon einige vor Ihnen gemacht, die genauso wie Sie keine Möglichkeit gesehen haben, die in Deutschland erforderlichen Unterlagen zügig zu bekommen. Kopenhagen ist doch auch schön! Oder eine Stadt an der Küste! Dann können Sie die Flitterwochen gleich dort verbringen. Das ist doch praktisch!« Wieder ihr blondes Servicelächeln.

Möglicherweise hat sie ja recht. In Dänemark war ich noch nie, und es ist auch nicht ganz so schlimm, nur zu zweit zu heiraten. Vielleicht würden Mama und Papa ja auch mitkommen. Und meine Schwester. Obwohl ich mir natürlich alles ganz anders vorgestellt habe – ein großes Fest mit allen meinen Freunden, mit Oma und Opa und meinetwegen auch Jays Eltern und seinem Bruder. In München, im Garten meines Elternhauses …

»Was für Papiere brauchen wir denn in Dänemark?«

»Das weiß ich nicht genau, das müssten Sie bei der dortigen Behörde erfragen. Auf ein Ehefähigkeitszeugnis können Sie verzichten, soweit mir bekannt ist. Und wenn Sie dann die Urkunde aus Dänemark haben, kommen Sie wieder her und lassen Ihre

Ehe bei uns anerkennen. Aber jetzt muss ich wirklich schnell etwas essen«, sagt sie und steht auf. Mein Blick zur Uhr zeigt mir, dass wir geschlagene fünfundvierzig Minuten in diesem Raum verbracht haben.

Abends kann ich nicht einschlafen. »Ehefähigkeit«, »Unterhaltserklärung«, »Anwaltskosten« und »Kopenhagen« schwirren in meinem Kopf, und auch von Jays Bettseite höre ich nicht das gewohnte Schnarchen. Er ist also auch noch wach.

»Was hältst du von der Idee, in Dänemark zu heiraten?«, frage ich in die Stille.

»Eigentlich ist doch egal, wo wir heiraten, oder? Wenn es weniger Arbeit ist, machen wir das in Dänemark!«

»Aber meine Oma wird sicher nicht mitkommen, und deine Eltern können auch nicht dabei sein. Außerdem würde ich mich sicherer fühlen, wenn wir hier heiraten. Wer kann uns garantieren, dass es auch klappt mit der dänischen Urkunde und deiner Aufenthaltsgenehmigung. Ich würde so gerne hier heiraten! Ich glaube, wir sollten es zumindest versuchen, diese ganzen Unterlagen in Indien zu bekommen ...«

»Okay, dann versuchen wir das, fahren wir nach Indien. Meine Eltern werden bestimmt wieder Stress machen, weil wir immer noch nicht verheiratet sind. Gestern am Telefon hat Amma mir erzählt, dass mein Vater schon Magenschmerzen hätte, weil wir ihnen so viele Sorgen machen würden. Das nervt mich alles wirklich.«

»Ja, ich weiß! Aber willst du lieber in Indien heiraten und alles so machen wie es deine Eltern wollen? Dann müssen wir deine ganze riesige Verwandtschaft einladen. Nach Deutschland wird sich sicher keiner ein Ticket leisten können. Und ich will nicht mit tausend Leuten feiern, die ich nicht kenne.«

»Ich doch auch nicht, auf keinen Fall. Es gibt dann auch nur vegetarisches Essen und keinen Alkohol. Das ist keine richtige Feier. Lass es uns in Deutschland versuchen. Das ist besser, du hast recht.«

Jays Stimme ist leise und schläfrig, und wenig später höre ich das vertraute Schnarchen. Ich grüble wieder. Ein weiteres Argument für eine Heirat in Deutschland habe ich ihm verschwiegen. Denn ich habe im Internet gelesen, dass vielen Paaren, die in Dänemark heiraten, eine Untersuchung wegen des Verdachts auf Scheinehe blüht. Dabei kann es passieren, dass ein Beamter unangemeldet an der Wohnungstür klingelt und beide Partner getrennt voneinander über alltägliche Vorlieben wie die Wahl der Zahnpastamarke befragt. Ich weiß zwar, welche Marke wir beide benutzen, aber bei Jay bin ich mir nicht so sicher, ob er sich für solche Kleinigkeiten, nach denen gefragt werden könnte, überhaupt interessiert. Vielleicht wäre es besser, kein Risiko einzugehen.

»Und, was habt ihr heute geschnitten?«, fragt mich meine Mutter wie jeden Abend beim Essen.

»Ach, frag doch bitte nicht immer. Das ist alles anstrengend genug, ich will nicht auch noch in meiner Freizeit darüber sprechen.«

Seit Wochen sind wir dabei, das Material, das unser Kameramann bei dem Besuch meiner Eltern in Indien gedreht hat, zu einem Film zusammenzuschneiden, was uns einfach nicht zufriedenstellend gelingen will. Erst heute Nachmittag hat mich mein Cutter Robert mitleidig angesehen, als ich zusammen mit Jay und ihm vor dem Monitor gesessen habe. Wir sichteten gerade ein Interview, das er mit seinen Eltern geführt hat.

»Sie reagiert bei jeder Gelegenheit emotional. Das soll so nicht sein. Wenn sie glücklich ist: hahaha, wenn sie traurig ist: huhuhu.«

Ich war mir sicher, dass mich Amma und Appa wenigstens ein bisschen ins Herz geschlossen haben, aber jetzt, als ich die Übersetzungen der Interviews lese, erfahre ich, dass anscheinend genau das Gegenteil der Fall ist.

»Es ist schon schlimm genug, außerhalb der Kaste zu heiraten, aber jetzt muss es ein Mädchen aus dem Ausland sein. Damit können wir nicht umgehen!« Und: »Als du dich für eine Liebesheirat entschieden hast, haben wir alles verloren. Mehr gibt es da nicht zu sagen!«

Ich fühle mich so unerwünscht wie sonst nie. Jay sagt immer: »Nimm dir das nicht so zu Herzen, Amma beruhigt sich schon wieder.« Trotzdem treffen mich ihre Aussagen tief. Draußen regnet es in Strömen. Auch über mein Gesicht rollt jetzt eine Träne.

»Ich mache uns einen Tee«, unterbricht Robert die bedrückende Stille und geht in die Küche. Ich starre das Standbild an, in dem Amma im türkisfarbenen Sari auf dem Sofa mit dem weißen Baumwollüberwurf sitzt und reglos in die Kamera schaut, und ich erinnere mich an meinen ersten Besuch, der damit endete, dass ich mit einem Sari und goldenen Ohrringen als Geschenke das Haus meiner zukünftigen Schwiegereltern verließ. Im Gepäck war auch das Gefühl, dass alles gut werden wird. Jay kam mit mir nach München, um hier zu leben. Er hatte beschlossen, zunächst zu studieren und Deutsch zu lernen und sich dann nach einer Arbeit umzusehen. Also schrieb er sich für ein Masterprogramm in Medienkunst ein. Momentan verbrachte er seine Tage zwischen Vorlesung und Schnittraum. Und weil wir uns gerade keine eigene Wohnung leisten konnten, waren wir wieder bei meinen Eltern eingezogen.

»Willst du wieder Tulsi-Tee?«, ruft Robert aus der Küche.

»Wenn's hilft, gern«, antworte ich, ein wenig mutlos.

Für ihn ist der Tee aus indischem Basilikum inzwischen ein Allheilmittel. Ich hatte ihm eine große Packung von unserer letzten Reise mitgebracht, denn man sagt, Tulsi sei gut gegen Stress. Jetzt trinke ich davon mehr als er selbst, trotzdem hat Robert es geschafft, mithilfe des Tees mit dem Rauchen aufzuhören. Hoffentlich entfaltet er auch für mich seine magische Wirkung.

Abend für Abend kommen die gleichen Fragen. Die letzten Wochen gab es mehr Rückschläge als Erfolgserlebnisse. Aber Mama ist neugierig und möchte natürlich wissen, wann und wie sie im Film auftaucht.

»Heute hat Amma in einem Interview erzählt, dass ich das größte Unglück ihres Lebens sei. Und dass sie extrem enttäuscht ist, weil Jay sich zu einem missratenen Sohn entwickelt hat. Sie wird mich nie akzeptieren.«

Wieder muss ich heulen, Papa verschwindet seufzend aus der Küche, und Jay sagt nur, er wolle noch was für die Uni machen, und zieht die Türe hinter sich zu. Irgendwie ist diese Situation zu verfahren. Ich versuche immer wieder, durchzuhalten und stark zu sein, doch ich fühle mich oft hilflos und ausgeliefert. Aber was soll's, wir haben nun einmal damit begonnen, diesen Film zu drehen. Und ich bin keine, die solche Projekte einfach abbricht, nur weil sie mir persönlich an die Substanz gehen. Außerdem, wie sähe das denn aus? Ich wäre vor meinem Professor blamiert. Wir ziehen das durch! Außerdem ist ja nicht alles schlecht: Die meiste Zeit arbeiten wir gemeinsam am Film, nur manchmal muss Jay zu Seminaren in die Uni und abends noch Arbeiten fertigstellen. Wir verbringen also mehr Zeit zusammen als jemals zuvor, das ist unglaublich schön. Und es ist leicht zu verschmerzen, dass wir dabei auf zu kleinem Raum wohnen, weil wir jetzt zu zweit auf neun Quadratmetern in meinem ehemaligen Kinderzimmer leben.

Für Jay ist sein neues Leben in Deutschland eine große Umstellung. Er ist hin- und hergerissen zwischen seinem Studium und der Arbeit an unserem Film. Vor allem, seit er sich entschieden hat, kleine Trickfilmsequenzen dafür selbst zu animieren. Er hat sich in Papas Werkstattkeller zwischen Regalen voller Schräubchen, Schraubzwingen und den Kisten mit der Oster- und Weihnachtsdeko auf der Werkbank sein eigenes kleines Animationsstudio eingerichtet. Hier schneidet er mit einer Nagelschere kleine Figürchen, Bierkrüge, Köfferchen und Tierchen zurecht, die er dann auf einer Platte auslegt, fotografiert, leicht verschiebt, wieder fotografiert, wieder verschiebt, und das stunden- und tagelang. Manchmal stellt Mama keinen Teller für ihn auf den Esstisch und antwortet dann nur erstaunt: »Ich habe ihn heute den ganzen Tag nicht gesehen. Ist er wirklich da?«, wenn ich frage, ob Jay heute nicht mit uns essen dürfe. Ich gehe in den Keller und spähe durch die angelehnte Tür, aus der nur ein dünner Lichtstrahl davon zeugt, dass sich dort auch wirklich jemand aufhält.

»Kommst du, es gibt Essen?«

»Was, ist es schon wieder so spät?« Er fährt herum und achtet dabei darauf, in dem engen Raum weder an seinen Fototisch noch an eines der wackligen Regale zu stoßen. »Schau, ist das nicht lustig?« Er klickt an seinem Laptop durch die Fotos, die in einer langen Matrix geladen werden. »Dazu brauchen wir dann das Geräusch davon, wie etwas in Bier taucht«, erläutert er lachend. Ich sehe mir seine kleine Szene an: Jay hängt darin an einem Angelhaken. Seine Mutter steht auf einer Leiter, hält die Angel in der Hand und versucht Jay zu retten, der in einem überdimensionalen Maßkrug zu ertrinken droht.

»Am 31. Oktober endet die Einreichungsfrist für die Berlinale, wie wär's damit?«

Ich höre das Grinsen in ihrer Stimme. Dieses Telefonat mit der Produzentin unseres Filmes ist anders als sonst. Wir hatten unzählige Gespräche über Geld. Immer ging es darum, dass wir zu wenig haben und woher noch ein bisschen mehr kommen könnte. Wir haben gerechnet, Posten abgezogen, Sparstrategien entworfen und am Ende eigentlich immer festgestellt, dass das Budget einfach zu klein ist.

»Jay ist noch lange nicht mit den Animationen fertig, und mit dem Feinschnitt bin ich noch überhaupt nicht zufrieden! 31. Oktober ... das geht auf keinen Fall!«

»Aber der Professor fand deine Version doch gut, vertrau mal auf mein Gefühl, dass der Film super wird!«

Auch das noch! Jay taucht abends mit rotgeränderten Augen aus seinem Kellerverlies auf, unzufrieden und ausgelaugt. Ich verbringe die Tage im dunklen Schneideraum und tippe unentschlossen an meinem Sprechertext. Die Aufnahmen stehen mir noch bevor, und wenn ich etwas so gar nicht mag, dann ist es, meine eigene Stimme hören zu müssen. Aber wir haben beschlossen, dass ich selbst die Erzählerin des Films sein soll. Den Satz meines Professors: »Das klingt eher nach einem Home-Movie für die Familienbibliothek«, habe ich noch gut im Ohr.

»Ich kann doch keinen Film, der noch mehr einem Home-Movie als einem ernst zu nehmenden Dokumentarfilm gleicht, bei der Berlinale einreichen! Das klappt sowieso nicht.«

»Ruf doch wenigstens mal dort an und frag nach, ob du eine Version abgeben kannst, die noch nicht zu hundert Prozent fertig ist. Und wenn sie ja sagen, würde ich es an deiner Stelle versuchen. Aber du musst nicht, es ist deine Entscheidung. Du kannst die Chance auch einfach sausen lassen …«

»Ich kann allerdings nicht versprechen, dass wir das bis Februar schaffen«, erkläre ich am nächsten Morgen einer Frau am anderen Ende der Leitung.

Die Worte der Produzentin – vor allem der Aspekt der verpassten Chance – haben mich gestern noch bis in die Nacht verfolgt, und ich konnte mich selbst überzeugen, dass es ja nichts kostet, ganz unverbindlich mal anzurufen.

»Schicken Sie mir doch einfach mal einen Link zum Trailer, wir melden uns dann wieder bei Ihnen.« Die Dame bügelt meine Bedenken lapidar ab.

»Ich bin mir sicher, die wollen den Film sowieso nicht haben«, erkläre ich später Jay in seinem Keller-Animationsstudio.

Mittlerweile gibt es dort unten keinen Quadratzentimeter mehr, der nicht mit Papierschnipseln bedeckt ist. In ein ausgeklügeltes Kästchensystem, in dem man normalerweise Muttern und Nägel aufbewahrt, hat er die Elemente der einzelnen Animationen sortiert. Er weiß genau, wo Arme und Beine, wo Köpfe und Hintergründe, Muster und Uhrenblätter liegen. Wehe, irgendjemand würde seine Ordnung durcheinanderbringen. Dann bliebe der Film definitiv unvollendet.

»Schick erst mal den Trailer hin, dann siehst du schon, was passiert«, murmelt er, während er mit einer Pinzette die Arme und Beine einer kleinen Abbildung von Amma geringfügig verschiebt. »Aber jetzt lass mich in Ruhe, du machst viel zu viel Wind.«

Weil ich weiß, dass er das nicht unfreundlich meint, sondern dass es seine Art ist, erst über alles alleine nachzudenken, ziehe ich vorsichtig die Türe hinter mir zu und lasse ihn in seinem Keller allein.

»Ihr müsst uns helfen, diese Bescheinigung zu bekommen!« Jay spricht schnell und laut, und ebenso laut höre ich Ammas Stimme aus dem Hörer in seiner Hand. »Ohne das Zeugnis können wir hier nicht heiraten, ist das denn so schwer zu verstehen? Wir müssen nach Indien kommen, um die Unterlagen zu besorgen!«

»Wir wollen aber nicht, dass Franziska mitkommt. Solange ihr nicht verheiratet seid, will ich nicht, dass ihr gemeinsam reist.«

Amma weiß, wie sie ihre Forderungen durchsetzen kann, und so wie ich sie kennengelernt habe, sagt sie so etwas nicht nur dahin, sondern meint es sehr ernst. Ich schmolle, Jay schweigt. Seit unserem Besuch beim Standesamt sehe ich kein Vor und kein Zurück. Ich habe wieder und wieder Foren im Internet durchsucht und jedes Mal resigniert mein Laptop zugeklappt. Es gibt Geschichten von binationalen Paaren – so nennt man Beziehungen wie Jays und meine im Behördendeutsch –, die mehrere Jahre gebraucht haben, um die Hürden der deutschen Bürokratie zu überwinden oder sogar ganz daran gescheitert sind.

»Die lassen euch tatsächlich nicht heiraten, das ist wirklich eine Sauerei!«, poltert Papa und legt mir den Arm um die Schulter, als ich meinen Eltern beim Abendessen von meinen Nachforschungen erzähle.

»Dass das so schwierig ist, hätte ich nicht gedacht. Aber ihr findet sicher eine Lösung«, fügt meine Mutter aufmunternd hinzu. »Ihr beide habt schon viel geschafft.«

Ich schüttle traurig den Kopf. »Langsam verliere auch ich meinen Mut.«

»Wenn es nicht anders geht, dann musst du halt doch selbst nach Indien fahren und dieses Ehefähigkeitszeugnis besorgen«, mischt sich jetzt mein Vater wieder ein. »Wenn dein Geld nicht langt, gebe ich dir was zum Ticket dazu.«

Und so sitze ich wenige Wochen später gemeinsam mit Jay wieder seinen Eltern gegenüber, die doch noch verstanden haben, dass das Verbot, gemeinsam mit Jay zu reisen, uns der Ehe nicht näherbringt.

»Dein Vater ist durch die Sorgen, die ihr beide ihm bereitet, schon krank geworden. Er fühlt sich schlecht, isst kaum noch etwas und kann nicht schlafen. Nur weil ihr immer noch nicht verheiratet seid!«, warf sie Jay immer wieder am Telefon vor. »Wenn ihr kommt, um wirklich Papiere für eine Hochzeit zu besorgen, seid ihr willkommen. Sonst nicht.«

Bei unserem jetzigen Besuch sind wir – im Gegensatz zu den vielen Malen, die wir mit der Filmkamera im Rücken in ihrem Wohnzimmer saßen – in der Position, von den beiden Eltern ungeschützt mit Fragen bombardiert zu werden. Ihr Unmut liegt drückend auf uns.

»Wieso wollt ihr denn nicht hier in Indien heiraten?«, eröffnet Appa das Gespräch mit vorwurfsvollem Unterton.

Diese Frage haben Jay und ich schon oft diskutiert und dann die Möglichkeit immer wieder verworfen. Die Anerkennung der indischen Papiere in Deutschland würde einen heillosen Aufwand bedeuten.

»Auch meinen Eltern ist es lieber, wenn wir die standesamtliche Trauung in Deutschland vornehmen, das ist einfacher, wegen der Papiere!«, versuche ich Jays Eltern klarzumachen. »Wir sind gekommen, um ein Ehefähigkeitszeugnis zu besorgen. Das bestätigt, dass Jay nicht schon in Indien verheiratet ist.«

Appa nickt, und Amma schüttelt den Kopf.

»Was soll das denn für ein Papier sein? So was gibt es hier gar nicht, davon habe ich noch nie gehört. Das ist nur wieder eine Taktik von euch, die Hochzeit noch mehr herauszuzögern«, sagt sie wütend und verschwindet ohne ein weiteres Wort in der Küche.

Appa und Jay schauen ihr hinterher und schweigen.

»Komm, wir fahren jetzt zu der Behörde, die für solche Auskünfte zuständig ist!«, wende ich mich an Jay.

»Nein.« Er schüttelt den Kopf. »Mein Vater und ich fahren besser allein. Du sorgst nur für zu viel Aufsehen. Es ist besser, wenn du zu Hause bleibst, nicht dass wir noch einen Ausländerzuschlag bezahlen müssen.«

Und so steigen Appa und Jay ohne mich in die Rikscha, während Amma in der Küche grummelt und ich zur Untätigkeit verurteilt auf dem Sofa im Wohnzimmer zurückbleibe.

Etwa zwei Stunden später beziehe ich Posten auf dem Balkon und erspähe die Rikscha am Ende der Straße. Als ich erwartungsvoll nach draußen gehe, um zu hören, wie es Appa und Jay bei ihrer Mission ergangen ist, bleibt mir meine Frage regelrecht im Hals stecken. Jay schiebt sich gerade mit hängendem Kopf hinter Appa von der Sitzbank herunter. Er braucht nichts zu sagen. Natürlich haben sie das Ehefähigkeitszeugnis nicht bekommen. Als Appa mein trauriges Gesicht sieht, habe ich das Gefühl, dass er uns nun glaubt, dass wir wirklich heiraten wollen.

»Der Sohn meines Freundes ist Anwalt in Pondicherry, vielleicht kann er uns helfen«, versucht er mich aufzuheitern und greift gleich nach dem Telefon. Nach einen kurzem Gespräch hat Appa einen Termin für den nächsten Tag vereinbart.

In dieser Nacht wache ich immer wieder schweißgebadet auf, und meine Gedanken schwanken zwischen Hoffen und Bangen. Am nächsten Tag machen wir uns zu viert auf den Weg zu der Anwaltskanzlei. Auch Amma will es sich diesmal nicht nehmen lassen, uns zu begleiten. Sie scheint weder Appa noch Jay wirklich zu vertrauen. Ein bisschen kann ich sie sogar verstehen. Vertrauen ist gut, aber Kontrolle ist besser, das sagt meine Oma auch immer.

So sitzen wir wenig später einem jungen, schnurrbärtigen Anwalt gegenüber. Er verschwindet fast hinter seinem riesigen Schreibtisch und Bergen staubiger Akten.

»Wir brauchen ein Ehefähigkeitzeugnis. Das ist ein Dokument, das belegt, dass mein Sohn noch nicht verheiratet ist«, beginnt Appa zu erklären. »Haben Sie davon schon mal gehört? Er möchte im Ausland heiraten, und die Behörden in Deutschland wollen sichergehen, dass er keine Ehefrau in Indien hat, wissen Sie.« Er zeigt auf mich, um seine Aussage zu bekräftigen.

Ich sehe von der anderen Seite des Tisches hinter den Aktenbergen verständiges Nicken, der junge Anwalt lächelt. Ich beginne zu hoffen. Dann räuspert er sich.

»Lieber Onkel« – Appa ist nur ein Freund seiner Eltern, aber in Indien werden Respektspersonen immer mit Onkel angesprochen –, »Lieber Onkel, leider kann ich nichts für Sie tun. Ich habe bisher nie von einem solchen Schriftstück gehört. Bisher hat das keiner unserer Klienten benötigt. Außerdem bin ich hier bei der Anwaltskammer in Pondicherry angestellt, und Ihre Familie lebt in Cuddalore. Das ist in einem anderen Bundesstaat, und ich kann über die Rechtslage in Ihrem Bundesstaat keine zuverlässigen Aussagen treffen.«

So sachlich der Anwalt seine Worte wählt, so klar wird mir jetzt, dass auch dieser kleine Hoffnungsschimmer, den die Fahrt nach Pondicherry versprochen hat, gerade wieder verglimmt. Amma seufzt. Sieht auch sie langsam ein, dass unsere Verzweiflung, dieses Dokument zu besorgen, mehr als nur eine Verzögerungstaktik ist?

Ich höre ein Knacken in der Leitung, sonst nichts, nicht mal ein Freizeichen. Dann nur mein eigener Atem, und dann wieder ein Knistern, ein Knacken und schließlich das langersehnte Tuten.

»Guten Tag, Stadtverwaltung Kopenhagen, Hochzeitsbüro. Wie kann ich helfen?«, höre ich eine freundliche Stimme.

»Guten Tag, hier ist Franziska Schönenberger. Ich bin Deutsche und habe einige Fragen zu den Formalitäten einer Eheschließung bei Ihnen. Können Sie mir da weiterhelfen?«

»Sagen Sie mal, Sie rufen aber nicht aus Deutschland an? Ich sehe Ihre Nummer auf meinem Display.«

»Nein, ich bin in Indien bei der Familie meines Bräutigams, und ich bin völlig verzweifelt. Wir versuchen gerade hier alle Papiere für eine Hochzeit in Deutschland zu organisieren.«

»Oh, wie spannend! Von dort hat noch nie jemand bei uns angerufen. Und jetzt wollen Sie doch lieber bei uns in Dänemark heiraten als in Deutschland?« Ich höre, dass sie sich amüsiert.

»Ich hatte mir gewünscht, zu Hause in München mit all meinen Freunden heiraten zu können. Sie sind unsere letzte Hoffnung. Ich habe gehört, dass man bei Ihnen weniger Papiere benötigt als in Deutschland. Brauchen wir ein Ehefähigkeitszeugnis? Wir haben wirklich alles versucht, eines zu bekommen, aber das ist hier einfach unmöglich!« Die gesamte Anspannung der letzten Tage bricht aus mir heraus und ergießt sich in einen Redefluss durch die Telefonleitung an die freundliche dänische Beamtin.

»Sie Arme, bitte beruhigen Sie sich! Es gibt überhaupt keinen Grund zur Panik! Für eine Eheschließung bei uns benötigt Ihr Partner folgende Dokumente: eine gültige Aufenthaltsgenehmigung für den Schengenraum, es darf kein Touristenvisum sein. Eine Meldebescheinigung, in der er als ledig vermerkt ist, eine gültige Geburtsurkunde, seinen Pass und eine eidesstattliche Erklärung seiner Eltern oder anderer naher Verwandter, dass er nicht verheiratet ist.«

Als die Beamtin ihren Satz beendet hat, ist es – außer einem ab- und anschwellenden Rauschen – still in der Leitung. Für einige Sekunden kann ich nichts sagen, so erleichtert bin ich, dass der Begriff »Ehefähigkeitszeugnis« in der Aufzählung nicht vorkam. Sie fährt mit ihrer Erklärung fort.

»Diese Papiere mailen Sie uns einfach zur Überprüfung. Wenn alles in Ordnung ist, können Sie dann einen Termin für Ihre Trauung festlegen.«

Ungläubig stottere ich: »So einfach ist das? Wenn das wahr ist, haben Sie mir gerade mein Leben gerettet. Dann müssen wir hier nicht weiter erfolglos von Behörde zu Behörde laufen.«

»Jemandem am Telefon das Leben zu retten, habe ich noch nie geschafft! Einen Haken hat die Sache allerdings, das muss ich Ihnen noch sagen: Sie müssen vor der Eheschließung drei Tage in Kopenhagen verbringen.«

Bei »Haken« bleibt mir kurz das Herz stehen, aber wenn der Haken ein Kurzurlaub in Dänemark ist, soll's mir sehr recht sein.

»Trauzeugen brauchen Sie auch nicht. Die stellen wir Ihnen, wenn das gewünscht ist. Dänemark heißt Sie willkommen!«

Mehr als »Danke, wirklich« schaffe ich nicht mehr zu sagen, und schon hat die nette Dame aufgelegt.

Es fühlt sich sehr unwirklich an, fast wie ein Traum. Jay steht neben mir, seine Hand liegt auf meiner Schulter. Ich starre mein Smartphone an, auf dem nur noch ein feuchter Abdruck meines schweißnassen Ohrs davon zeugt, dass ich gerade nicht geträumt, sondern wirklich telefoniert habe.

»Was haben sie gesagt?«, fragt Jay mit unsicherer Stimme.

»Wir können heiraten, Jay, ohne diese doofe Ehefähigkeitsbescheinigung!«

»Wirklich, wie soll das jetzt so schnell gehen?«

»Wir heiraten nicht in Indien oder Deutschland. Wir fahren nach Dänemark!«, juble ich und falle ihm um den Hals.

Amma und Appa schauen uns nur entgeistert zu. Diese deutsche Schwiegertochter ist wirklich viel zu emotional!

Nur drei Wochen später sind wir aus Indien zurück und haben sogar schon ein Datum für unsere Hochzeit. Tatsächlich ging alles erstaunlich schnell und unkompliziert, genau so, wie es die nette Dänin am Telefon versprochen hatte. Nachdem ich alle nötigen Papiere an das Standesamt in Kopenhagen geschickt hatte, bekam ich sofort eine Antwort mit möglichen Terminvorschlägen zurück. Es steht also fest: Wir werden im Februar in Dänemark heiraten!

Heute ist ein kalter grauer Dezembermorgen, und ich stehe gerade unter der Dusche, als das Telefon klingelt. Während mir das warme Wasser über den Kopf läuft, höre ich, wie Papa im Flur vor der Badtür den Hörer abnimmt. Dann spricht er kurz mit jemandem und legt wieder auf. Sekunden später öffnet sich die Badezimmertür, ich sehe durch die beschlagene Scheibe der Duschkabine seinen Umriss.

»Ist was passiert?«

»Franziska, da hat gerade jemand von der Berlinale angerufen!«

Mein Vater klingt verwirrt. Und mir fällt die Brause aus der Hand.

»Was? Das kann doch nicht sein! Hast du das auch richtig verstanden?«

»Ja, ganz sicher! Die Dame hat mich gefragt, ob sie mit der Regisseurin des Films *Amma und Appa* sprechen kann. Ich habe ihr dann gesagt, dass das meine Tochter ist, aber dass du gerade unter der Dusche bist. Du sollst sie bitte zurückrufen. Ich habe die Nummer aufgeschrieben, der Zettel liegt am Telefon.«

Mein Vater hat seinen Satz noch nicht beendet, da bin ich schon aus der Duschkabine heraus, reiße blitzschnell das Handtuch vom Haken und laufe zum Telefon. Meine nassen Füße hinterlassen feuchte Abdrücke auf dem Teppich, und ich höre Papa noch hinter mir herschimpfen. Aber ich wähle schon die Nummer. Eine Frauenstimme meldet sich.

»Festivalbüro, Internationale Filmfestspiele Berlin.«

»Hallo, hier ist Franziska Schönenberger, Sie haben vor ein paar Minuten bei uns angerufen und mit meinem Vater gesprochen.«

»Ja, hallo. Ich freue mich, mit Ihnen zu sprechen. Wir würden gerne Ihren Film *Amma und Appa* zur diesjährigen Berlinale einladen.«

Was sie dann noch sagt, nehme ich gar nicht mehr richtig wahr.

»Ja, das ist großartig. Ich kann es gar nicht fassen. Vielen, vielen Dank«, stammle ich nur.

»Jay, Jay!«, schreie ich ins Erdgeschoss, kaum dass das Telefonat beendet ist.

Keine Reaktion. Wo ist er denn?

»Jay, du musst kommen!«

Ich höre, wie sich die Tür unseres Zimmers öffnet und seine müde Stimme erklingt.

»Was ist denn, lass mich noch schlafen!«

»Nein, du musst sofort kommen! Unser Film läuft bei der Berlinale!«

Immer noch stehe ich mit nassen Haaren und im Handtuch neben dem Telefon und bin völlig perplex. Jetzt kommen aber nicht nur Jay im Schlafanzug, sondern auch Mama und Papa angelaufen.

»Franziska, jetzt sag nicht, wir fahren nach Berlin?«, ruft Mama, und noch bevor Jay überhaupt richtig aus dem Zimmer ist, strahlt sie über das ganze Gesicht. »Da muss ich mir ja gleich überlegen, was ich auf dem roten Teppich anziehe.«

»Ja, wir fahren nach Berlin. Wir haben noch sechs Wochen, den Film fix und fertig zu machen.«

Jays Kinnlade klappt nach unten, er seufzt und gähnt zugleich. In seinen Augen sehe ich weniger Freude als Verzweiflung. Dieser Anruf aus Berlin bedeutet erst mal eines: viele, viele Nachtschichten. Und wie es so ist, wenn man bis über beide Ohren in der Arbeit steckt: Man denkt immer, dass die Zeit einem zwischen den Fingern zerrinnt, und doch schafft man es dann irgendwie. So bin ich ziemlich erleichtert, als ich die Festplatte mit dem fertigen Film eine Woche vor der Premiere in ein Paket stecke und nach Berlin schicke.

Wir sitzen in der Dunkelheit auf den roten Samtsesseln, und langsam erlischt das Licht. Dann beginnt unser Leben über die Leinwand zu flimmern. Unsere Erinnerungen werden durch das Licht des Projektors zu farbigen Bildern auf einer weißen Fläche verwandelt. Sind das wirklich Jay und ich da vorne? Was haben die Gesichter auf der Leinwand überhaupt mit uns gemeinsam. Es ist ein seltsames, surreales Gefühl, uns beide in Großaufnahme in einem Kino zu sehen. Dieser Film steht am Ende unseres gemeinsamen »Kampfes« für unsere Beziehung. Er konserviert die Geschichte unserer Liebe als Pixel auf einer Festplatte. Und zeigt dennoch nicht unser Leben. Er ist nur ein kleiner Ausschnitt mit einem Anfang und einem Ende, während die Wirklicheit weiterläuft, unaufhörlich und unaufhaltsam. In einer Woche werden wir heiraten, und das ist vielleicht ein ganz neuer Anfang für uns. Ein neuer, ganz anderer Film, aber nur für unser Kopfkino.

Im spärlichen Lichtschein, den die Leinwand reflektiert, versuche ich in Jays Gesicht zu erkennen, darin zu lesen, was in seinem Kopf gerade vorgeht. Die letzten Wochen waren wie ein Wirbelsturm, der uns verschluckt und erst in diesem Kinosessel wieder ausgespuckt hat. Zum ersten Mal finde ich hier im Dunklen ein bisschen Ruhe, um über das Geschehene nachzudenken. Jay hat meinen Blick bemerkt und schaut mich an.

»Das ist schon komisch, ich hier mit dir in Berlin. Echt schade, dass meine Eltern nicht kommen konnten«, flüstert er.

»Ja, das ist alles total verrückt.«

Langsam schließt sich der Vorhang, als die letzten Titel über die Leinwand rollen. Der Saal ist noch dunkel, und meine Hände krampfen sich um die Lehnen meines Kinosessels. In der Dunkelheit kann ich jetzt weder Jays Gesicht noch die Gesichter von Mama und Papa erkennen, die neben mir sitzen. In wenigen Sekunden wird das Licht angehen, und dann müssen wir auf die Bühne. Der Saal ist ausverkauft, und zusammen mit uns sitzen fünfhundert Zuschauer im Cinemaxx am Potsdamer Platz.

Meine Eltern haben heute auf der großen Leinwand zum ersten Mal unseren Film gesehen. Es war keine Zeit mehr, Mama und Papa nach ihrer Meinung zu fragen. Zwei Reihen hinter uns beginnt jemand zu klatschen. Ansonsten ist es still. Dann betritt eine Moderatorin die Bühne, die Jay und mich zu sich ruft. Während wir von unseren Plätzen aufstehen und Richtung Leinwand laufen, brandet im ganzen Saal lauter Applaus auf, der andauert, bis wir auf der Bühne stehen. Jay hält meine Hand, und wir beide erleben gemeinsam diesen überwältigenden Moment. Ich sehe ihn an, und er strahlt über das ganze Gesicht.

Die Probleme, Sorgen und Schwierigkeiten der letzten Wochen und Monate scheinen von ihm abzufallen. Dann haben wir die Möglichkeit, ein paar Worte zu sagen, und ich bitte meine Eltern, auch auf die Bühne zu kommen. Mama und Papa bekommen nochmals einen extra Applaus vom Publikum, und als beide neben uns stehen, sehen sie aus, als würden sie vor Stolz platzen.

Anschließend hat das Publikum die Möglichkeit, uns Fragen

zu stellen. Eine ältere Dame mit grauen Haaren und Perlenkette meldet sich als Erste. Es wird still im Saal.

»Ich finde toll, wie hartnäckig Sie für Ihre Liebe gekämpft und allen Widrigkeiten getrotzt haben! Ich frage mich nur: Werden Sie denn nun heiraten?«

»Ja, wir heiraten nächste Woche in Kopenhagen«, antwortet Jay auf Deutsch. Und der ganze Saal bricht in Jubel aus.

12

Unsere Hochzeit ist ein einziges Durcheinander

Unsere Hochzeit ist ein einziges Durcheinander,
der Bräutigam muss zu viel zahlen,
der Schwiegervater muss die Finanzen im Blick behalten,
damit das Fest nicht zu teuer wird.
Lang lebe die Liebesheirat!

»Wo ist meine alte Lederhose? Die will sich der Jay für die Hochzeit in Kopenhagen leihen. Hast du die irgendwo gesehen?« Papa ruft durch das Haus.

Mama kniet vor mir auf dem Boden, hält Stecknadeln zwischen den Lippen und versucht gerade, mir den Saum des Trachtenrockes abzustecken. »Mmmmmm, was willst du, Albert?«

Durch die Stecknadeln im Mund ist Mama nur schwer zu verstehen. Und Papa steht ein Stockwerk tiefer am Treppenabsatz vor der Küche.

»Was sagst du?«, ruft er zurück.

Meine Mutter nimmt die Nadeln aus dem Mund und steht genervt auf.

»Jetzt muss ich wohl selber nach der Hose schauen. Das hätte euch auch früher einfallen können, dass ihr plötzlich in Tracht heiraten wollt.«

Mit einem Seufzer verlässt sie das Zimmer, und ich stehe mit ihrem viel zu langen Dirndlrock und dem zu engen Mieder vor dem Spiegel. Ich sehe nicht gerade glücklich aus, fällt mir auf, als ich in meinem Gesicht das typische magische Strahlen einer jungen Braut suche.

»Der Jay hat ja nicht mal ein gescheites Trachtenhemd«, höre ich Gesprächsfetzen aus dem unteren Stockwerk zu mir heraufwehen. »Und geschweige denn einen Janker. Ich weiß nicht, was sie sich dabei wieder gedacht haben. Das sieht doch blöd aus.«

»Ist doch schön, dass sie fragt, ob sie mein Hochzeitsdirndl anziehen darf.«

»Aber dass ihr das erst eine Woche vor der Hochzeit einfällt, ist wieder typisch«, grummelt Papa weiter.

»Ich hab für Jay ein Hemd im Internet bestellt«, rufe ich nach unten und versuche so, den Haussegen einigermaßen im Lot zu halten. Doch von unten ist nur ein »Jaja« zu hören, und Mama kommt zu mir heraufgestapft.

»Der findet die Hose schon. Mach dir keine Sorgen, das wird schon.«

Dann nimmt sie wieder die Stecknadeln in den Mund und kniet sich vor mich hin. Vielleicht ist das bei jeder Braut so, dass sie kurz vor der Hochzeit Zweifel bekommt? Abends telefoniere ich mit meiner halbindischen Schulfreundin Selina.

»Und, bist du schon aufgeregt?«

»Ja, langsam schon. Hoffentlich geht alles gut!«

»Jay und du, ihr habt ja echt ganz schön was mitgemacht«, meint sie. »Ich hätte erst nicht gedacht, dass ihr das durchzieht.«

»Ich bin so froh, dass das mit Kopenhagen klappt. Aber das ist leider alles nicht besonders romantisch.«

»Mach dir nichts draus. Meine Eltern haben damals auch in Kopenhagen geheiratet! Mein Papa hatte nicht einmal eine Geburtsurkunde«, sagt sie lachend. »Und obwohl meine Eltern so unromantisch und bürokratisch geheiratet haben, sind sie immer noch verliebt. Die haben nicht mal ein richtiges Foto gemacht. Hey, Franziska! Kopenhagen ist total schön, das wird gut!«

Zwei Tage später sind Papas alte Lederhose, das gerade noch rechtzeitig gelieferte Trachtenhemd, Mama Hochzeitsmieder und der gekürzte Dirndlrock fein säuberlich in einem Kleidersack verstaut, der jetzt über Jays Arm baumelt, als wir das kleine Flugzeug besteigen, das uns von München nach Kopenhagen bringen soll. Meine Eltern begleiten uns, meine Schwester, ihr Mann und Arun, Jays Bruder, werden erst später anreisen. Die Trauung findet in drei Tagen statt. Wir müssen einen Tag vorher ins Rathaus und unsere Papiere im Original vorzeigen.

Kopenhagen ist hochzeitstechnisch wirklich das Las Vegas von Europa, so kommt es uns vor. Hinfahren, Papiere vorzeigen, tags darauf heiraten und wieder nach Hause. Eigentlich unglaublich, wie einfach so eine Eheschließung dann doch sein kann, geht es mir durch den Kopf, als ich auf die kleinen weißen Wattebauschwolken unter mir schaue. Ich schwebe jetzt über den Wolken, aber nicht nur wirklich und aus Liebe, sondern auch vor Erleichterung. Endlich scheint alles zu einem guten Ende zu kommen.

Unschön nur, dass Papa wieder grummelt. Mama hat ihm damals zum Hochzeitstag ein silbernes Feuerzeug geschenkt und seinen Namen eingravieren lassen. Seitdem hat er es immer bei sich getragen und damit seine Zigarillos angezündet. Doch in dem Chaos mit der Lederhose und im Packstress der letzten Stunden vor Abreise hat er vergessen, es aus seiner Jackentasche zu nehmen. An der Sicherheitsschleuse piepte es, und der nette Herr wies Papa an: »Entschuldigen Sie, solche Feuerzeuge sind an Bord nicht erlaubt. Das müssen Sie bei uns lassen, oder Sie können nicht einchecken.«

Da die Koffer schon auf dem Laufband davongefahren waren und wir nicht mehr viel Zeit bis zum Boarding hatten, blieb Papa nichts weiter übrig, als das Feuerzeug bei der Sicherheitskontrolle zu lassen. Ich kann seine Trauer um sein wertvolles Feuerzeug ja verstehen, aber wenn das unser einziges Problem auf dieser Reise bleiben wird, bin ich den Göttern dankbar.

Gestern Nacht habe ich nämlich geträumt, dass Jay und ich vor dem großen braunen Tor des Kopenhagener Rathauses stehen, an das mit einem Reißnagel eine Notiz gepinnt ist: *Wegen Grippe-Epidemie geschlossen. Seuchengefahr!* Jedes Rütteln war erfolglos. Ich muss wohl im Traum so laut geschrien haben, dass der wie immer schnarchende Jay sogar aus seinem Tiefschlaf erwacht ist.

»Hast du eigentlich einen Unterrock dabei?« Mama schaut mich fragend an und zieht eine Augenbraue hoch. Sie sitzt mir gegenüber am Tisch in der Küche des kleinen Apartments, das wir für die nächsten drei Tage gemietet haben. »Naja, eigentlich brauchst du keinen«, beantwortet sie sich ihre Frage selbst, »du hast ja Hüften. Das schaut auch so gut aus. Jetzt müssen wir nur noch einen Zeitplan für morgen machen.« Sie kramt in ihrer Handtasche und zieht einen Stift und einen kleinen Notizblock heraus. Anschließend rückt sie ihre Brille zurecht und beginnt zu schreiben. »Also, die Trauung ist um elf, und wir fahren um Viertel nach zehn mit dem Bus.« Sie murmelt vor sich hin, ohne den Blick von ihrem Block zu heben. »Für Haare und Schminken brauchen wir sicher eine Stunde, dann müssen Veronika und ich uns auch noch fertig machen. Das dauert auch seine Zeit. Am besten gehst du als Erste ins Bad, spätestens um halb acht.«

Natürlich ist das Apartment die günstigste Möglichkeit für uns alle, in Kopenhagen zu übernachten, doch was ich bei meinem Plan nicht bedacht habe, ist die Situation mit dem Bad. Eine

Dusche für sechs Personen, da braucht es eine straffe Taktung. Alle weiblichen Bewohner außer mir – also meine Schwester und meine Mutter – erhalten vierzig Minuten im Bad, während mein Schwager, Papa und Jay jeweils nur zwanzig Minuten zugeteilt bekommen.

Und so klingelt mein Wecker am nächsten Tag schon um Viertel vor sieben. Langsam krieche ich unter dem Laken und der Tagesdecke hervor, die ich mir mit Jay teilen muss. Zu Hause haben wir sehr schnell eine eigene Decke für jeden von uns eingeführt, denn mein Bräutigam liebt es, sich beim Schlafen einzurollen und benötigt dafür extrem viel Wickelmaterial. Ich konnte gestern vor Aufregung lange nicht einschlafen, und immer, wenn mir endlich die Lider schwer wurden, ruckelte es an der Decke. So stehe ich jetzt mit Augenringen vor dem Spiegel und gähne. Während ich die Zahnpasta richtig auf der Bürste zu platzieren versuche, öffnet sich leise die Badtür, und Mama huscht herein.

»Hast du auch so schlecht geschlafen? Dein Vater hat mir die ganze Nacht die Decke weggezogen.«

Ich muss lachen und verschlucke mich am Schaum der Zahnpasta. Dann weiß ich jetzt ja, was mich erwartet. Das Deckenproblem scheint sich durch Generationen und über Jahrzehnte zu ziehen.

Keiner hat richtig daran geglaubt, aber tatsächlich geht Mamas Zeitplan auf. Alle werden rechtzeitig fertig und warten pünktlich in bayerischer Tracht an der Bushaltestelle auf die Abfahrt in die Kopenhagener Innenstadt. Mama hat mir eine Flechtfrisur gezaubert, während meine Schwester mit Hilfe ihres Schminkkoffers mein Gesicht zart und ebenmäßig puderte. Das Kopfweh, das ich von den vielen Haarnadeln bekomme, ist lästig. Aber ansonsten bin ich voller Vorfreude. Ich finde, ich sehe wirklich hübsch aus in Mamas Hochzeitsdirndl. Doch hier, an der Bushaltestelle, stiehlt mir Jay die Show. Einen Südinder in Lederhosen, Trachtenstrümpfen und echten Haferlschuhen haben die Dänen offenbar noch nicht oft gesehen. Auch meine Schwester zieht die Blicke der anderen Wartenden auf sich, denn sie trägt einen Trachtenhut mit einer weißen Flaumfeder, den ihr mein Schwager zur Hochzeit geschenkt hat.

»Den habe ich nur zu euren Ehren an!«, verkündet sie, als wir alle frierend warten.

Jay ist jetzt froh, dass er die handgestrickten Trachtenstrümpfe meines Vaters an den Beinen hat. Heute morgen hatte er sich noch beschwert, dass sie so furchtbar kratzen würden. Schließlich kommt der Bus, und wir steigen nacheinander ein. Jay in seinem Janker ist der Letzte unserer Hochzeitsgesellschaft, der am Busfahrer vorbeigeht. Uns und die anderen Fahrgäste hat er keines Blickes gewürdigt, doch als mein Bräutigam einsteigt, beginnt er zu grinsen.

»Hey Bruder!«

Er fragt Jay etwas auf Hindi, und die beiden unterhalten sich kurz, während meine Mutter für uns einen freien Platz sucht.

»Was hat er gesagt?«, will ich wissen, als der Bus schließlich losfährt und sich Jay neben mich setzt.

»Er ist auch Inder, und er wollte wissen, wohin wir wollen. Heiraten, habe ich gesagt. Und dann hat er noch gefragt, was meine Eltern von meiner europäischen Braut halten. Weil er sich so gefreut hat über unsere Liebesheirat, darf ich umsonst mitfahren.«

Ich lache, denn sogar hierher sind uns Ammas und Appas Bedenken gefolgt.

Wir stehen vor einer großen, verschlossenen Türe. Ein getäfeltes Portal trennt das Trauzimmer vom Vorraum. Wir müssen warten, denn gerade schwört sich noch das Paar, das vor uns an der Reihe ist, die ewige Treue. Die Eheleute, die nach uns dran sind, warten genauso wie wir auf ihr Heiratszeitfenster: ein junges Mädchen mit blonden Haaren und ein gutaussehender junger Mann mit braunen Augen und schwarzen Haaren. Beide unterhalten sich mit gedämpfter Stimme. Sie sprechen deutsch. Meine Mutter hat es natürlich gleich gehört und spricht die junge Frau an.

»Sie kommen auch aus Deutschland, oder? Ist ihr Bräutigam auch aus dem Ausland? Unser Jay kommt aus Indien.«

»Ja!«, nickt das Mädchen. »Juan kommt aus Chile.«

»Das war ein Zirkus mit den Papieren!«, mischt sich ein älterer Herr mit Kugelbauch und dunkelblauem Anzug ein.

Er stellt sich als Vater des blonden Mädchens vor, auch seine Frau gesellt sich hinzu. Und schon haben Mama und Papa andere elterliche Leidensgenossen gefunden, mit denen sie über die Probleme, die die Anheirat eines ausländischen Schwiegersohns so mit sich führt, fachsimpeln können.

Dann öffnet sich das Portal, und ein frischgebackenes Ehepaar tritt heraus. Hinter ihnen die Standesbeamtin. Sie trägt einen schwarzen Talar, hat feuerrote Haare und eine Brille mit bunter Plastikfassung. Auf Deutsch mit einem wunderbaren dänischen Akzent ruft sie unsere Namen auf.

»Die Eheleute Schönenberger und Subramanian bitte.«

Und mit einem freundlichen Lächeln und einladend ausgestrecktem rechtem Arm geleitet sie uns ins Innere des angeschlossenen Raums. Der Saal ist mit braunem Holz getäfelt, in der Mitte steht ein massiver Eichentisch, der mit hübschen Blumengestecken dekoriert ist. An den Längsseiten hängen gewobene Wandteppiche, die Soldaten bei einer Schlacht zeigen. Ein Schlachtengemälde habe ich mir als Zeichen für den heutigen Tag nicht gerade vorgestellt. Unsere Schlacht soll ja hoffentlich hier eher ein Ende als einen Anfang finden. Aber sei's drum.

Die Standesbeamtin bittet uns, ihr gegenüber an der anderen Seite des Tisches Platz zu nehmen und weist unserer kleinen Hochzeitsgesellschaft die Stühle dahinter an. Dann müssen wir aber auch gleich wieder aufstehen.

»Liebe Franziska und lieber Jayachristian«, sie spricht Jays

Namen mit einem lustigen dänischen Akzent, der so klingt, als würde sie dabei im Rachen gurgeln. »Willkommen im Rathaus von Kopenhagen, mein Name ist Gitte Hilnbro, und ich bin diejenige, die Ihre Trauung abhalten wird. Ich hoffe, dass dieser heutige Hochzeitstag ein sehr schöner für Sie beide sein wird. Ich fange mit Ihnen an. Bitte nennen Sie mir Ihren vollen Namen.« Sie wendet sich Jay zu.

Jay räuspert sich und beginnt langsam, fast schon buchstabierend: »Jayakrishnan Subramanian.«

Sogleich bin ich an der Reihe, und ich höre mich sagen: »Franziska Schönenberger.«

»Sie beide haben sich an das Rathaus in Kopenhagen gewandt, um die Ehe einzugehen, und Ihr Wunsch zu heiraten wird nun vor den öffentlichen Autoritäten bekräftigt werden. Vor der Eheschließung möchte ich Sie auf die Wichtigkeit dieses Versprechens hinweisen, das Sie sich beide durch diese Entscheidung geben. Die Hochzeit ist verbunden mit Rechten und Pflichten und basiert auf dem Wunsch, zusammenleben zu wollen in gegenseitiger Liebe, Sorge, Verständnis und Toleranz – in jeder Situation des Lebens. Ich wünsche Ihnen, dass Ihr Eheleben immer voller Liebe und Glück sein wird. Und jetzt frage ich Sie, Jayachristian Subramanian, ob Sie Franziska Schönenberger zu Ihrer Frau nehmen.«

Jay antwortet klar und entschlossen: »Ja!«

Dann wendet sie sich an mich.

»Nun frage ich Sie, Franziska Schönenberger, ob Sie Jayachristian Subramanian zu Ihrem Mann nehmen wollen?« Jetzt gibt es kein Zurück mehr, ich sage mein »Ja« – und wundere mich, wie schnell dieser Schritt, dieser eine Moment, auf den wir so lange hingearbeitet haben, vorbei ist.

»Sie haben sich jetzt Ihr Eheversprechen gegeben, und so sind Sie nun rechtskräftig verheiratet. Ich erkläre Sie hiermit zu Mann und Frau.«

Ihre letzten Worte gehen im Applaus der zehn klatschenden

Hände hinter uns unter. Jay schaut mich kurz unsicher an. Die Beamtin bemerkt seinen Blick bemerkt sofort.

»Ja, jetzt sind Sie dran! Sie dürfen Ihre Ehefrau jetzt küssen!«

Dann nimmt mich Jay in den Arm und küsst mich. Während meine Mutter zu schniefen beginnt und mein Vater ein Foto macht, vergesse ich die Welt um uns herum. Die Zeit scheint für einen kurzen Moment stillzustehen, und es gibt nur noch Jay und mich. Uns beide zusammen, und niemand kann das mehr ändern. Eigentlich müssten wir jetzt Ganesha eine Kokosnuss opfern, weil nun tatsächlich alle Hindernisse aus dem Weg geräumt wurden. Aber hier gibt es weder Kokosnüsse noch einen geeigneten Ort für die Opferung, deswegen nehme ich mir das für den nächsten Indienbesuch fest vor. Und dann ist die Zeremonie auch schon zu Ende, drei Minuten, nachdem wir diesen Raum betreten haben. Drei Minuten, die meine Schwester mit ihrem Telefon gefilmt hat. Unser Hochzeitsfilm, unser ganz persönliches großes Kino im Mini-Format.

Vor der Tür des Trausaals zieht Mama mich an sich und flüstert mir ins Ohr: »Mei, weißt du, ich freue mich so für dich!«

Währenddessen klopft Papa Jay auf die Schulter: »Komm her, Schwiegersohn, lass dich mal umarmen und hochleben. Jetzt hast du es endlich geschafft!«

Auf dem Rathausplatz bläst mir der Wind unter den Dirndlrock, die Kälte kriecht durch die Strumpfhose die Beine hoch. Dass es im Februar in Skandinavien kalt sein würde, war mir klar, aber mit so einer steifen Brise habe ich nicht gerechnet. Ich halte mein rosa Brautsträußchen aus kleinen Rosen mit der einen Hand an mich gedrückt und mit der anderen Jays Hand fest umklammert. Auch er ist eiskalt. Gut, dass meine Eltern ihm einen neuen wollenen Trachtenjanker zur Hochzeit geschenkt haben.

In diesem Moment öffnet sich die Wolkendecke, die Sonne kommt zum Vorschein und taucht den menschenleeren Platz in ein gleißendes Licht. Eine solche Szene hätte kein Regisseur in Bollywood besser inszenieren können. Viel fehlt zum Filmglamour nicht mehr – außer ein bisschen Glitter, der vom Himmel fällt, und vielleicht ein Streichquartett, das einen romantischen Soundtrack beisteuert.

»Dort drüben gibt es jetzt Brotzeit!« Ich sehe der Hand meiner Mutter nach, die quer über den Platz weist.

»Wo denn?«

»Dort, bei morfars pølser!«

»Was soll das sein?«

»Der beste Hotdog Kopenhagens! Die Würstchenbude steht unter den Top 10 in meinem Reiseführer! Kommt ihr? Wisst ihr, was das heißt, morfars pølser? Großvaters Würste!« Sie lacht laut los. »Großvaters Würste!«

Jetzt, wo der offizielle, aufregende Teil des Tages vorbei ist, meldet sich mein Magen mit einem fordernden Grummeln, und ich spüre Jays Hand an meinem Arm ziehen. Minuten später stehen wir alle unter der kleinen Markise des Imbisswagens, auf dem das Bild einer grinsenden Comicwurst mit einer Chefkochhaube und einer Gabel in der Hand aufgemalt ist. Mama beißt in ihren Zwiebel-Hotdog, Jay hat sich für die scharfe rote Variante entschieden. Papa dirigiert uns vor sein hocherhobenes Handy. Dieses Hochzeitsfoto mit der Wurst im Hintergrund werde ich ganz vorne in unser erstes gemeinsames Fotoalbum kleben.

Die Faltkarte schimmert elfenbeinfarben und ist an den Seiten mit einer metallisch-blau glänzenden Folie abgesetzt. Die Vorderseite zieren florale Muster in Silber und demselben Blau, ein stilisiertes Bild von Ganesha lächelt die geladenen Gäste an. Sein Bildnis ist das Standardmotiv auf indischen Hochzeitseinladungen, denn auch hier wird der Segen des Elefanten für einen guten Anfang benötigt.

Amma hat bei der Auswahl nichts dem Zufall überlassen, denn für Jays Eltern ist dieser Tag von ganz besonderer Bedeutung. Ganesha soll Jay und mich behüten und für ein harmonisches Eheleben sorgen. Nach unserer Trauung in Kopenhagen wollten es sich Amma und Appa nicht nehmen lassen, für uns – oder eher für die Familie in Indien – eine große Hochzeitsfeier zu veranstalten. Jays Mutter hat in den letzten Wochen Himmel und Hölle in Bewegung gesetzt, um den Hochzeitsempfang ihres Sohnes pompös in Szene zu setzen. So eine indische Hochzeit ist eine große Show, bei der allen Verwandten, Bekannten und Nachbarn bewiesen wird, dass man es sich auch leisten kann, sein Kind zu verheiraten. Gleichzeitig soll ich als Schwiegertochter präsentiert werden. Immerhin haben mir Amma und Appa erklärt, dass sie nur den engsten Kreis eingeladen hätten. Nur ein kleiner Empfang, es sei gar keine richtige Hochzeit, weil wir offiziell ja schon verheiratet sind. Also stehen nur dreihundert statt der wie sonst üblichen siebenhundert geladenen Gäste auf der Liste.

Dreihundert Inder und fünf Deutsche, um genau zu sein. Mama und Papa, meine Schwester und ihr Mann sind nämlich mit uns zusammen nach Indien gereist, um mich bei meiner Familieneinführung zu unterstützen.

Gerade hält mir Amma die letzte Karte hin, die für meine Eltern bestimmt ist. Alle anderen Einladungen sind bereits verteilt worden. Amma und Appa sind zu jedem der Gäste persönlich nach Hause gefahren und haben sie übergeben. Die Karte selbst scheint etwas überdimensioniert, sie hat die Größe einer Speisekarte, und wenn man sie öffnet, ist viel Text zu sehen. Hier ist in tamilischen und englischen Buchstaben zu lesen:

Das Ehepaar Subramanian freut sich, Ihnen die Vermählung ihres Sohnes Jayakrishnan mit seiner Braut Franziska mitzuteilen. Um dieses freudige Ereignis zu feiern, erlauben wir uns, Sie (Name des Gastes) zu unserer Feier am 16. März 2014 in das Hotel Adhithi in Pondicherry einzuladen. Es freuen sich mit uns: …

Und dann folgt eine lange Liste von Vor- und Nachnamen inklusive der jeweiligen Studienabschlüsse.

»Was soll das denn?«, frage ich Jay verwirrt.

»Das sind die Namen von allen meinen nächsten Verwandten und deren Berufe und Abschlüsse. Es wäre sehr unhöflich, nicht alle zu nennen, die sich mit uns freuen. Hier stehst du mit deinen beiden Abschlüssen. Dort ist auch deine Familie vermerkt. Das hier heißt: *Veronika und Wolfgang König, Diplomingenieur bei BMW.* Hier, das sind deine Eltern«, beendet er seine Erklärung und deutet auf eine Ansammlung tamilischer Schriftzeichen direkt am Anfang der schier endlosen Liste.

»Aber meine Eltern haben doch gar keinen Uniabschluss!«

»Egal. Ich habe Amma gesagt, dass dein Vater BWL studiert hat und deine Mutter Pädagogik. Das schindet bei meinen Verwandten einfach mehr Eindruck, denn bei der Feier geht es meinen Eltern darum, sich zu positionieren. Meine Verwandten haben nämlich immer auf sie herabgesehen, weil sie ihr Geld in meine Ausbildung investiert haben, obwohl ich Kunst studiert habe. Die haben immer gedacht, ich würde nie ein Mädchen aus gutem Hause finden.« Jay muss grinsen.

Da kommt Appa zur Tür herein und hält Jay eine quadratische, blau bedruckte Jutetasche entgegen, auf deren Vorderseite ebenfalls das Bild des Elefanten zu sehen ist.

»Das sind die Taschen für die Gastgeschenke«, erklärt er mir. »Jeder, der kommt, erhält eine, da sind eine Kokosnuss und eine Schale mit Laddus drin. Außerdem bekommen die engsten weiblichen Verwandten jeweils einen Seidensari geschenkt.« Ich scheine verwirrt dreinzublicken, denn er fährt beschwichtigend fort: »Ja, ich habe meine Eltern auch gefragt, was das soll mit den Saris. Das sind immerhin dreißig Stück. Aber meine Eltern wollen nicht wie arme Leute aussehen. Meine Mutter hat auch auf allen Hochzeiten, die sie besucht hat, einen neuen Sari bekommen. Allerdings sind meine Verwandten total geizig. Bei denen hat es immer nur für ein glänzendes Etwas aus Kunstfaser gereicht. Meine Mutter will die Tanten so richtig beeindrucken, indem sie ihnen einen hochwertigen Sari zurückschenkt. Dabei geht es um die Ehre, weißt du.«

So leicht kann mich nichts mehr überraschen in Jays Familie. Er kann meine Gedanken lesen und zuckt die Schultern. Er hat es aufgegeben, mit seinen Eltern über unnötige Ausgaben in Bezug auf unsere Hochzeitsfeier zu diskutieren.

Green Trends – Unisex Hair and Style Salon steht in pinken und grünen Buchstaben auf der Glastür, die von innen beschlagen ist. Sobald ich sie öffne, kommt mir angenehme Kühle und der saubere Geruch von Haarspray und Shampoo entgegen. Ich selbst bin verschwitzt, und meine Haare sind von der Fahrt in der Rikscha total zerzaust. Gar nicht davon zu sprechen, dass über Nacht ein riesiger Pickel auf meinem Kinn gewachsen ist. Kurz vor meiner großen Präsentation vor Jays Familie habe ich das Gefühl, so schlecht wie noch nie zuvor in meinem Leben auszusehen. Als mich das frisch manikürte und dezent geschminkte indische Mädchen hinter dem Tresen freundlich anlächelt, fühle ich mit extrem unansehnlich.

»Madame, wie kann ich Ihnen helfen?«, fragt sie mich mit heller Stimme.

Mir geht meine Antwort kaum über die Lippen: »Ich heirate in drei Tagen und wollte einen Termin für Make-up und Frisur vereinbaren.«

Ohne das Ende meines Satzes abzuwarten, beginnt sie unter dem Tresen zu kramen und zieht eine etwas zerknitterte Broschüre hervor. Das Titelblatt ziert das Bild einer indischen Braut, deren Haare kunstvoll zu einer Hochsteckfrisur drapiert und deren Hände über und über mit Henna bemalt sind. Ihre dunklen Augen sind stark mit schimmerndem Lidschatten geschminkt und mit Kajal umrandet. Wunderschön, geht es mir durch den Kopf, während ich das Foto länger als nötig bewundere.

»Das können wir auch so machen! Keine Sorge, Sie werden sehr hübsch aussehen, Madame!« Sie hat also meinen Blick bemerkt. Und schon klappt sie für mich den Prospekt weiter auf und beginnt zu erklären. »Ich würde Ihnen das Komplettpaket ›Strahlende Braut‹ empfehlen. Das beinhaltet nicht nur Make-up und Frisur. Hier kommen Sie an drei Tagen in unseren Salon und bekommen auch eine Maniküre, Hennabemalung an Händen und Füßen, und ihr Hochzeitssari wird für Sie von unseren Expertinnen gebunden.«

»Sie helfen mir auch beim Anziehen? Das ist wunderbar.«

Wir verabreden den ersten Termin für den Morgen des nächsten Tages, und als ich die Glastür des Salons öffne und fast schon traurig darüber bin, seine saubere Kühle wieder verlassen zu müssen, kommt ein anderes Mädchen die Treppe herunter, die direkt neben dem Tresen in das Obergeschoss des Ladens führt.

»Ist alles in Ordnung, Madame? Hat Ihnen Lakshmi geholfen? Wir werden alles tun, um Sie glücklich zu machen. Ich bin für die Haare und das Make-up zuständig. Mein Name ist Satya.«

Gleich am nächsten Morgen blicke ich wieder in Satyas hübsches Gesicht mit den braunen Augen, die mich neugierig anblicken.

»War er das, Ihr Bräutigam, Madam?«

Jay hat mich vor dem Salon abgesetzt, und ich habe die Blicke der Mädchen durch die Glasscheibe der Tür schon bemerkt, als ich aus der Rikscha ausstieg. Ich war über Nacht gewissermaßen zum Salontratsch geworden, Satya und ihre Kollegin Lakshmi hatten dafür gesorgt.

»Ist es eine Liebesheirat?«, sprudelt es aus ihr heraus. »Hach, das ist so romantisch!«

Natürlich ist Satyas Frage rhetorisch, denn es ist offensichtlich, dass ein indischer Mann eine Europäerin nicht in einer arrangierten Ehe heiraten würde.

»Ja«, beginne ich trotzdem zu erzählen, »ich habe meinen Mann in Mumbai kennengelernt. Wir haben schon in Europa geheiratet. Meine Schwiegereltern veranstalten hier in Indien eine Hochzeitsfeier für uns. Morgen kommt meine Familie aus Deutschland.«

»Madam«, Satya strahlt jetzt über das ganze Gesicht, »ich habe auch einen Freund, schon seit einem Jahr! Aber meine Familie darf das nicht wissen.« Ihr verschwörerischer Gesichtsausdruck bringt mich zum Lachen. »Was möchten Sie trinken, Madam?«

Ich habe Satya gleich ins Herz geschlossen, und sie wird mir in den nächsten drei Tagen nicht mehr von der Seite weichen. Sie betreut mich als Schutzengel und Freundin auf meinem Weg zur strahlenden Braut.

Mein erster Tag im Schönheitstempel beginnt mit einer Überwindung. »Bitte ziehen Sie sich aus, Madam!« Und noch ehe ich weiß, wie mir geschieht, hält mir Satya eine Art Unterrock entgegen.

Ich stehe ihr in Unterhose und BH gegenüber und komme mir jetzt schon ziemlich seltsam vor.

»Bitte ziehen Sie das auch noch aus. Wir beginnen mit einem Dampfbad.«

»Die Unterwäsche auch?«

Satya nickt nur bestimmt. Was für ein Dampfbad denn? Während ich mich noch wundere, wo in diesem kleinen Salon ein Dampfbad versteckt sein soll, laufe ich splitternackt, nur mit diesem seltsamen Unterrockumhang bekleidet, hinter Satya her. Sie führt mich in einen dunklen Raum und knipst das Licht an. Wir befinden uns in einem Badezimmer mit einer Duschkabine und einer Toilette.

»Madam, bitte setzen Sie sich hier hin!« Sie deutet auf den Klodeckel. Dann öffnet sie die Türen der Duschkabine, dreht das heiße Wasser auf, und plötzlich strömt Dampf hervor.

So sitze ich die nächste halbe Stunde auf dem Klodeckel, der dampfenden Dusche gegenüber, und schwitze mir die Seele aus dem Leib, bis schließlich Satya wieder die Tür öffnet.

»Als Nächstes wird Lakshmi ein Ganzkörper-Waxing durchführen.«

Mir wird kurz schlecht, weil ich an die Schmerzen denke, die jetzt auf mich zukommen. Unter Lakshmis geübten Händen geht dann zwar alles sehr schnell, und glücklicherweise verschont sie meine Bikinizone, aber als sie mir meine Arme mit heißem Wachs bestreicht und mir sogar dort jedes kleine Härchen entfernt, kann ich einen Schmerzensschrei nicht mehr unterdrücken.

»Alles in Ordnung, Madam? Habe ich Sie verbrannt?«, fragt Lakshmi.

»Nein, alles gut!«, sage ich lachend. »Aber bitte, bitte hören Sie auf. Die Arme können ruhig so bleiben.«

»Wie Sie wünschen, Madam …« Sie packt kleinlaut ihr heißes Wachs und die Bandagen zusammen.

»Sie haben das wirklich gut gemacht, keine Sorge. Es tut nur total weh. Das war nämlich das erste Waxing meines Lebens.«

Am Abend vor der Feier werden meine Hände und Füße mit Henna verziert, und ich verbringe den Rest des Tages wieder in der Obhut von Satya und ihrer fröhlich schwatzenden Kollegin, die mir mit einer dicken braunen Paste, die ein wenig streng riecht, jeweils eine Hand bemalen. Mehr und mehr füllen sich meine Handflächen, meine Finger und meine Unterarme mit Blüten, kleinen schlanken Schnecken und Schleifen und anderen feinen Mustern. In Windeseile ist meine Haut von einem Kunstwerk überzogen, das aber nun, da es langsam antrocknet, extrem zu jucken beginnt. Schließlich kitzelt mich das Henna nicht nur auf der Haut, sondern auch in der Nase … Hatschi, und das Unglück ist geschehen. Beim Niesen bewege ich meine Hand, und Satya erschrickt so, dass sie mit dem Pinsel patzt. Auf meiner Handinnenseite ist aus der kunstvoll gedachten Schnecke ein Ei geworden.

»Nein, nicht bewegen, Madam!«, bittet sie mich verzweifelt. »Das muss erst trocken, das dauert zwei bis drei Stunden. Sie dürfen sich wirklich nicht bewegen!«

Wie bitte? Ich muss noch drei Stunden hier sitzen? Wie soll ich denn mit der Paste von den Fingerspitzen bis zum Ellbogen essen und trinken? Für einen kurzen Moment bereue ich es, mich für eine Hennabemalung entschieden zu haben. Doch dann muss ich wieder mal an eine Weisheit meiner Oma denken: Wer schön sein will, muss leiden! Und so beiße ich die Zähne zusammen, auch wenn die trocknende Paste immer mehr zu zwicken und zu zwacken beginnt. Am liebsten würde ich mich ununterbrochen kratzen.

»Sehen Sie, Madam, jetzt ist es ein Pfau, kein Ei mehr!«, sagt Satya stolz und zeigt auf meine Handfläche. Nach zweistündiger Malerei entlässt sie mich mit Händen und Füßen voll braun getrockneter Hennapaste: »Bitte, Madam, halten Sie die Hände immer nach oben, Madam, und gehen Sie ganz vorsichtig. In zwei Stunden können Sie dann beginnen, die Hände mit klarem Wasser zu waschen. Aber bitte keine Seife benutzen! Wir sehen uns dann morgen.«

Mit erhobenen Händen klettere ich zu Jay in die Rikscha, die mich knatternd vor dem Salon erwartet. Mein Bräutigam hat allerdings kein Interesse an meinen kunstvollen Bemalungen. Er lacht darüber, dass ich mit erhobenen Händen neben ihm sitze und bei jeder Kurve fast von der Bank kippe, weil ich mich nirgendwo festhalten kann. Zu allem Überfluss bringt er regelmäßig einen Spruch, den er offenbar so witzig findet, dass er sich selbst darüber totlacht. Mit der Hand deutet er eine Knarre an und schreit: »Achtung, Hände hoch!«

»Das wird wunderschön aussehen«, sagt Mama, nachdem sie bereits das zehnte Foto geknipst hat.

Auch meine Schwester legt ihr Handy nicht mehr aus der Hand. Heute, am Tag des Hochzeitsempfangs, wird jeder Schritt meiner Verwandlung dokumentiert. Morgens haben wir drei mit verschlafenen Augen und verstrubbelten Haaren den Salon betreten. Doch dann vollbringen Satya und ihre Kolleginnen wieder einmal Wunder. Meine Schwester und meine Mutter tragen bereits die Saris, die ich ihnen geschenkt habe. Veronika ist in apricotfarbene Crêpe-Seide gehüllt, die über und über mit goldenen Perlen- und Strass-Stickereien verziert ist. Die offenen Haare fallen ihr über die Schulter, und Satya hat darin eine dünne Kette duftender Jasminblüten befestigt. Mamas Sari ist aus orangerotem Seidenbrokat, der mit einem changierenden Muster aus kleinen Blättern übersät ist. Beide ähneln indischen Königinnen und strahlen auch so. Jetzt bin ich an der Reihe. Vorsichtig befühlen Satyas Finger den Seidenstoff, dann beginnt sie, den sechs Meter langen Hochzeitssari aufzufalten. Jede weitere Lage, die sie öffnet, bringt mehr von dem mit dünnen Goldfäden durchwirkten Material zum Vorschein. Der Sari ist purpurrot und auf beiden Seiten mit einer goldenen Borte abgesetzt. Kleine goldene und grüne Blüten überziehen den gesamten Stoff, und auf den hinteren Teil, der später über die Schulter gelegt wird, ist ein goldener Pfau gestickt. Ich trage einen Unterrock in derselben roten Farbe und eine kurze Bluse, die meinen Bauchnabel freilässt.

»Das ist ein wunderschöner Sari, Madam!«, sagt sie entzückt.

»Ja, den hat mir meine Schwiegermutter ausgesucht. Ich hätte einen einfacheren gewählt, aber sie hat auf diesem bestanden.« Schließlich zeigt die Menge der glitzernden Verzierungen auf dem Stoff an, wie wohlhabend die Familie ist. Nach meinem Sari zu urteilen, müssen Amma und Appa in Geld schwimmen. »Ich bin immer ein wenig verzweifelt, wenn ich so viel Stoff um mich wickeln soll.«

»Darüber müssen Sie sich heute keine Gedanken machen, das ist meine Aufgabe!« Satya lächelt und kniet sich vor mich hin. Sie beginnt das eine Ende des Saristoffs vor meinem Bauch in meinen Unterrock zu stecken. »Bitte einmal umdrehen, Madam«, fordert sie mich auf, und ich drehe mich einmal im Kreis, sodass sich der Stoff um meine Taille wickelt. Nachdem Satya und ein anderes

Mädchen, das mir beim Anziehen hilft, den Rest des Saris an dem Bund des Unterrocks befestigt haben, legen beide das andere Ende kunstvoll in Falten. Dann wird dieser Teil über die Schulter gelegt und mit einer Sicherheitsnadel befestigt. Anschließend legen sie den restlichen Stoff, der in einer großen Schlaufe vor meinem Bauch hängt, in kleinere Falten, die sie wiederum am Ende in den Bund des Unterrocks stecken. Diese kleinen Falten springen vorne wie ein Fächer auf. Und obwohl das Ganze so kompliziert ist und ich dachte, mich in diesem dicken Seidenbrokat kaum bewegen zu können, bin ich über die Beinfreiheit und das angenehme Tragegefühl erstaunt. Ich fühle mich wie verwandelt, und keine meiner Befürchtungen ist eingetroffen. Denn ich sehe nicht aus wie ein wandelndes Sofakissen, sondern ich finde mich einfach richtig schön.

Den Saal, in dem der Empfang abgehalten wird, soll ich als Allerletzte betreten. Im Gang werde ich kurz davor noch von einem Fotografen erwartet. Als er meine Mutter, meine Schwester und mich erblickt, bricht auch schon das Blitzlichtgewitter los.

»Da fühlt man sich ja wie ein Filmstar auf dem roten Teppich!«, meint Mama begeistert und zückt ebenfalls ihre Kamera.

Das verwirrt den Fotografen so, dass er aufhört, uns abzulichten und sich anderen Gästen zuwendet. Jay kommt mir entgegen und schaut mich erleichtert an.

»Gut, dass du da bist. Meine Eltern fragen schon die ganze Zeit, wo ihr bleibt. Du siehst wirklich wunderschön aus!« Er betrachtet mich von oben bis unten und fügt dann leise hinzu: »Dieser ganze Zirkus nervt mich total. Ich habe echt Angst, dass mir dieses dumme Ding runterfällt.« Er deutet auf das weiße Seidentuch, das er um seine Hüften gewickelt hat. Ich nicke nur schuldbewusst, denn ich habe ihn gebeten, ein Vesti, die traditionelle Kleidung tamilischer Männer, zu tragen: ein großes Tuch, das wie ein langer Wickelrock aussieht. Jay steht das finde ich. Auch Mama ist begeistert und fotografiert ihn.

»Heute keine Jeans!«, sie umarmt ihn herzlich.

Auf den Eingangsbereich folgen zwei Säle: der große Festsaal mit Bühne und ein Speisesaal direkt dahinter. Hier sind lange Tafeln aus wackligen Tapeziertischen mit Bananenblättern eingedeckt. Auf jedem Blatt steht bereits eine Flasche Wasser und liegt eine Banane. Die Tische warten auf den Ansturm unserer hungrigen Gäste. Auch die Kellner haben sich gewappnet und stehen mit Blecheimern und Schöpfkellen bereit, um das Hochzeitsessen zu servieren: Reis und Sambar, die traditonelle Gemüsesuppe mit Linsen, die es in Tamil Nadu immer und überall gibt.

Bei der Auswahl des Menüs hat sich Amma besonders viel Mühe gegeben, denn ein tamilisches Sprichwort sagt: Man muss erst gut essen, bevor man in den Krieg ziehen kann. Und dieser Empfang ist Ammas große Schlacht, ihr Kampf, in dem sie sich behaupten muss. Sollte den Gästen das Essen nicht schmecken, die Braut nicht hübsch genug sein oder die Gastgeschenke zu spärlich ausfallen, würden die Verwandten die nächsten dreißig Jahre hinter vorgehaltener Hand darüber tuscheln. Bei Jay und mir muss alles noch perfekter sein als gewöhnlich, schließlich sind wir das Skandalpaar schlechthin. Eine Liebesheirat hat es in Ammas Familie vorher noch nie gegeben, und dann ist die Braut auch noch Europäerin! Das sorgt in der Verwandtschaft schon seit Monaten für Klatsch und Tratsch.

Dieses Spektakel will sich heute also keiner entgehen lassen, und so strömen sie in Scharen herein. Um Punkt halb sieben kommen die ersten Gäste. Diese Pünktlichkeit ist für Indien wirklich ungewöhnlich, aber die Neugier muss wohl so groß gewesen sein, dass viele sehr früh von zu Hause losgefahren sind, um bloß nicht den Beginn der Feier zu verpassen. Einige kommen von weit her und haben sogar mehrstündige Busreisen auf sich genommen, um mich zu begutachten. Meine Schwester steht am Eingang und verteilt mit strahlendem Gesicht die Gastgeschenke: die Stoffbeutel mit aufgedrucktem Ganesha samt Laddus und Kokosnuss, die weibliche Fruchtbarkeit und Opferbereitschaft symbolisiert. Amma hat Veronika als geeignet für diese wichtige Aufgabe ausgewählt. Sie hat ihr sogar »Herzlich Willkommen« in Tamil beigebracht. Mit »Vanga Vanakamp« überreicht sie jedem Gast stolz das Geschenk und wird dafür mit erstaunten Blicken bedacht. Bei welcher Hochzeit hat man schon eine Tamil sprechende große weiße Frau im Sari am Eingang gesehen?

Jay und ich haben inzwischen unsere Plätze auf der Bühne des großen Festsaals eingenommen. Hier steht ein purpurrotes Samtsofa mit goldenen Beinen vor einem Blütenvorhang aus weißen Orchideen und roten Rosen. Auf der Stirnseite des Saales sitzen Musiker mit traditionellen Instrumenten – Tabla, Flöte und Geige – auf dem Boden und spielen leise Instrumentalmusik.

Blumendekoration und keine Musik vom Band! – das waren meine einzigen Wünsche für diese Zeremonie. Alles andere durfte dann Amma bestimmen. Fast. Ich habe mich geweigert, mir von Amma und Appa echtes Gold schenken zu lassen und mich – gegen ihren erklärten Willen – für wesentlich billigeren Modeschmuck entschieden. Ich wollte nicht, dass Jays Eltern noch mehr Geld für echten Schmuck ausgeben, den ich sowieso nie tragen kann, denn in Deutschland läuft keine Frau mit einer Reihe Goldarmreifen im Alltag herum. Und auch für walnussgroße Goldohrringe sehe ich keine Verwendung.

»Jetzt geht's los. Pass auf!«, flüstert mir Jay zu und drückt meine Hand.

Und tatsächlich: Die ersten Gäste streben im Pulk auf die Bühne zu. Es ist eine Gruppe von Frauen mittleren Alters, die Tanten und Cousinen von Amma. Einige halten kleine Kinder auf dem Arm, und alle sind in schwere Seidensaris gewandet und mit so vielen Goldketten, Armreifen und Ohrringen behängt, dass man nicht mehr weiß, wohin man schauen soll. Sie sehen aus wie kleine weibliche Ritter in goldener Rüstung. Jede trägt ein kleines Vermögen mit sich herum. Nun hat die erste Gästegruppe der Aunties die Treppe der Bühne erreicht, und während eine nach der anderen ein bisschen schwerfällig die Stufen erklimmt, stehen Jay und ich auf und machen uns bereit für die Flut der Gratulanten. Sie schütteln uns nacheinander die Hände, wünschen uns ein glückliches Eheleben und schieben Jay Kuverts mit Geld zu, die Ammas Schwester Tante Lakshmi hinter ihm einsammelt und in einer großen Plastiktüte verschwinden lässt. Dann ist der Fotograf bereit und arrangiert die Gruppe der Tanten und Cousinen um uns herum.

»Bitte lächeln!«, und wieder folgt ein Blitzlichtfeuerwerk.

So geht es den ganzen Abend weiter. Ich fühle mich tatsächlich ein bisschen wie ein Ausstellungsobjekt: Vor der Bühne stehen in Reihen Sessel wie im Kinosaal, da sitzen die Gäste, die schon von uns begrüßt wurden, und unterhalten sich, begutachten das Treiben oder fotografieren uns. Diejenigen, die genug gesehen haben, gehen in den nächsten Saal, um dort zu essen, während wir auf der Bühne noch mehr Gäste zu begrüßen haben. Irgendwann höre ich auf zu zählen, wie viele Hände ich an diesem Abend geschüttelt und wie viele freundliche Danksagungen ich erwidert habe.

Immer wieder sind auch Freunde von Jay dabei, die ich aus Mumbai oder Chennai kenne. Ich freue mich, sie zu sehen. Doch für ein Gespräch bleibt keine Zeit, denn schon drängen die nächsten Gäste auf die Bühne. Ein bisschen vermisse ich meine Freunde aus Deutschland, mit denen dieser Abend sicher lustiger und weniger förmlich geworden wäre. Ich bin so froh, dass meine Eltern und meine Schwester gekommen sind. So unterstützen mich wenigstens ein paar »meiner« Leute bei diesem Zusammentreffen mit der neuen indischen Verwandtschaft. Tante Lakshmi mit der Plastiktüte hat es sich zur Aufgabe gemacht, uns jede Person namentlich vorzustellen. Sie schafft es, mir auch noch zu erklären, welche Ehefrau eines Onkels des Cousins dritten Grades mir gerade ihre Hand entgegenstreckt.

Man könnte meinen, dass diese Feier das große Happy End und

die Besiegelung unserer Liebe bedeutet, aber da hatte ich mich getäuscht.

Keine Bollywood-Romantik – von der Kulisse vielleicht abgesehen –, keine ewigen Liebesschwüre, keine Balladen, keine überaus festlich gedeckten Tafeln mit klirrenden Gläsern. Hier geht es nicht um uns, hier geht es um das Ansehen der Familie. Einen guten Eindruck bei den Verwandten zu hinterlassen, das ist wichtiger als Gefühle und Geschnulze. Die einzige Unterbrechung des Handschüttelmarathons ist der Auftritt einer Tänzerin, den ich mir von Jay gewünscht habe.

Das zierliche Mädchen tanzt Bharatanatyam, eine alte indische Tanzform, und bewegt sich elfengleich über die Bühne. Wie verzaubert sehe ich mir ihre fließenden Bewegungen an. Auch meine Mutter und meine Schwester sind begeistert und applaudieren lautstark. Doch dann fällt mir auf, dass wir die Einzigen sind, die klatschen. Die meisten von Jays Verwandten haben bereits den Saal verlassen und sich dem Essen zugewandt. Jay liest meine Gedanken.

»So etwas interessiert meine Familie nicht. Das ist eher was für Europäer.«

Doch mir ist das egal. Mir gefällt es, und so klatsche ich noch einmal besonders laut. Um 21.30 Uhr ist die ganze Veranstaltung schlagartig vorbei. Alle sind so schnell weg, wie sie gekommen sind. Jay und ich haben es aber bis jetzt nicht geschafft, etwas zu essen, und so bleiben für uns nur noch die Reste. Wir sitzen alleine zwischen bereits hochgestellten Stühlen.

Ich bin insgeheim froh, dass der Tag vorbei ist. Den ganzen Abend auf einer Bühne zu stehen, Hunderte Glückwünsche Unbekannter entgegenzunehmen, ständig freundlich zu lächeln, und das alles unter Beobachtung der Verwandschaft, war anstrengender, als ich mir vorgestellt hatte. Aber immerhin sind wir jetzt offiziell verheiratet. Sowohl in der EU als auch in Indien – und vor allem in den Augen der gesamten Verwandtschaft. Amma ist glücklich, alle Gäste haben sich für die gelungene Feier herzlichst bedankt. Appa erzählt mir augenzwinkernd, dass ein paar Gäste ihn auch zur hübschen Schwiegertochter beglückwünscht hätten. Das macht mich in diesem Moment so glücklich, dass ich ihm erschöpft um den Hals falle.

Jetzt, wo mir die wichtigsten Verwandten die Hand geschüttelt haben, bin ich in der indischen Familie angekommen. Unsere Hochzeitsnacht verbringen wir alleine in einem Hotelzimmer.

Diesmal dürfen, nein, müssen wir zusammen in einem Bett schlafen. Darauf besteht Amma.

13

Tausend Schönheiten in aller Welt

Tausend Schönheiten in aller Welt,
wie von Götterhand gemalt,
tausend Schönheiten in aller Welt.
Verbringen wir jeden Tag, ganz wie es uns gefällt.
Du und ich, wir werden eins.
Der Garten voller Lüfte,
die Luft bringt gute Düfte.
Das Funkeln der Jugend, das Neue kommt, überall.

Als endlich der Wegweiser der Autobahnausfahrt zum Flughafen Frankfurt auftaucht, regnet es in Strömen, und es liegen bereits vier Stunden Fahrt hinter mir. Mit Schlaf in den Augen bin ich heute Morgen um sechs Uhr dreißig noch vor Tagesanbruch in München losgefahren. Amma und Appa kommen nach Deutschland, und ihr Flugzeug wird in knapp einer halben Stunde landen.

»Wieso fährst du eigentlich extra vier Stunden durchs Land, nur um kurz deine Schwiegereltern zu begrüßen?«, fragte mich Mama gestern mit ihrer direkten Art. »Andererseits: Wenn du extra vier Stunden fährst, kann sich Jays Mama nicht mehr beschweren, zu wenig Aufmerksamkeit von dir zu bekommen.«

Ich nehme die Einfahrt zum Terminal, parke den Familienvan meiner Eltern und mache mich auf den Weg zum Gate. Bei einem Blick auf die Anzeigetafel fällt mir auf, dass der Flieger bereits gelandet ist, also laufe ich schneller. Jay ist vor einer Woche nach Indien geflogen, um Amma und Appa abzuholen. Meine Schwiegermutter hat sich strikt geweigert, alleine zu reisen. Noch in Gedanken und auch mit ein wenig Sorge darüber, wie wir die kommenden Wochen verbringen werden, sehe ich bereits Jays Bruder Arun im Ankunftsbereich des Flughafens stehen und nach mir winken. Er ist ebenfalls nach Frankfurt gekommen, um seine Eltern zu empfangen. Ich habe kaum Zeit, ihn zu begrüßen, als sich schon die gläsernen Schiebetüren öffnen und die ersten indisch aussehenden Passagiere herausströmen. Die Menschen vor uns recken die Hälse, jeder versucht einen Blick ins Innere der Gepäckausgabe zu erhaschen, sobald die Schiebetüren den Durchblick freigeben. Einige winken, und auch ich stelle mich auf die Zehenspitzen, um besser sehen zu können. Wieder bin ich also zusammen mit einer Horde Inder an einem Flughafen, aber diesmal komme ich nicht an, sondern hole jemanden ab. Ich muss daran denken, wie ich viele Male Jays Gesicht hinter den Scheiben der Schiebetüren am Flughafen in Mumbai gesucht habe. Als ich ihn dann heftig winkend in der Menge all dieser Gesichter ausgemacht hatte, war ich immer so unheimlich glücklich. Viel Zeit und viele Schwierigkeiten haben wir hinter uns gebracht. Ich hätte lange nicht gedacht, dass ich einmal am Flughafen stehen würde, um Amma und Appa als meine Schwiegereltern in Empfang zu nehmen.

Langsam verbreitert sich der Strom der Reisenden, die ihr Gepäck hinter sich herziehen, und tatsächlich erspähe ich Jay. Er schiebt zwei große und zwei kleine Koffer, und hinter ihm trotten zwei für das Juniwetter viel zu warm eingepackte Gestalten. Amma trägt eine dicke Fleecejacke und auf dem Kopf eine schwarze Wollmütze. Die Mütze ist meiner Schwiegermutter viel zu groß, und die Ohrklappen hängen ihr an den Seiten des Kopfes herunter und verleihen ihr ein etwas trauriges Aussehen. Auch ihr Gesichtsausdruck trägt zu diesem etwas jämmerlichen Eindruck bei. Sie sieht erschöpft und völlig übernächtigt aus. Jay dagegen winkt mir erleichtert zu. Denn bei unserem Telefonat am Abend zuvor hatten wir gestritten, weil ich ihm sagte, dass ich keine Lust hätte, extra nach Frankfurt zu fahren, nur um seinen Eltern hallo zu sagen. Sie hätten ja auch einfach ein Ticket nach München buchen können. Doch weil sie die ersten Wochen ihrer Deutschlandreise bei Arun in Heilbronn verbringen sollen, hatten sie Frankfurt als Zielflughafen gewählt. Warum also sollte ich extra aus München kommen, nur um dann ohne sie wieder vierhundert Kilometer zurückzufahren? Wir würden uns doch sowieso in ein paar Wochen in München sehen! Langsam kommen Jay und seine müden Eltern auf mich zu. Arun ist bereits dabei, Jay die Koffer abzunehmen, als mein Blick nochmals auf Ammas Mütze fällt. Ich kann mir ein Lachen nicht verkneifen, denn darauf steht in weißen, breit gestickten Buchstaben: *I love Amsterdam.*

In den folgenden drei Wochen schaffen es meine Schwiegereltern zwar nicht nach Amsterdam, aber mein Schwager scheut keine Kosten und Mühen, um den ersten Aufenthalt seiner Eltern in Europa so erlebnisreich wie möglich zu gestalten. Jedes Wochenende macht er Reisen mit ihnen. So bekommen wir Fotos gemailt, auf denen Amma und Appa lässig mit einem Coffee-to-go in der Hand am Spreeufer stehen, vor dem Brandenburger Tor posieren und bei einem Picknick auf der Wiese vor dem Reichstag sitzen. Eine Woche später geht es nach Paris, und die Fotos werden noch spektakulärer. Amma und Appa auf dem Eifelturm, Amma und Appa in Versailles, Amma und Appa im Louvre vor dem Bildnis der Mona Lisa.

»Dort oben seht ihr die Münchner Stadtgeschichte«, erkläre ich und deute auf das Glockenspiel, das hoch droben am Rathausturm zu sehen ist. »Diese Figuren heißen Schäffler. Damit bezeichnet man Menschen, die Fässer herstellen. Nach einer Pestepidemie sind sie als Erste wieder auf die Straßen gegangen und haben einen Tanz aufgeführt, um damit zu zeigen, dass man nach der schlimmen Zeit, die von der Krankheit beherrscht war, wieder fröhlich sein kann.« Amma nickt wissend. »Um fünf Uhr wird auch das Glockenspiel tanzen«, sage ich und schaue auf die Uhr am Turm des Alten Rathauses auf der Ostseite des Marienplatzes. Appa sieht mich fragend an.

»Was meinst du mit tanzen?«

»Das wirst du gleich sehen!«, antwortet Jay.

»Lasst uns näher zur Mariensäule gehen, dann sehen wir besser!«, fordere ich die kleine Gruppe auf.

»Warten Sie, ich muss Sie etwas fragen!« Eine junge Frau in einem geblümten Kleid stellt sich mir in den Weg. »Verzeihen Sie, ich glaube, ich kenne Sie. Sind das Amma und Appa?« Ihr Blick wandert zu Jays Eltern, die hinter mir stehen geblieben sind und verwundert die junge Frau ansehen.

»Haha, ja, das sind sie. Woher wissen Sie das?«, frage ich überrascht.

»Ich habe die Vorschau zu Ihrem Film gesehen und freue mich schon auf den Kinostart in drei Wochen!« Sie strahlt.

Amma und Appa bleiben verdutzt stehen, als das Mädchen ihr Handy aus der Tasche kramt und mit Jays Eltern ein Selfie schießt. Sie schüttelt beiden die Hand mit vor Aufregung geröteten Wangen.

»Warum hat das Mädchen mit uns ein Foto gemacht?«, fragt Amma ihren Sohn völlig verwirrt.

»Sie hat euch erkannt, weil sie die Ankündigung von unserem Film im Kino gesehen hat. Ihr beide seid nun ein bisschen berühmt«, erklärt er seinen Eltern.

Die beiden sind schockiert. Im selben Moment ertönt der

Stundenschlag der Frauenkirche, und das Glockenspiel beginnt sich zu drehen.

»Wir müssen weiter!«, sage ich zu dem weiblichen Fan im Blümchenkleid und ziehe Jay in die Mitte des Platzes, seine Eltern im Schlepptau. Die junge Frau ist verdattert, aber ich merke, wie unangenehm es meinen Schwiegereltern ist, erkannt zu werden. Wie soll das erst werden, wenn der Film tatsächlich im Kino läuft und danach irgendwann im Fernsehen?

Eigentlich will ich einfach nur Filme machen, die mir wichtig sind. Berühmt werden muss ich dabei nicht unbedingt. Natürlich war es ein großer Moment, in Berlin nach der Premiere auf der Bühne zu stehen. Auch was danach passierte, ist der Traum jedes Filmstudenten. Schließlich findet nicht alle Tage ein Studentenfilm einen Verleih und läuft dann tatsächlich bundesweit im Kino. Aber auf die öffentliche Aufmerksamkeit in meinem Alltag kann ich gern verzichten.

Wir drängen uns durch Gruppen von chinesischen Touristen, die ihre Smartphones in die Luft recken, und richten unsere Blicke nach oben zum Glockenspiel. Amma kneift die Augen zusammen und schaut kurz hin, wendet sich dann aber gleich wieder zu uns.

»Können wir bitte hier weggehen! Vielleicht etwas essen?«

Offenbar muss sie diesen Schock erst mal verdauen, denn sie sieht immer noch völlig verwirrt aus.

»Gut, dann gehen wir jetzt in ein indisches Restaurant, bei dem man auch draußen sitzen kann!«, kündige ich an.

Dort nehmen wir an einem Tisch unter Schatten spendenden Bäumen Platz. Hier fallen Amma und Appa weniger leicht auf. Überall sitzen Menschen mit dunkler Hautfarbe. Der Kellner bringt Speisekarten, Jay übersetzt für seine Eltern, und ich entscheide mich schnell für etwas, das immer schmeckt: Chicken Curry. Während der Rest meiner Tischgesellschaft über dem Menü grübelt, fällt mein Blick auf zwei Kellner, die sich an das Schränkchen lehnen, auf dem sich der Speisekartenstapel und die

Kasse befinden, und sich tuschelnd unterhalten. Sie werfen dabei immer wieder einen Blick in unsere Richtung. Ich fühle mich beobachtet.

»Seid ihr fertig?«

Jay nickt. Ich winke den Kellner heran, der offenbar seine Aufmerksamkeit nur noch bei uns hat, so prompt reagiert er. Ich zähle die Gerichte auf, die wir bestellen wollen. Während der Kellner etwas auf seinen Notizblock kritzelt, wandert sein Blick zwischen uns hin und her.

»Darf ich Sie etwas fragen?«, wendet er sich an Jay. »Sind Sie die Familie aus dem Film?«

Jay schaut mich an und grinst. »Ja, woher wissen Sie das?«

»Aus dem Kino natürlich! Ich bin auch aus Tamil Nadu und in der Nähe von Pondicherry aufgewachsen! Ich habe die Gegend im Trailer gleich erkannt!« Seine Augen leuchten, er wirkt ganz nostalgisch, als er neben unserem Tisch steht und Block und Stift scheinbar vergessen hat. Wir schweigen, er sieht aus, als würden Bilder seiner Jugend auf einer inneren Leinwand im Schnelldurchgang ablaufen. »Sie erinnern mich so an meine Eltern«, sagt er voller Rührung zu Amma und Appa. »Mögen Sie München? Ist das Ihr erster Besuch in Deutschland?«

Meine Schwiegereltern sind zu verdutzt, um zu antworten. Beide schauen den Kellner noch schockierter an als das Mädchen am Marienplatz. Dann fängt sich Appa wieder und stottert.

»Äh, ja, das erste Mal. Es ist wirklich schön hier.«

Und um das Gespräch zu beenden, geht Jay schnell wieder zur Essensbestellung über.

Um Ammas und Appas aufkeimende Berühmtheit noch etwas zu fördern, steht ein paar Tage später ihre erste Frage-Antwort-Runde vor einem vollen Kinosaal an. Unser Film feiert im Rahmen der Münchner Filmkunstwochen seine München-Premiere, und alle Protagonisten sind anwesend. Jays Eltern sind trotz der öffentlichen Aufmerksamkeit, die ihnen auf der Straße zuteilwird, vorfreudig auf die Premiere. Schließlich haben sie den Film bisher nur in Ausschnitten auf ihrem kleinen Laptopmonitor gesehen. Viele meiner Freunde haben zugesagt zu kommen, und ich bin ganz schön aufgeregt. Von unserem Platz rechts vorne im Kinosaal beobachten wir, wie die Zuschauer in den Saal drängen und ihre Plätze einnehmen. So eine Situation habe ich schon oft erlebt, aber nie war kurz danach ich selbst auf einer Leinwand in meiner Stadt zu sehen. Die Vorstellung ist fast ausverkauft, sogar die Plätze in den vordersten Reihen sind besetzt. Es fühlt sich an wie ein Testlauf. Wir waren zwar außer bei der Berlinale auch bei kleineren Filmfestivals zu Gast und mussten dort jedes Mal nach der Vorstellung eine Menge Fragen beantworten. Immer wieder natürlich, ob wir mittlerweile doch geheiratet hätten – denn der Film endet mit dem Beschluss, damit noch zu warten – oder ob Jays Eltern schon einen Deutschlandbesuch hinter sich hätten. Die letzte Frage wird sich bei der heutigen Vorstellung erübrigen, sie werden leibhaftig mit uns vorne stehen und eventuell sogar auch selbst das Wort ergreifen.

Als der Film zum allerersten Mal in Berlin gezeigt wurde, hatte ich Angst, dass meine Eltern sich veräppelt fühlen würden. Aber seit sie mir versichert haben, dass sie auch die Stellen, in denen sie vielleicht nicht ganz so gut wegkommen, sehr lustig fänden, habe ich bei keiner weiteren Vorstellung eine ähnliche Aufregung empfunden. Mama genießt die Aufmerksamkeit sogar. Bei der zweiten Vorstellung in Berlin wurde sie sogar von einer Dame in der Schlange zur Toilette angesprochen, was für eine gute Schauspielerin sie sei. Das hat meiner Mutter natürlich sehr geschmeichelt, denn ihr »Fan« hatte gar nicht verstanden, dass es sich um einen Dokumentarfilm handelt.

Erst als Jay heute Nachmittag erwähnt hat, dass seine Eltern den Film zum ersten Mal in der unzensierten Fassung inklusive aller Situationen sehen werden, in denen geraucht und getrunken wird, wurde ich immer angespannter. So sitze ich jetzt neben Amma, der von Jays Bruder jeder deutsche Satz des Filmes auf Tamil ins Ohr geflüstert wird, in der Dunkelheit und versuche im Licht, das von der Leinwand auf ihr Gesicht fällt, ihre Mimik zu deuten. Als wir zu dem Zwischenbild kommen, für das Jay animiert hat, wie er mit Hilfe einer Angel von Amma aus dem überdimensionalen Maßkrug gerettet wird, biegt sich der Saal vor Lachen. Und auch Amma neben mir lacht mit, und meine Anspannung löst sich wieder.

Im Anschluss an die Kinovorstellung bittet der Moderator die ganze Familie vor die Leinwand auf die Bühne.

»Wie gefällt es Ihnen in Deutschland?«, fragt er Appa.

Der greift zögerlich zum Mikrofon, schluckt und sagt, sichtlich erstaunt, wie laut seine Stimme durch den Saal hallt: »Es ist sehr schön hier, alle Menschen sind sehr freundlich.«

Das Publikum lacht. Das bricht das Eis, und Appa lächelt über das ganze Gesicht. Schon zwei Fragen später hält er das Mikro so selbstverständlich in der Hand, als hätte er nie was anderes getan, als vor einem vollen Kinosaal zu sprechen. Auf die Frage aus dem Publikum, ob sich Amma und er nun mit der deutschen Schwiegertochter angefreundet hätten, wird es dann ganz still im Saal. Die Augen der Zuschauer sind auf Jays Eltern gerichtet, und wieder greift mein Schwiegervater zum Mikrofon.

»Ich bin sehr glücklich, dass Franziska und Jayakrishnan geheiratet haben. Die Zeremonie in Indien war sehr festlich. Ich bin froh, eine so tolle Familie zu haben.«

Lieber, bewundernswerter Appa! Ich stehe in meinem Sari vor diesen vielen Menschen, umringt von meiner Familie, dem bayerischen und dem indischen Teil, sehe wegen der Scheinwerfer, die mir ins Gesicht strahlen, nur gleißendes Licht und verspüre tiefe Dankbarkeit darüber, dass diese anfangs so schwierige Geschichte ein Happy End gefunden hat. Appa macht Anstalten, noch etwas sagen zu wollen. Er räuspert sich.

»Also, ich finde, Jayakrishnan ist ein genauso glücklicher Mann wie Mario Götze. Bei der Fußball-WM sah es beim Spiel Deutschland gegen Ghana doch so aus, als würden die Deutschen schnell ausscheiden, aber dann wurden sie dank Götze doch Weltmeister. Ich war ehrlich gesagt auch skeptisch, ob es ein Finale geben würde, als ich Franziska zum ersten Mal sah. Aber jetzt weiß ich, dass Jayakrishnan doch den Haupttreffer gelandet hat. Das macht mich sehr stolz.«

Ich schniefe, wische mir verstohlen mit dem Handrücken die Tränen von der Wange und sage so laut, dass der ganze Kinosaal es hören kann: »Danke, Amma und Appa, ich bin auch sehr, sehr froh, dass wir jetzt eine Familie sind!«

Ich sitze auf der Terrasse und kritzle Listen: *Pavillons aufbauen, Hussen bügeln, Getränke kühlen, Amma und Appa abholen, Blumenketten besorgen, Obst kaufen* und eine ganze Reihe anderer Dinge, die bis morgen erledigt werden müssen.

»Ich hole das Zeug vom Garagenspeicher«, waren Papas letzte Worte, bevor er um die Hausecke verschwunden ist. Von dort höre ich leises Klappern und dann einen spitzen Schrei. »Kommt mal jemand und hilft mir?« Ich beeile mich, zur Garage zu kommen. »Immer muss ich alles alleine machen! Wo ist eigentlich der Jay?«

»Der telefoniert gerade mit dem Priester, um zu fragen, ob wir für den Altar noch was besorgen müssen.«

»Warum erst jetzt? Das hättet ihr doch schon viel früher erledigen können«, regt sich mein Vater auf.

»Du kennst doch Jay und weißt, dass er immer alles auf den letzten Drücker erledigt. Und außerdem hole ich nachher sowieso Amma und Appa ab, da können wir noch schnell beim Supermarkt vorbeifahren.«

»Ihr habt eine Ruhe weg!«, seufzt er und schüttelt wie so oft in den letzten Tagen den Kopf.

Jay und ich planen seit mehreren Wochen eine hinduistische

Hochzeit im Garten meiner Eltern, zu der nun alle Freunde und Verwandten, die weder in Dänemark noch in Indien dabei sein konnten, eingeladen sind. Es soll ein Fest für uns beide werden, bei dem wir unser Eheversprechen noch einmal ablegen wollen. Nicht wie meine Schwester in der Kirche, sondern in einer vedischen Zeremonie mit unserem indischen Priesterfreund aus München. So wie ich es mir immer vorgestellt habe. Allerdings ist es schwieriger, als ich anfangs gedacht habe, in Deutschland eine hinduistische Hochzeit zu organisieren. Dabei muss ziemlich viel improvisiert werden, denn natürlich darf die Zeremonie nicht zu viel kosten. Deswegen haben wir uns vorgenommen, das meiste selbst zu machen. Meine Eltern helfen uns dabei. Also bugsieren Papa und ich nun nach und nach mehrere Biertische und -bänke und drei zerfledderte Kartons mit Gartenpavillons auf den Weg zwischen Garage und Hausmauer.

»Franziska!«, ruft es aus dem Küchenfenster. »Wo bleibst du denn?«

Als ich die drei Stufen zur Terrasse hochstolpere, steht Mama in der Tür, in der Hand meine Listen. »Wie willst du denn das alles überhaupt schaffen, das frage ich mich schon!«

Jay erscheint am Treppenabsatz.

»Da bist du ja endlich! Hilf meinem Vater, die Pavillons aufzubauen! Ich muss die Blumenketten abholen, ich bin sowieso schon viel zu spät dran!«

»Jaahaa …«, knurrt er und drückt sich an mir vorbei in den Garten.

Kunststoffblumen zu kaufen, wäre die einfachste Lösung gewesen, aber ich möchte meinem Mann eine Kette aus frischen echten Blüten um den Hals hängen, wenn wir uns vor dem Priester ewige Liebe und Treue schwören. Solche Ketten in Indien zu besorgen wäre eine Sache von ein paar Minuten, aber hier in Deutschland bin ich auf der Suche danach fast verzweifelt. Ich habe gefühlt jeden Blumenladen der Stadt durchtelefoniert und fast immer nach Äußerungen wie »Was wollen Sie? Lange Ketten aus frischen Blumen? An einem Samstag?« resigniert wieder aufgelegt.

Mein Priesterfreund hat mir dann vorgeschlagen: »Ruf doch im Hare-Krishna-Tempel an, die machen das schon!«

Tatsächlich konnte ich mit dem Tempelvorsteher vereinbaren, dass ich am Tag vor der Zeremonie bis zwölf Uhr vorbeikomme und unsere Ketten in Empfang nehme.

»Bring noch eine Packung Sicherheitsnadeln mit für die Pavillondeko!«, ruft mir meine Mutter nach, als ich die Autotür zuschlage.

Mama steht an ihrer Bügelstation und dampft Bank- und Tischhussen glatt. Sie sind aus dunkelrotem glänzendem Stoff, passend zu meinem Sari, den ich morgen zur Zeremonie tragen werde. »Da bist du ja endlich wieder, ich dachte schon, du holst deine Blumen in Tamil Nadu! Warum hast du eigentlich so ewig gebraucht?«

»Diese Hare-Krishnas hatten die Ketten noch nicht fertig! Ich bin total ausgeflippt. Bei uns läuft es eher wie in Indien, war ihr Argument, ich solle einfach später noch einmal wiederkommen. Dafür bin ich extra zweimal quer durch die ganze Stadt gefahren!«

»Aber sind diese Ketten denn soo wichtig? Geht das nicht ohne?«

»Nein, Mama. Das ist ein entscheidender Moment, wenn Jay und ich uns gegenseitig die Blumengirlande umhängen. Das ist das Zeichen unserer ewigen Verbundenheit.«

»Dann können wir ja nur hoffen, dass die Hare-Krishna-Leute eure Blumenketten bis morgen fertig bekommen.«

Papa steht der Schweiß auf der Stirn, seine nackten Füße sind grasgrün. Jay taucht neben ihm auf, auch ihm steht die Erschöpfung ins Gesicht geschrieben. Drei Pavillons auf einem nicht rechteckigen Rasenstück sinnvoll zu platzieren ist eine Herausforderung. »Ich muss jetzt mal was essen! Das mit der Deko dürft ihr Frauen machen«, sagt mein Vater endlich, geht in die Küche und kommt mit zwei Flaschen Bier heraus. Er öffnet beide und hält eine davon Jay hin. Eigentlich ist sehr erstaunlich, wie gut gelaunt mein Vater heute ist. Die Idee, diese Zeremonie in seinem Garten abzuhalten, stieß bei ihm nicht von Anfang an auf Begeisterung.

»Wo sollen die Gäste denn alle essen? Und wer kocht überhaupt?«

»Wenn du nicht Elefanten aus Indien einfliegen lässt, hält sich der Aufwand ja vielleicht noch in Grenzen. Und wann hast du schon einmal die Gelegenheit, eine indische Hochzeit im Garten zu veranstalten?«, entgegnete Mama auf seine Beschwerde.

Ich stellte mir die Organisation dieser Feier ja eigentlich auch ganz einfach vor. Was braucht man mehr als gutes Essen, Deko, Gäste und einen Priester? Nichts! Darauf, dass das Bügeln der Hussen für vier Bierzeltgarnituren schon einen halben Tag dauern könnte, wäre ich im Leben nicht gekommen. Und dass das indische Restaurant, das mit dem Catering beauftragt war, unsere Bestellung einfach vergessen würde, auch nicht!

Als ich vor ein paar Tagen dort anrief, weil ich irgendwie das Gefühl hatte, unser Hochzeitsessen noch einmal bestätigt wissen zu wollen, traute ich meinen Ohren kaum.

»Bestellung für Schönenberger? Isse nich da!«, kam eine Stimme mit indischem Akzent aus dem Hörer.

»Können Sie bitte noch mal nachsehen? S-C-H-Ö-N-E-N-B-E-R-G-E-R. Wir haben vor einem Monat bei Ihrem Chef persönlich bestellt.«

»Die Chef nicht da. Sie kann drei Stunde noch mal anrufen. Bitte.« Tatsächlich kann er meinen Namen im Auftragsbuch nicht finden. »Tut mir leid, Frau Schönenberger, aber da ist nix Auftrag. Bitte später anrufen.«

Zwei Stunden später wähle ich wieder dieselbe Nummer, diesmal meldet sich der Chef persönlich.

»Ach, ich sehe, dass hier jemand Ihre Bestellung um eine Woche zu spät eingetragen hat. Sie haben Glück!«

Wir haben Glück? Lustig, das so darzustellen. Derjenige, der es falsch eingetragen hat, ist er schließlich selbst gewesen. Trotzdem bin ich einfach nur erleichtert, dass er die pünktliche Essenslieferung verspricht, und entscheide mich dafür, mich nicht weiter aufzuregen.

»Wolltest du nicht um fünfzehn Uhr irgendwo hinfahren, Franziska? Franziska! Träumst du?« Papa steht mit meinen Listen in der Hand neben mir. »Hier steht: fünfzehn Uhr, Amma und Appa vom Bahnhof holen.« Jays Eltern haben die letzten Tage bei seinem Bruder in Heilbronn verbracht und treffen zusammen mit ihm heute Nachmittag in München ein. Ich hatte versprochen, sie vom Zug abzuholen und ins Hotel zu bringen. Und zwar jetzt. Genau jetzt.

Es ist früher Abend, als ich wieder in den elterlichen Garten zurückkehre. Jetzt glänzen drei festlich dekorierte Pavillons im Garten. Amma, Appa und Arun habe ich zu ihrem Nachtlager gebracht, und die restlichen Stunden des Nachmittags schaute ich bei den Hare Krishnas zu, wie zwei Blumenketten fertiggestellt wurden. Auf den Vorschlag, später oder besser morgen wiederzukommen, habe ich mich dieses Mal nicht eingelassen.

Ein Piepton bohrt sich durch mein Trommelfell bis tief ins Gehirn. *06.00*, lese ich verschwommen auf dem Display meines Smartphones. Neben mir grummelt es.

»Nur noch zehn Minuten!« Ich wende den Kopf und sehe durch mein halbgeöffnetes rechtes Auge schwarze Locken, die unter einer Decke hervorlugen. »Mach den Wecker aus! Bitte!«

Tiefe, ernstliche Verzweiflung schwappt mir von seiner Bettseite entgegen. Wir haben viel zu wenig geschlafen. Plötzlich reißt Mama mit Schwung die Zimmertüre auf.

»Nichts wie raus aus den Federn, in vier Stunden kommen die Gäste!«

»Nur noch zehn Minuten, bitte, bitte!« Jay stöhnt laut auf. Er klingt so verzweifelt, dass es mich zum Lachen bringt.

»Komm Jay, heute heiraten wir.« Ich rüttle an seiner Schulter.

»Schon wieder!«, sagt er nur und verschwindet komplett unter der Bettdecke.

Unten auf der Terrasse finde ich Papa, mit übergeschlagenen Beinen sitzt er auf einer der Bierbänke, die Jay und ich gestern Abend noch aufgestellt und mit den faltenfreien Hussen versehen haben. Ich habe beim Aufstehen beschlossen, den Tag mit Humor anzugehen und mich von keiner Widrigkeit ärgern zu lassen. Auch Papa scheint die Situation gelassen zu sehen. Der Zigarillo klemmt in seinem Mundwinkel, mit ruhigem Blick betrachtet er die Pavillons unten auf dem Rasen, deren Stoffdeko leicht im Wind flattert.

»Wann kommt der Priester?«, will er wissen.

»In zwei Stunden, dann baut er erst mal den Altar auf.«

Zu meiner Verwunderung finde ich Jay gleich darauf in der Küche. »Du bist doch schon aus dem Bett? Es geschehen noch Wunder!«

»Ja, jemand hat heute Morgen gesagt, dass ich heirate. Und als ich überlegt habe, wer wohl meine Braut sein könnte, habe ich gedacht, dass es ja vielleicht das frühe Aufstehen wert ist!«

Ein paar Minuten später herrscht im Garten wieder große Geschäftigkeit. Meine Schwester ist schon da und hilft Mama mit der Blumendekoration. Auf dem Gras liegen Teppiche mit seidenen Kissen, die zum Niederlassen einladen. Hier werden später

Jay und ich, der Priester, seine Frau, meine Eltern und Schwiegereltern sitzen, dahinter die anderen Gäste. Für meine Oma und meinen Opa hat Papa ein paar Gartenstühle bereitgestellt. Etwas abseits stehe ich barfuß auf dem noch feuchten Rasen und schaue meiner Mutter und meiner Schwester zu, wie beide große Vasen mit weißen Gladiolen an die vier Seiten des Pavillons stellen. In der Mitte des Zelts wird später unser Freund, der uns trauen wird, den Altar für das heilige Feuer errichten, das Jay und ich umschreiten müssen. Das »Ritual der sieben Schritte« bildet den Höhepunkt der Eheschließung. Siebenmal geht das Paar, durch Tücher miteinander verknüpft, hintereinander um das heilige Feuer. Dieses Ritual symbolisiert den gemeinsamen Lebensweg – für dieses und die kommenden Leben. Dieses Versprechen, das wir uns heute geben wollen, geben wir uns nicht für eine Behörde und nicht, weil unsere Eltern darauf bestehen. Wir machen das für uns. Es soll das Ende unseres bisherigen steinigen Wegs sein und zugleich ein guter neuer Anfang.

Ein Taxi hält in unserer Einfahrt. Amma, Appa und Arun klettern heraus, und meine Schwiegermutter hat zu meiner Überraschung sogar ein Lächeln auf dem Gesicht, als sie den Garten betritt. Meine Eltern haben Indien in einen Garten in Bayern gezaubert. Alles ist mit weißen und weinroten Rosen dekoriert, überall stehen kupferne Schalen und Teller mit frischen Früchten und kleine Öllampen, die später leuchten werden. Dann kommt der Priester mit seiner Frau zu Fuß von der S-Bahnstation. Er zieht einen großen Rollkoffer hinter sich her, in dem er alle seine rituellen Gegenstände verstaut hat. Als er mich sieht, umarmt er mich grinsend.

»Und, seid ihr beiden so weit? Es hat ja lange genug gedauert …« Dann wendet er sich an Amma, die zusammen mit Appa näher gekommen ist, um ihn zu begrüßen. »Wie gefällt Ihnen Deutschland, Auntie? Jetzt gibt es kein Zurück mehr, jetzt bekommen Sie endgültig eine deutsche Schwiegertochter verpasst.«

Appa lacht laut, während Amma seinen Witz nicht ganz so lustig findet. Schließlich lächelt sie ein wenig.

»Mein Sohn hat sich so entschieden, und ich wünsche den beiden, dass sie glücklich werden. Franziska ist ein nettes Mädchen«, sagt sie und faltet ihre Hände vor der Brust, um den Priester zu begrüßen.

»Das freut mich sehr. Ich kenne Franziska schon sehr lange. Sie wird Ihnen sicher eine gute Schwiegertochter sein! Jetzt brauche ich aber erst mal Ihre Hilfe, Auntie. Können Sie mir bitte mit der Dekoration des Altars helfen?« Wieder lacht er und nimmt Amma bei der Hand.

Wenig später steht dann eine aus Lehmziegeln gebaute Feuerstelle im Gras, die der Priester und Amma gemeinsam mit Blumen und Früchten schmücken. Am Ende streut Amma aus weißem Reismehl kunstvolle Blütenmuster auf die obersten Steine. Genau so, wie sie es jeden Morgen vor dem Eingang ihres Hauses in Indien macht, nur etwas kleiner. Am Ende malt sie dann noch ein wunderschönes großes Rangoli in die Einfahrt meiner Eltern, das sie mit frischen Blüten aus dem Garten verziert, die ihr Mama reicht.

Knisternd lodern die ersten Flammen, als der Priester mit einem hölzernen Löffel flüssiges Ghee in das Feuer gießt, das er eben mit einem Bündel Reisig aus Sandelholz und Campher entzündet hat. Anschließend läutet er eine Glocke. Er sitzt inmitten der Gäste vor der Yegia, der Hochzeitsfeuerstelle. Zu seiner Rechten hockt mit überkreuzten Beinen Jay, er trägt ein weißes Hemd und hat ein weißes Seidentuch, das mit einer goldenen Borte verziert ist, um seine Hüfte gewickelt. Nun wendet sich der Priester mir zu, er hat mich gebeten, noch etwas abseits zu warten. Mit einer einladenden Handbewegung fordert er mich auf, unter den Baldachin des Pavillons zu treten und neben Jay auf den Kissen Platz zu nehmen. Hinter uns sitzen meine Eltern und Schwiegereltern auf kleinen Hockern. Die Braut wird traditionell von ihren Freundinnen begleitet und kommt als Letzte zum Ritual. Ich habe meine Schwester und die Frau des Priesters gebeten, diese Begleitung zu übernehmen. Ich trage wieder meinen roten Hochzeitssari, und meine Mutter hat mein Haar hochgesteckt. Ich finde, dass ich fast noch schöner aussehe als bei unserem Hochzeitsempfang in Indien. Nachdem ich mich neben Jay gesetzt habe, legen wir unsere Hände über einem Krug mit Wasser zusammen, der Priester umwickelt sie mit einer Blütengirlande und einem roten Tuch, segnet sie mit dem Wasser und bittet um den Beistand der Götter. Für einen guten Beginn der Ehe ruft er erst Ganesha an und dann Kama, den Gott der Liebe. Dann reicht er jedem von uns eine Blumengirlande und bittet uns, sie einander um den Hals zu hängen.

Der Priester rezitiert Mantren in Sanskrit, die wir Satz für Satz nachsprechen müssen, wobei er immer wieder ihre Bedeutung für mich und unsere Gäste auf Deutsch erklärt. Ich schließe die Augen und spreche die Worte nach, meine Hand liegt in der Hand von Jay. Das Rezitieren macht mich ruhig, und es erfüllt mich mit großem Glück. Als der Priester endet, öffne ich die Augen wieder. Jetzt wendet er sich an Amma und meine Mutter, denn traditionell müssen nun die anwesenden Frauen den Sari der Braut mit einem Ende des Schultertuchs des Bräutigams als Zeichen der ehelichen Verbindung verknoten. Daher sagt man in Indien auch, wenn jemand heiraten möchte, dass er oder sie nun »den Knoten knüpfen« wird. Anschließend wird wieder unter Gebeten Ghee in das Feuer getropft, das erneut aufflammt. Es soll jetzt die Gegenwart des Göttlichen in Gestalt von Agni, dem Feuergott, repräsentieren. Dann hält der Priester Jay einen kleinen Teller hin, auf dem eine mit Kurkuma gelb eingefärbte Kordel liegt, an ihr hängt ein Anhänger aus Gold. Das ist die Hochzeitskette, die Mangal Sutra – der »heilige Strang«. Die Mangal Sutra wird statt eines Eherings von der Frau getragen.

Jay bindet mir diese Kette um den Hals und verknotet sie dreimal. Anschließend stecke ich ihm einen Ring an den Finger. Dann bittet uns der Priester aufzustehen. Wir werden nun das Ritual der sieben Schritte begehen, den Höhepunkt der Eheschließung. Siebenmal umrunden wir hintereinander das heilige Feuer. Jetzt sind wir für immer verbunden. Während ich hinter Jay um den Altar laufe, denke ich an die Bedeutung dieses Rituals, welches uns auf unserem gemeinsamen Lebensweg für immer verbinden soll. Wie wird dieser Weg weiter verlaufen? Werden wir immer so glücklich sein wie heute?

Als wir wieder sitzen, erklärt der Priester den Gästen, dass der Bräutigam nun der Braut eine geweihte rote Farbe, genannt Sindur, mit seinem rechten Ringfinger auf den Scheitel und auf die Stirn tupfen wird. Den soll sie von nun an immer als Segenszeichen der verheirateten Frauen tragen. Unter dem Applaus der Gäste reibt Jay seinen Finger in die rote Farbe und drückt mir vorsichtig einen kleinen Punkt auf die Stirn.

»Jetzt werdet ihr beide gleich euer Ehegelübde sprechen. Seid ihr bereit?«

Der Priester nickt Jay und mir aufmunternd zu. Ich kann in seinen Augen sehen, wie sehr er sich für uns beide freut. Jetzt nimmt Jay meine rechte Hand in seine Hände und spricht die Worte in Sanskrit nach, die ihm der Priester vorspricht.

»Ich nehme deine Hand. Mögen wir glücklich sein. Mögest du mit mir, deinem Mann, lange leben. Die Götter haben dich mir gegeben, damit du mein Haus regierst. Du bist die Königin meines Hauses. Ich bin Samaveda, du bist Rigveda. Ich bin der Himmel, du die Erde. Komm, lass uns heiraten!«

Dann bin ich an der Reihe und spreche dem Priester nach: »Du bist mir willkommen!«

»Ich nehme dein Herz in meines«, erwidert Jay darauf. »Mögen unsere Gedanken eins sein! Mögen die Götter uns vereinen!«

Nach diesen Worten lacht der Priester über das ganze Gesicht.

»Jetzt seid ihr verheiratet! Ich wünsche euch alles Glück dieser Welt.«

Und unter einem Regen aus Rosenblättern, die die Gäste in die Luft werfen, halten wir uns in den Armen. Ich bin so glücklich, dass ich platzen könnte. Das ist unser gemeinsames Happy End. Ich weiß tief in meinem Inneren, wie viel wir gemeinsam schon geschafft haben und auch noch schaffen werden – auch wenn in unserem Leben mal nicht die Sonne scheint. Und die dunklen Wolken lassen nicht lange auf sich warten. Tatsächlich beginnt es, als wir alle beim Essen auf der Terrasse sitzen, leicht zu regnen. Während mein Vater aufsteht und die Markise aufkurbelt, damit unsere Gäste nicht nass werden, sitzen uns Jays Eltern lächelnd gegenüber am Tisch. Die beiden sind völlig begeistert, dass es regnet.

»Wenn es an der Hochzeit regnet, bringt das Glück. Ein feuchter Hochzeitsknoten hält besser«, erklärt Appa. »Damit ist eure Ehe gesegnet. Bei unserer Hochzeit hat es auch geregnet.«

»Bitte steigen Sie ein, die Abfahrt ist in fünf Minuten«, tönt es aus dem Lautsprecher der Talstation der Tiroler Zugspitzbahn. Wie für die meisten Inder ist es für Amma und Appa ein langgehegter Traum, die Berge und Schnee zu sehen. In jedem indischen Film gibt es mindestens eine Tanzsequenz, in der der Held und die Heldin leicht bekleidet vor einem verschneiten Gebirgspanorama tanzen, und zwar selbstverständlich ohne zu frieren. Auch Jay mag ein Lied besonders, in dem es heißt: »Ein König liebt schon lange eine Prinzessin. Er sagt zu ihr: In den Alpen neben dem schönen Rhein. Lass uns das schöne Abendlicht genießen, wie es die Vögel tun.«

Vielleicht liegt es auch ein bisschen an diesem Lied, dass wir alle zusammen zum höchsten Berg Deutschlands aufbrechen, denn nur hier liegt auch im August Schnee. Während uns die Gondel in luftige Höhen zur Bergstation bringt, sitzen meine Schwiegereltern wie gebannt vor dem großen Panoramafenster.

Amma klappt den Kragen der Windjacke, die ich ihr geliehen habe, hoch und schaut mit zusammengekniffenen Augen die Seile entlang nach oben.

»Wo ist denn da der Gipfel? Ich sehe nur Nebel!«

Obwohl wir heute ganz gutes Wetter erwischt haben, verschwindet das Zugspitzplatt in einer dicken grauen Masse, auf die wir geradewegs zusteuern. Papa holt sein Handy aus der Tasche, hält es mit lang ausgestreckten Armen vor sich und fokussiert das, was unser Ziel ist.

»Fotografierst du jetzt den Nebel? Das ist doch ein Quatsch! Mach lieber ein Bild von uns!« Mama quetscht sich zwischen Amma und Appa auf die schmale Bank, die an der Gondelwand befestigt ist. »Jay, Franziska, kommt her! Ihr müsst auch mit aufs Bild!«

Eine junge blonde Frau mit kurzen Jeansshorts weicht zur Seite, als Papa sich in der schwankenden Gondel direkt vor uns platziert. Amma und Appa sind sowieso schon eine Sehenswürdigkeit für sich, die offenbar den anderen Fahrgästen den wolkenverhangenen Ausblick mehr als wettmacht. Meine auberginefarbene Jacke schlackert Amma um die Schultern, aus den mehrfach hochgekrempelten Ärmeln schauen ihre Hände, die in den viel zu großen schwarzen Fleecehandschuhen von Papa verschwinden, auf dem Kopf trägt sie ihre *I love Amsterdam*-Wollmütze, und unter der Jacke glänzt ein apricotfarbener Sari. Neben ihr sitzt Appa in ebenfalls winterlicher Kleidung mit Mütze und Handschuhen. Man könnte meinen, die beiden wären auf dem Weg nach Sibirien. Neben all den nackten Beinen und kurzen Ärmeln, die sonst noch die Gondel füllen, sind sie ein seltener Anblick.

Ihre ersten Schritte an der frischen Luft sind unbeholfen. Amma setzt vorsichtig einen Fuß vor den anderen, als wäre der Boden brüchig und würde jeden Moment unter ihr wegsacken.

»Amma, komm, das ist ein Berg! Der fällt nicht so schnell um!«, sagt Jay und hakt sie unter.

»Da vorne liegt Schnee!« Papa ist uns ein paar Meter voraus.

»Dann machen wir dort ein Foto!«, schlage ich vor. »Amma und Appa standen schließlich noch nie in ihrem Leben im Schnee.«

Langsam und vorsichtig laufen wir zu dem kleinen, hart gefrorenen, mehr grauen als weißen Schneefeld hinüber, das im Schutz einer Wand liegt. Erst meine Mutter und mein Vater, dann ich und hinter mir Jay mit Amma und Appa. In einer Reihe stellen wir uns vor die Bergwand, mitten in den grauen kühlen Schneefleck.

»Ich mache das Foto«, sagt Jay und nimmt Papa die Kamera aus der Hand. »Eins, zwei, drei, Achtung!«, ruft er, während er leicht in die Knie geht und dann auf den Auslöser drückt.

Und noch während er das Foto macht, bricht die Sonne durch die Wolkendecke über uns und gibt den Blick auf einen strahlend blauen Himmel frei. Der Schnee glänzt, und wir alle blinzeln und lachen in die Kamera.

Diese Familie ist wirklich völlig verrückt, denke ich mir, aber sie ist meine Familie. Und das fühlt sich gut an. Sogar richtig gut!

Epilog

Der Himmel fällt

Der Himmel fällt,
seine Farben verblassen.
Wir sind frei von Sünde.

Und sie lebten glücklich und zufrieden bis an ihr Lebensende«, las mir Oma immer aus dem dicken Märchenbuch vor, als ich ein Kind war. Eigentlich dachte ich, so könnte auch meine Geschichte und dieses Buch enden. Ich war überzeugt, dem »glücklich und zufrieden« noch nie so nahe gewesen zu sein. So viele Hindernisse auch auf unserem Weg lagen, endlich waren sie überwunden. Jay und ich leben in München in unseren eigenen vier Wänden, und er hat seine langersehnte Aufenthalts- und Arbeitsgenehmigung bekommen – eine kleine Plastikkarte, die so vieles im Leben einfacher macht. Alles könnte gut sein.

Doch dann kam ein paar Monate nach dem Besuch meiner Schwiegereltern ein Anruf. Als das Telefon klingelte, war ich nicht im selben Zimmer wie Jay. Ich kann mich nicht mehr erinnern, was ich genau gemacht habe. Es ist wie ausgelöscht. Ich weiß nur noch, dass ich zufällig zu dem Zeitpunkt in den Raum kam, als Jay auflegte. Er starrte mich an, fassungslos, das Telefon mit dem noch leuchtenden Display mit der rechten Hand umklammert.

»Mein Vater ist sehr krank. Verdacht auf Krebs.«

Zwei Stunden später buchte Jay sein Ticket, zwölf Stunden später verabschiedete ich ihn am Flughafen. Ohne zu wissen, wann er wiederkommen würde. Ohne Rückflugticket. Ich blieb zurück, ohne Plan, was jetzt kommen könnte. Alles, wofür ich gekämpft hatte, schien plötzlich so irrelevant und sinnlos. Als ich vom Flughafen nach Hause kam, fiel mir als Erstes das bunte Poster unseres Filmes *Amma und Appa* ins Auge. Von der Wand schauten mir meine Eltern, meine Schwiegereltern, Jay und ich selbst entgegen. Glückliche Gesichter einer von einem auf den anderen Moment vergangenen Zeit. Das ist alles nicht wahr – dieser Satz, der in den nächsten Stunden unaufhörlich meine Gedanken kreisen ließ, der mich durch eine durchgeweinte Nacht begleitete und der mir wie ein Ohrwurm noch am nächsten Tag im Kopf klang.

Es ist schon erstaunlich, wie nahe Leben und Tod zusammenhängen. »Einer kommt, einer geht«, sagt meine Oma immer. Wie recht sie mit dieser einfachen Wahrheit hat: Einige Monate später kam meine Nichte zur Welt, und Jay wurde Onkel. Wenig später ging Appa für immer von uns. Ganz still und mit einem Lächeln im Gesicht. Ich bin auch nach Indien gereist. Zusammen mit Jay, Arun und Amma standen wir an seinem Bett, als er diese Welt verlassen hat. Er konnte den Krebs nicht besiegen. Noch nie zuvor hatte ich einen Sterbenden begleitet, noch nie zuvor hatte ich so sehr um einen Menschen getrauert.

Und dann, wieder ein paar Monate später, fand ich mich abermals an einem Bett in einem Krankenhaus wieder. Diesmal nicht in Indien, sondern in Deutschland. Meine Großmutter, meine liebe, kluge Oma lag im Sterben. Noch ein paar Tage zuvor hatte ich ihr die ersten Kapitel meines Manuskripts vorgelesen, sie lauschte gebannt, und in ihrem müden, faltigen Gesicht war immer wieder der Anflug eines Lächelns zu sehen.

Dieses Buch soll mit einem Spruch enden, der lange in einem goldenen Rahmen in der Küche meiner Großmutter hing. Sie hatte ihn sich aus der Zeitung ausgeschnitten: *Gott, gib mir die Gelassenheit, Dinge hinzunehmen, die ich nicht ändern kann, den Mut, Dinge zu ändern, die ich ändern kann, und die Weisheit, das eine vom anderen zu unterscheiden.*

Ich möchte mein Buch zwei sehr wichtigen Menschen widmen, die ich jetzt, da ich diese Zeilen schreibe, unendlich vermisse. Zwei Menschen, die Jay und mir die Augen für die wichtigen Dinge im Leben geöffnet haben. Zwei Menschen, durch deren Stärke und Beispiel ich erwachsen geworden bin. Zwei Menschen, die uns in unserer Liebe und in unseren Gedanken bis an unser Lebensende begleiten werden. Danke, Appa. Danke, Oma.

Dank

Ich möchte ein paar guten Geistern danken, die mir bei der Entstehung dieses Buchs zur Seite standen. Meinen Eltern, die mich bei jeder noch so absurden Idee in meinem Leben unterstützen. Amma und Appa, meinen Schwiegereltern, die trotz aller Hindernisse und kulturellen Missverständnisse gelernt haben, mich zu verstehen. Oma, die mir so viele einfache und doch wahre Weisheiten mit auf meinen Lebensweg gegeben hat. Meiner Freundin und Mitautorin Stefanie, die wie der Elefantengott ist und genügend sanften Druck aufgebracht hat, dieses Buch auch tatsächlich zu verfassen. Meiner Schwester, die einen Bayern aus Berchtesgaden geheiratet, ein Haus gebaut, eine Familie gegründet und meinen Eltern ein wunderbares Enkelkind und mir eine Nichte geschenkt hat. Und meinem Mann Jayakrishnan, der mir (fast) jeden Tag aufs Neue zeigt, dass man jemanden genauso lieben kann, wie er ist. Ganz ohne viele Worte.

Ausgesprochen dankbar bin ich auch allen lieben Menschen und Freunden, die meine Geschichten in diesem Buch mit Leben füllen. Mein Dank geht an Katrin von unserer Agentur, die nicht müde geworden ist, mich zu überzeugen, als ich noch der Meinung war, kein Buch schreiben zu wollen und zu können. Ich danke auch dem Team vom Hoffmann und Campe Verlag. Und Ysabel für ihr sorgsames Vorablektorat.

An dieser Stelle will ich auch allen danke sagen, die unseren Film möglich gemacht haben und an seinem Entstehungsprozess beteiligt waren: meinem Professor, den beiden Redakteurinnen und vor allem unserem großartigen Team – letztendlich hat auch unser wunderbarer Cutter Robert große Überzeugungsarbeit geleistet, dass dieses Buch geschrieben werden muss. Er kann inzwischen schon ein bisschen Tamil, ohne jemals in Indien gewesen zu sein, und isst am liebsten Jays Chicken Biryani. Danke an meine Schulfreundin Selina, die jetzt selbst in Kopenhagen ihren indischen Freund geheiratet hat. Ihrem Vater, der am Anfang meiner Reise zu einer eigenen indischen Familie steht. Dem Priester Kunjavihari Dasa, der uns für immer verbunden hat, und seiner Kalinka, die mir immer ein offenes Ohr geschenkt hat, wenn die Angst vor einer indischen Schwiegermutter zu groß wurde. Und zuletzt möchte ich Jays Bruder Arunkrishnan nicht vergessen. Danke Arun, du bist der beste Heiratsvermittler, den ich kenne!

Außerdem möchte Stefanie ihren Freunden, Bekannten und vor allem ihrer Familie danke sagen, die sie während der Entstehung dieses Buches an vielen Wochenenden und freien Tagen vernachlässigt hat.